CB130089

Oficina de Linguística Aplicada Indisciplinar

Branca Falabella Fabrício
Rodrigo Borba
(org.)

Oficina de Linguística Aplicada Indisciplinar

HOMENAGEM A LUIZ PAULO DA MOITA LOPES

EDITORA UNICAMP

FICHA CATALOGRÁFICA ELABORADA PELO
SISTEMA DE BIBLIOTECAS DA UNICAMP
DIVISÃO DE TRATAMENTO DA INFORMAÇÃO
BIBLIOTECÁRIA: MARIA LÚCIA NERY DUTRA DE CASTRO – CRB-8ª 1724

Of3 Oficina de Linguística Aplicada Indisciplinar : homenagem a Luiz Paulo da Moita Lopes / organização: Branca Falabella Fabrício e Rodrigo Borba. – Campinas, SP : Editora da Unicamp, 2023.

1.Lopes, Luiz Paulo da Moita, 1951- 2. Linguística Aplicada. 3. Linguagem. 4. Epistemologia. 5. Sociolinguística. I. Fabrício, Branca Falabella. II. Borba, Rodrigo.

CDD – 410
– 400
– 121
– 306.44

ISBN: 978-85-268-1615-2

Editora da Unicamp
Rua Sérgio Buarque de Holanda, 421 – 3º andar
Campus Unicamp
CEP 13083-859 – Campinas – SP – Brasil
Tel.: (19) 3521-7718 / 7728
www.editoraunicamp.com.br – vendas@editora.unicamp.br

Sumário

Lista de imagens

Nota prévia

Beth Brait

A área do conhecimento designada como Linguística Aplicada tem uma longa, produtiva e revolucionária história. Inicia-se nos Estados Unidos, nos anos 1940, como disciplina ligada ao aprendizado de línguas e à resolução de problemas de tradução e interpretação, acolhendo, nas décadas seguintes, questões ligadas ao uso da língua materna, ao ensino de segunda língua e às línguas em contato. No Brasil, surge nos anos 1960, identificada com aplicação de teoria linguística. Hoje, na verdade desde os anos 1980, a designação Linguística Aplicada se descola tanto da Linguística, em sua versão de ciência da língua, quanto de uma *aplicação* para fins de ensino. Sua guinada se dá quando as investigações se voltam para as questões de linguagem, de qualquer natureza, surpreendidas nas práticas sociais, na dura vida como ela é.

Uma figura fundamental nesse quadro epistemológico é o grande pesquisador brasileiro Luiz Paulo da Moita Lopes. De fato, ele é um criador de discursividade, no sentido de revolucionar uma área do conhecimento, uma disciplina, instaurando a reviravolta no campo. O leitor que não estiver em dia com os estágios e o momento atual das pesquisas nessa área deve, de imediato, entender que não se trata da aplicação de uma ciência básica prévia a objetos quaisquer. A LA, como é conhecida, constrói suas reflexões teóricas e seus objetos de estudo no embate polêmico com visões tradicionais de ciência, dos estudos das linguagens, de posturas hegemônicas. Assim sendo, cabe a pergunta: como se devem, então, compreender os dois termos em conjunção? A resposta viva está nos textos aqui reunidos.

A abertura para esse universo reflexivo, teórico-prático, não poderia ser mais reveladora. Ela se dá com a introdução dos dois organizadores, Branca Falabella Fabrício e Rodrigo Borba, que, desde o título, "Errâncias indisciplinares: entre rastros, ruínas e reconstruções", se oferece como uma belíssima síntese do que é a LA hoje, do que vem pela frente em termos do conteúdo da obra, da multiplicidade de objetos/sujeitos tratados a partir de sua sensível existência num mundo regido pela desigualdade. E, ainda, como pode ser entendido esse ramo do conhecimento que tem no pensador Luiz Paulo da Moita Lopes, em sua obra e influência, o vetor da institucionalização da Linguística Aplicada no Brasil, assim como de sua incessante transformação.

A partir da obra *Grafittis em escombros de demolição no Alemão*, do fotodocumentarista carioca Ratão Diniz, temos, metafórica e plasticamente, uma definição da LA que se embaralha com a arte das ruas, dos muros, da existência por ela visada:

> [...] as lentes do fotodocumentarista carioca Ratão Diniz captam um momento no qual, durante um mutirão de grafiteiros no Morro do Alemão [...], escombros de uma construção transmutam-se em potência significante. Da destruição surge algo novo, dando nova vida crítica ao que antes era dejeto.

Assim, na LA, constantemente revisitada por Luiz Paulo da Moita Lopes, que aqui parafraseamos, o objetivo fundamental é a problematização da vida social, na intenção de compreender as práticas sociais nas quais a linguagem tem papel crucial, de forma híbrida, ética e responsiva. E o leitor verá, pelas lentes dos pesquisadores que assinam cada um dos textos aqui reunidos, sobre quais ruínas se erguem novos sentidos: ruínas do conhecimento, da estabilidade, da representação, dos espaços e tempos, das fronteiras, da disciplina, da ontologia. Sem dúvida, é uma obra de referência que homenageia um pensador cuja sensibilidade social e científica motiva essa LA como "prática eminentemente política".

Apresentação

Sobre ruínas e reconstruções...

Branca Falabella Fabrício
Rodrigo Borba

Esta coletânea homenageia Luiz Paulo da Moita Lopes, professor titular da Universidade Federal do Rio de Janeiro (UFRJ) e docente permanente do Programa Interdisciplinar de Pós-Graduação em Linguística Aplicada da UFRJ (PIPGLA), que ajudou a fundar há mais de 30 anos. Seu trabalho como educador e pesquisador formou uma legião de discentes que agora atuam em diferentes contextos de formação. Prestamos-lhe um primeiro tributo quando organizamos o volume inaugural da *Revista Indisciplina em Linguística Aplicada* – Rila, o periódico do PIPGLA. Nessa publicação, agrupamos investigações de ex-orientandos/as que nos possibilitaram elaborar um editorial traçando uma visão panorâmica da obra de Moita Lopes e ressaltando seu percurso intelectual, marcado por criticidade e transgressões de fronteiras disciplinares.[1] Também destacamos sua agenda socialmente engajada de pesquisa e a produção de conhecimento responsivo às lutas por inclusão e igualdade de direitos. Tal movimento permitiu-nos explorar o impulso reflexivo que atravessou todo o trabalho de Luiz Paulo e chegar até sua proposta de uma Linguística Aplicada Indisciplinar.[2] Ela tem propiciado uma incessante problematização do campo e da sua relevância social.

LP, como carinhosamente chamamos o professor-pesquisador, tem seu nome ligado à história da Linguística Aplicada no Brasil, mas tocou profissionais de diferentes tradições no amplo campo dos estudos da linguagem, no país e no exterior. Agora, o condecoramos,

---

1 Cf. Fabrício & Borba, 2020.

2 Moita Lopes, 2006.

mais uma vez, congregando trabalhos de acadêmicos/as renomados/as, brasileiros/as e estrangeiros/as, que com ele partilharam experiências intelectuais, profissionais e afetivas. Assim, as pessoas aqui reunidas compõem um conjunto rico e diversificado de perfis investigativos em diferentes tradições de pesquisa, como estudos discursivos, dialogismo bakhtiniano, estudos semióticos, sociolinguística interacional, sociolinguística crítica, sociolinguística variacionista, hipermidialidade e estudos narrativos. Algumas delas discutem temas de pesquisa aos quais o homenageado se dedicou em sua trajetória acadêmica, como práticas identitárias e produção de sentidos em espaços *online-offline*. Outras evocam, de modo mais ou menos explícito, ponderações que a obra do homenageado suscita. Outro grupo, por sua vez, se engaja na metarreflexão sobre o conceito de indisciplina.

Tal heterogeneidade teórico-temática é indicativa dos diálogos plurais que o percurso intelectual de Moita Lopes inspira na produção contemporânea de conhecimento sobre a linguagem em uso no mundo social e suas possibilidades de emancipação. Além disso, aponta para parcerias fecundas que podem se estabelecer na intersecção de estudos linguísticos tradicionais e perspectivas renovadoras. A indisciplina proposta por Moita Lopes é fruto dessas conversas advindas da compreensão de que o novo germina em meio a escombros e deles se nutre, de modo simbiótico. A inovação que surge das ruínas de legados históricos instigou o subtítulo de nosso texto introdutório, qualificando metaforicamente o gesto indisciplinar. Em nossa leitura, ele é forjado nos detritos de ideais modernos de disciplina e ordenação. A relação entre disciplina e indisciplina é de entrelaçamento, pois uma é suscetível à outra. Fiamo-nos nessa imagem de mutualidade para reunir o conjunto de textos presentes neste volume. Explicamos, a seguir.

A ideia das ruínas como âmbito de produção do novo em meio a estruturas já bem estabelecidas vem das reflexões da antropóloga Anna Tsing sobre o sonho de modernização e progresso do século XX.[3] Segundo ela, a empreitada modernista de domesticação de espaços é expansível, *i.e.*, escalável. Comprometida com ideais de controle e estabilidade, ela se espalhou pelo mundo acoplada ao projeto colonial-

3 Tsing, 2012; 2019.

-capitalista. Essa disposição expansionista ignorou a heterogeneidade de formas de vida, impondo-se nos quatro cantos do planeta como um bloco uniforme de condutas universais, em relação à exploração de territórios e à organização de interações sociais.

Nos termos de Tsing, a escalabilidade "é a habilidade de se expandir – e expandir, e expandir – sem repensar seus elementos básicos",[4] não se deixando contaminar pela diferença. A autora toma a disseminação da chamada *plantation* colonial europeia como um caso exemplar de escalabilidade. O modelo *plantation* se espalhou por várias partes do planeta como um monólito, sem adaptações ou ajustes, privilegiando as escalas da ordem, do progresso, da pureza e, sobretudo, da precisão. Projetos dessa natureza se constroem como entidades universais. Alheios às peculiaridades ambientais, prometem reprodutividade, apresentando-se, por conseguinte, como estando prontos para propagação futura. Ignorantes da diversidade, instalam-se em determinados ambientes, exploram-nos e, frequentemente, abandonam-nos, deixando para trás rastros de destruição e ruínas. Franquias como McDonald's e construções de *shopping centers* são conhecidos fenômenos escaláveis baseados na replicação transcultural de modos de agir-dizer-fazer.

Há, entretanto, outra possibilidade de circulação. Ela parte do princípio de que, apesar de a ideia de precisão ter um forte apelo para profissionais, cientistas e estudiosos/as de várias áreas, "o mundo vivo não é submisso a escalas de precisão".[5] Nele, a escalabilidade não se aplica, pois espaços são compostos por elementos em constante interação uns com os outros. Da zona de contato, advêm ecossistemas dinâmicos, em contínua reorganização, configurando uma forma de existência-em-movimento. Tsing recorre aos cogumelos *matsutake* como um exemplo dessas relações de mutualidade e transformação. Esses cogumelos, que constituem uma iguaria na culinária japonesa, são raros, difíceis de cultivar e muito caros no comércio transcontinental. Encontrados em florestas do hemisfério norte, necessitam de árvores hospedeiras com as quais interagem e se metamorfoseiam. Eles podem também crescer em florestas industriais abandonadas ou mesmo em meio a destroços. Germinaram, por exemplo,

---

4 *Idem*, 2012, p. 505.

5 *Idem*, 2019, p. 175.

nos escombros de Hiroshima. Tal vitalidade se deve a sua capacidade adaptativa. Por isso, *matsutakes* são diferentes uns dos outros. Não se repetem. Não são, portanto, escaláveis.

Para a antropóloga, os dois modelos de circulação coexistem e se complementam. Entretanto, adverte ela, a dinâmica entre o escalável e o não escalável "requer repensar nossas práticas de conhecimento, que foram moldadas dentro da história de refazer o mundo para a escalabilidade".[6] Os jogos de conhecimento dos quais aprendemos a participar exigem a escalabilidade como modelo. Deles fazem parte práticas de delimitação de territórios, corpos e línguas, orientadas por um ideal de precisão cirúrgica na demarcação de fronteiras entre solos, objetos, corpos, pessoas e campos do saber. O modelo da identidade, desde Aristóteles, talvez seja o mais eloquente exemplo de um projeto escalável, em sua capacidade de expansão através de diferentes tempos e espaços.

Esses modelos de circulação podem ser associados a diferentes percursos de ideias, escaláveis e não escaláveis. Por exemplo, ímpetos expansionistas, como a disciplina, convivem com experiências locais não escaláveis. Elas produzem pequenas histórias e relatos de experiências singulares, indisciplinadas, articuladas na escala da vida cotidiana, mas que, em sua aparente insignificância, se mostram capazes de organizar novas relações, não consideradas por grandes empreendimentos. Em face desse estado de copertinência, Tsing especula como seria uma modernidade amputada de seus ideais centrais de organização e continuidade. Em outras palavras, ela indaga o que seria vivenciar o mundo pela perspectiva da indeterminação e da precariedade. Na sua visão, a resposta seria a convivência colaborativa e polifônica de múltiplas espécies e saberes.

Trazendo essa abordagem para nossa discussão, pensamos na convivência de diferentes epistemes que marca a trajetória acadêmica de Luiz Paulo e comparece nos capítulos deste livro. A perspectiva de inseparabilidade, de desintegração e de transformação auxiliou-nos a articular a diversidade de visões presente no conjunto dos capítulos. Transitamos entre os ensaios a esmo, sem compromisso com uma concatenação necessária. Nesse vaguear, construímos uma costura

---

6 *Idem*, p. 197.

possível sobre a relação entre disciplina-indisciplina. Sugerimos, então, ao público leitor um perambular fluido pelas veredas dos escritos, sem preocupação com uma sequência coesa. Nossa expectativa é de que muitos trajetos e sínteses autorais são possíveis, nenhum melhor ou superior ao outro. Por isso, depois do prefácio e de nossa introdução, organizamos os textos por ordem alfabética, a partir dos nomes dos autores e das autoras. Esperamos que este tributo a um dos mais importantes linguistas aplicados brasileiros faça eco à obra do homenageado e fomente formas ousadas e éticas de, como diria Luiz Paulo inspirado por Foucault, reinventarmos continuamente o que podemos ser.

Referências

FABRÍCIO, B. F. & BORBA, R. "Luiz Paulo da Moita Lopes: da oficina à indisciplina". *Revista Indisciplina em Linguística Aplicada*, 1 (1): 1-7, 2020.

MOITA LOPES, L. P. (org.). *Por uma linguística aplicada indisciplinar.* São Paulo, Parábola Editorial, 2006.

TSING, A. "On nonscalability: the living world is not amenable to precision-nested scales". *Common Knowledge*, 18 (3): 505-524, 2012.

______. *Viver nas ruínas: paisagens multiespécies no antropoceno.* Brasília, Mil Folhas do IEB, 2019.

Prefácio

Para LPML, linguista muitíssimo aplicado

Pedro de Moraes Garcez

> Mas, onde quero chegar: foi assim, como lhe vou contar. Estes campos eram meio sem dono, era uma pampa aberta, sem estrada nem divisa; apenas os trilhos do gado cruzando-se entre aguadas e querências.
>
> Simões Lopes Neto, "No manantial", *Contos gauchescos*

Que alegria festejar o Luiz Paulo e a obra dele! Mais que a produção bibliográfica – extensa, relevante, influente –, celebramos o Luiz Paulo que vem norteando e suleando o campo aplicado dos estudos da linguagem entre nós. Lendo e conversando com os tempos, Luiz Paulo tem nos mostrado direções aos muitos ventos. Lê, ouve, conversa, pensa; conta e reconta, convoca. Ligado e conectado, repensa e propõe, e assim faz um leva-e-traz crítico, sem evangelismos, mas assumindo broncas, apontando caminhos, construindo pontes. A gente interpelada, beneficiados, somos muitos; e nós a desatar, também temos muitos. Do meu lugar na província (de São Pedro do Rio Grande do Sul), tem sido fundamental essa voz da corte a ressoar as conversas mais ao Norte, reatando fios e compondo o quadro do campo aplicado dos estudos da linguagem. Suponho que Luiz Paulo figure assim também para muitos colegas mais ao Norte e além: um pensador laborioso, e assim disciplinado, mas ecumênico, outrossim indisciplinar; enfim, um linguista muitíssimo aplicado. O conjunto de capítulos reunidos neste volume parece atestar isso, em testemunhos amplos, indicando decerto apenas amostras da massa de nós e vespeiros que o Luiz Paulo tocou nesses anos, falando em eventos, provocando avanços e reflexões, atuando em associações e agências de fomento, marcando e abrindo espaços antes demasiadamente disciplinares.

Haveria muitos destaques a fazer dessa obra e dessa atuação. Talvez bastasse lembrar a definição feliz de Linguística Aplicada como "um modo de criar inteligibilidade sobre problemas sociais em que a linguagem tem um papel central". Entretanto, seria injusto sugerir que o Luiz Paulo chegou aí, e assim nós mesmos, por inspiração somente. Quando o campo aplicado de estudos da linguagem tateava por métodos de investigação calcados na experimentação psicológica, ou em simulacros disso, Luiz Paulo soube cogitar metodologias de pesquisa para de novo conversar, contar e recontar sobre outros modos de investigar. Ir a campo observar, sendo deliberadamente interpretativo para criar inteligibilidades, foi uma chamada para a qual havia pouca ou nenhuma experiência pregressa, e assim outra vez Luiz Paulo experimentou para a gente conversar e criar inteligibilidades, uma porção delas até então insuspeitadas. Enquanto isso, não deixou de lado os velhos temas; pôs-se a colaborar com quem vinha dantes cruzando aguadas e querências para compor parâmetros curriculares de ensino de línguas. Ao mesmo tempo, e com fôlego, foi também renovando o escopo de temáticas que importam e que talvez estivessem des(re)conhecidas. Nesse escopo, o universo das identidades se fez terreno de reflexão fulcral; nos estudos de gênero, Luiz Paulo se fez referência bem além da Linguística Aplicada. Para lá e para cá, foi obstinado na formulação da pauta de estudos e no engajamento de interlocutores nas arenas de produção discursiva necessárias para criar inteligibilidades sobre problemas sociais, amarrando os nossos nós em torno desses objetos, os problemas sociais, ao passo que afirmava nosso compromisso com os estudos da linguagem, sinalizando nitidamente, contudo, que esse domínio, o da linguagem, não tem limites circunscritos por qualquer conceito positivo de língua. Prefigurou assim o exame crítico de invenções de disciplinas acadêmicas a serviço de discursos de legitimação de desigualdades e hierarquias do capitalismo. Ao enveredar mais recentemente pela reflexão sobre ideologias de linguagem, *de novo* Luiz Paulo soube nos chamar a estudar a articulação semiótica – estrutura-uso--ideologia – como requisito para os nossos modos cada vez menos ingênuos de criar inteligibilidade sobre problemas sociais em que a linguagem tem papel central. Colaborando para a produção desses marcos com expoentes como Marilda do Couto Cavalcanti, Maria Antonieta Alba Celani, Liliana Cabral Bastos ou Marilyn Martin-Jones, ouvindo e trocando ideias com tantas outras colegas, dizendo com seriedade – e quase sempre com bom humor, já que ninguém é de ferro e nem tem sangue de *cucaracha* –, Luiz Paulo tem nos oferecido uma obra instigante e inspiradora.

Alô, alô, Realengo, *buenas*, aquele abraço! Nós, das cortes e das províncias, ficamos muitíssimo obrigados!

Introdução

Errâncias indisciplinares: entre rastros, ruínas e reconstruções

Branca Falabella Fabrício
Rodrigo Borba

Imagem 1. *Grafittis em escombros de demolição no Alemão*

Fonte: Diniz, 2014.

Na foto *Grafittis em escombros de demolição no Alemão*, as lentes do fotodocumentarista carioca Ratão Diniz captam um momento no qual, durante um mutirão de grafiteiros no Morro do Alemão,[1] escombros de uma construção transmutam-se em potência significante. Da destruição surge algo novo, dando nova vida crítica ao que antes era dejeto. Observamos a inscrição de imagens em fragmentos de uma

1 Diniz, 2014, pp. 54-55.

edificação, nos quais a justaposição de rostos-zumbis pode convocar a atenção de quem passa pelo local, indiferente aos destroços do ambiente. São faces de olhos cerrados, duas delas talvez cravejadas de balas, cujos traços evocam uma ancestralidade africana. Sua inscrição em peças de entulho desiguais, dispostas lado a lado, imprime um ritmo enigmático à cena. Seria a multiplicação de cadáveres ou de gente viva, para quem a morte é uma presença cotidiana? O que poderia significar esse conjunto de figuras fantasmáticas?

O registro fotográfico de Ratão Diniz é uma recriação que faz as imagens gravadas em pedra conjurarem sentidos inauditos para o que antes pouco importava, viajando, assim, para outras dimensões da experiência. Esse trânsito, no entanto, não apazigua a indiscernibilidade. Mantendo o mesmo ângulo de observação do grafite, de cima para baixo, sua câmera enquadra os vestígios de mortos-vivos de forma que uma planta viceja na composição, em meio aos outros resíduos. A diversidade de detalhes valoriza a escala do menor, já que insignificâncias – detritos, espectros e um vegetal anônimo – ocupam o primeiro plano da obra, sem indicação de elos coesivos. No entretecimento de destruição e reanimação, permanece a incógnita.

Esse tipo de interpelação-pelo-indecidível, tanto do grafite quanto da foto, opera como comentário sociopolítico. Provoca reflexão sobre o extermínio da população negra, a desigualdade social e as forças agentivas em regiões marginalizadas da cidade. Assim, utilizando sua fotografia como prática de resistência, Ratão Diniz equivale o ato de fotografar à produção de memórias que podem alterar o modo de ver e de sentir. No caso em tela, rastros de degradação se transfazem, ganhando visibilidade e valor como objeto estético-crítico. Tal faceta leva grafiteiros a ver a transformação como a assinatura da obra do fotógrafo, pois "ele faz de uma coisa triste uma coisa maravilhosa, bota pra cima o que muitas vezes as pessoas querem esconder".[2]

Tomamos a convivência de restos e esporos como metáfora da "indisciplina" tal como pensada por Moita Lopes em *Por uma linguística aplicada indisciplinar.*[3] Sem nos comprometermos com o sentido de

---

2 Grafiteiro Smoky, em comentário sobre a obra de Ratão Diniz. Diniz, 2014, p. 60.

3 Moita Lopes, 2006a.

origem, e entendendo que todo signo faz parte de cadeias de citação,[4] nesta introdução buscamos explorar a iterabilidade desse conceito e os aspectos propositivos que agrega. Nosso interesse é motivado pela sugestão de que, apesar de estarem em constante movimento,

> [...] de início os conceitos são e permanecem assinados: substância de Aristóteles, *cogito* de Descartes, mônada de Leibniz, condição de Kant, potência de Schelling, duração de Bergson... Mas também alguns exigem uma palavra extraordinária, às vezes bárbara ou chocante, que deve designá-los, ao passo que outros se contentam com uma palavra corrente muito comum, que se enche de harmônicos tão longínquos que podem passar despercebidos.[5]

Pois a indisciplina em Linguística Aplicada é desses conceitos a cuja excepcionalidade o trabalho de Moita Lopes, ao repensar constantemente o campo, deu vida. Entretanto, seu emprego trivial, indicando meramente insubordinação, desobediência ou transgressão, pode usurpar-lhe a potência de inovação, apagando a singularidade advogada por seu propositor. Usos banalizados pela repetição podem, ainda, obscurecer as implicações de uma abordagem indisciplinar para os projetos ideológicos que integram o campo amplo dos estudos da linguagem – campo com algumas áreas minadas, repletas de rastros moderno-coloniais. Nelas, saberes-poderes canônicos produzem pilhas cumulativas de ruínas, nem sempre perceptíveis. Porém, o terreno instável onde se equilibram é cada vez mais visível. Isso se deve, em grande medida, à intensa compressão espaçotemporal[6] propiciada por avanços tecnológicos. Em tal cenário, conhecimentos surgem de espaços "fragmentados e intemporais" nos quais "já não é possível estabelecer uma fronteira clara entre o mundo físico e o digital".[7] Quanto mais velozmente tudo (objetos, pessoas, textos e ideias) parece mover-se, mais difícil é evitar a colisão com toda sorte de despejos.

Esse é justamente o itinerário da indisciplina, entulhado de sobras epistêmicas emaranhadas. Trata-se de sequelas que precisam ser encaradas seriamente, sob o risco de sermos engolfados por modos

4 Derrida, 1988.

5 Deleuze & Guattari, 2009, p. 16.

6 Harvey, 1989.

7 Santos & Azevedo, 2019, p. 239.

de conhecimento mumificados e categorias-zumbis.[8] Elas estão por aí, assombrando-nos – tal como a noção de disciplina, que, embora há muito insuficiente para entender o mundo poroso em que vivemos, mantém-se morta-viva em parte do fazer científico. Por isso, é preciso observá-las acuradamente, em seu movimento insidioso, para delas nos desviarmos ou com elas negociarmos.

Esse tipo de escrutínio implica abordar a vida silenciosa de signos e textos,[9] pois eles se entextualizam-descontextualizam-recontextualizam continuamente; são removidos de contextos móveis e inseridos em outros. Em suas trajetórias, arrastam uma miríade de discursos e ideologias, produzidos em outros tempos e espaços, estabelecendo uma relação complexa com eles. No fluxo, o que é reciclado não são apenas artefatos textuais, mas também um repertório amplo de referências histórico--culturais que com eles se entretecem. Dessa forma, o que transita para um novo cenário interacional é um composto de textos-em-movimento cujos sentidos são indetermináveis *a priori*. Eles dependem de quem com eles interage, como, quando e em que circunstâncias. Para Silverstein e Urban,[10] a entextualização faz parte da "história natural" de textos, mas pode passar despercebida para interactantes que não vão além do texto--artefato. No caso da foto de Ratão Diniz, detectar nas imagens o rastro de uma necropolítica persistente em favelas do país requer o confronto com o assombro colonial da exclusão que nelas precipita, fazendo seus sentidos transitarem no aqui-e-agora, entre diferentes tempos-espaços. Sentar-se à mesa com alguns fantasmas modernistas constitui um convite a ocupar as ruínas "apesar dos anúncios de sua morte".[11] A ocupação envolve seguir trilhas por paisagens marginais, sempre em estado de alerta às vidas e relações que brotam nas sombras, como ilustra a arte de Ratão Diniz e o trabalho intelectual de Luiz Paulo da Moita Lopes.

Como explicitado na apresentação deste volume, os textos nele reunidos dialogam com a postura indisciplinar como modo de tirar proveito de paisagens alteradas por abalos epistemológicos, lidando com os espectros que nela habitam de modos diversos. Em nossa leitura, atentamos às

8 Beck, 2002.

9 Silverstein & Urban, 1996.

10 *Idem*.

11 Tsing, 2019, p. 7.

barricadas modernistas e ao questionamento que as/os diferentes autoras/es fazem dos sentidos nelas entrincheirados: disciplina, língua, identidade, tempo, espaço, fronteira e realidade – temas que preocuparam o fazer científico de Moita Lopes ao longo de quatro décadas dedicadas à Linguística Aplicada brasileira. Tal exercício levou-nos a agrupar os ensaios tendo em vista a indisciplina que pode surgir da relação entre ruínas e renovação.

Nas ruínas do conhecimento

A noção de conhecimento objetivo é um dos principais pilares de fortificações modernistas. Apesar das inúmeras críticas ao longo do século XX, o compromisso com a objetividade demanda ainda reflexão aprofundada. Segundo Rajagopalan neste volume, questioná-lo incita "um grito de guerra" que exponha o solo lamacento das políticas de verdade nas quais se apoiam. Nos devaneios positivistas da tradição científica, é preciso conceber um mundo pronto para ser visto e conhecido, antes da visão ou da produção de conhecimento.[12] A pré-configuração da "realidade" é o pressuposto do engajamento em práticas de veridicção.

Em seu capítulo, Rajagopalan caminha em direção contrária, vendo as práticas de conhecer como agentes no mundo, pois envolvem questões de interesse.[13] Por esse ângulo, modos de interrogação científica produzem o objeto estudado, sob determinadas condições, servindo a projetos de grupos específicos. Isso significa dizer que conhecimentos são formas de "intervenção performativa na realidade". Não produzem resultados verdadeiros ou falsos, mas sim efeitos de verdade que precisam ser avaliados eticamente. A quem beneficiam? Que grupos marginalizam? Entretanto, o reconhecimento das políticas subjacentes a projetos epistêmicos requer o abandono de uma longa tradição, segundo a qual

> [...] se aposta na imparcialidade como elemento fundamental daquilo que se produz: um modo de olhar o mundo de fora, buscando a "não

---

12 Viveiros de Castro, 2015, pp. 220-221.

13 Latour, 2012.

> contaminação" do pesquisador [*sic.*] pelo objeto, num processo de produção do conhecimento neutro sem interferência e influência [...]. A lógica: quanto mais isolado for o objeto do mundo, da vida, maior a possibilidade de se produzir conhecimento que não falseia "a" verdade. Há uma aposta na necessária limpeza do campo de observação.[14]

Rajagopalan argumenta que boa parte das pesquisas em Linguística Aplicada ainda hoje não superou a visão higienizada da produção de conhecimento. São investigações que, buscando uma ciência verdadeira e não contaminada, insistem no apagamento geopolítico e epistêmico de quem investiga e do conhecimento que produz. Além disso, lidam com um ideal de pureza catalisador de sentidos como precisão, homogeneidade, estabilidade e isolamento. Por um lado, esse agrupamento semântico viabiliza a demarcação de toda sorte de territórios, tanto identitários – de raça, classe, sexualidade e gênero – quanto geográficos, linguísticos e culturais. Como projeções totalizantes sem qualquer tipo de nuance, práticas de territorialização avaliam, hierarquizam e discriminam, determinando, em um mesmo golpe, o que importa e o que é descartável. Nessa chave, fenômenos sociais como desigualdade, racismo, sexismo e homofobia, por exemplo, são mero pano de fundo para a dissecação da linguagem. Por outro lado, a compartimentalização da experiência humana fomenta a separação de conhecimento, natureza e práticas socioculturais, fixando-as em zonas ontológicas distintas.

Tais vertigens hipnotizaram o pensamento científico ocidental, serenando dúvidas com leis "universais", "necessárias" e "absolutas", de grande apelo explicativo.[15] No entanto, delírios são sempre vacilantes. Comportam-se como rebotalhos-bomba passíveis de explosão, pois a existência não é submissa ao ordenamento humano. Nela, contingências e imprevisibilidades funcionam em moto-contínuo. Como mostrou Bruno Latour,[16] os impulsos de depuração e domínio nunca impediram vazamentos e contágio. Muitas vezes conseguiram silenciá-los. Em várias outras, descartaram-nos como lixo, que se amontoa nas beiradas.

---

[14] Abrahão *et al.*, 2014, p. 156.

[15] Latour, 2013, pp. 40-42.

[16] *Idem.*

Entender essa dinâmica requer "proximidade crítica",[17] *i.e.*, uma prática eminentemente política que possa construir uma outra relação com a atividade investigativa, que Moita Lopes propõe ser inescapável nas pesquisas em Linguística Aplicada se o campo pretende se haver com o mundo desigual em que se insere.[18] Conhecer seria, nesse caso, engajar-se em práticas teóricas de "compostagem"[19] realizadas por sujeitos-pesquisadores "in-mundo",[20] avessos à purificação que domina concepções modernistas de língua e do campo que a estuda. Para tanto, há uma luta a ser travada contra o cárcere das disciplinas acadêmicas.

Nas ruínas da estabilidade

O confinamento de saberes a áreas e regras constitui uma ingenuidade técnica, pois almeja a eliminação de qualquer contágio em meio à dinâmica da vida, diversa, heterogênea, plena de acasos e contingências. Propicia amarras que privilegiam a estabilidade em detrimento das incertezas e dos mistérios que a mistura de saberes pode construir. Em sua contribuição, José Luiz Fiorin argumenta que é tempo de "pôr em questão as divisões disciplinares, as fronteiras rígidas entre os campos do saber" e de levar pesquisadoras/es a pensar em problemas "situados na fronteira das disciplinas e que, durante muito tempo, foram deixados de lado, como, por exemplo, na linguística, as instabilidades e as identidades criadas pelo discurso".

Esse ponto integra suas ponderações críticas sobre a Linguística e seus postulados, entre os quais se encontra o privilégio concedido à sintaxe e à semântica. Para Fiorin, a ênfase colocada na definição de regras de formação de proposições e no conteúdo significativo dos signos despreza o nível pragmático das práticas linguísticas situadas – justamente o domínio contextual da sócio-história, no qual podemos observar o movimento incessante dos sentidos. O descarte dos contextos

17 B. Santos, 2001.

18 Ver, nesse sentido, Moita Lopes, 2006b, p. 101; Moita Lopes & Fabrício, 2019.

19 Haraway, 2016.

20 Gomes & Merhy, 2014.

de uso na análise do significado ainda constitui idealizações de muitos trabalhos da área voltadas para conjuntos de constantes e universais apartados de qualquer interferência de aspectos contextuais.

Com base nesse parecer, Fiorin produz uma reflexão indisciplinada sobre a linguística teórica e seu foco investigativo em padrões, normas e coerência estrutural. Na sua visão, ao tomar a constância como princípio de cientificidade, a ciência da linguagem se constituiu como uma episteme da estabilidade, comprometida com a sincronia, o sistema e os significados denotacionais. Como corolário, a obsessão por características invariantes (mesmo quando o foco é a variação linguística!) afastou o interesse pelo incomum e pelo insólito. Priorizou também uma visão essencialista de identidade, orientadora da triagem de propriedades basilares tanto do sistema linguístico quanto de sujeitos sociais, independente das práticas discursivas.

Incitando seus pares a repensar sua práxis, Fiorin discute a mobilidade dos significados, a força criadora da linguagem e o prazer envolvido nos jogos de sentido que ela propicia. Como estudioso da estilística, vendo no desvio da norma uma qualidade da linguagem, analisa como poetas e literatos produzem transgressões. Focaliza nomes conhecidos como Guilherme de Almeida, Ricardo Reis (um dos heterônimos de Fernando Pessoa), Érico Veríssimo e Guimarães Rosa, entre outros, e as liberdades que tomam na escrita, entretendo-se com metáforas e metonímias. No jogo por eles proposto, qualquer rubrica – de si, de alteridades e de coisas – abriga multidões. Em vez de edifícios bem alicerçados, significados são escombros moventes e, assim, podem contornar ou subverter regras coercitivas.

Para Fiorin, uma epistemologia das instabilidades, assim como proposta no trabalho pioneiro de Moita Lopes, passa a ser uma abordagem prioritária, que pode abrir espaço para um fazer científico na linguística governado pelo hibridismo. Em suas próprias palavras, "estamos num tempo do elogio das margens, do descentramento, da alteridade, da heterogeneidade, do dialogismo, vivemos num tempo de mestiçagens e de imigrações, de recusa da pureza". Tal provocação indica uma batalha de grande envergadura. No entanto, atendê-la exige a valorização consistente de estéticas periféricas, sem temor de "imundiçar"[21] (*i.e.*, trazer para o mundo) o objeto de pesquisa "higienicamente depurado". Desse modo, trechos de produções como *Quarto de despejo* (1960), de Carolina de Jesus, ou *Sol na cabeça* (2018), de Geovani Martins, poderiam vir a figurar ao lado de Camões, Gregório de Matos ou Carlos Drummond de Andrade como estilos narrativos habilidosos, desobedientes aos cânones e criativos, embora ainda apequenados e marginalizados pela tradição.

Maria Eugênia Lammoglia Duarte segue caminho semelhante em seu capítulo sobre a instabilidade do modelo normativo de escrita na "língua portuguesa". Refletindo sobre os processos constitutivos do "português de Portugal" em seu trânsito por diferentes tempos-espaços históricos, a autora sublinha as mudanças constantes de normas gramaticais, decorrentes da variabilidade de usos em território europeu e brasileiro. A discussão por ela encaminhada reconstrói as disputas políticas travadas através dos séculos, em Portugal e no Brasil, em torno dos cânones gramaticais e das infrações às regras por eles determinados. Tais lutas, capitaneadas por "autoridades científicas" como filólogos e gramáticos, atuam como dispositivos de produção e manutenção de um ideal de unidade linguística. O estudo de Duarte mostra como eles operaram na regulação e no controle do português no Brasil. A distinção entre "fala e escrita informais" e "fala e escrita cuidadosa ou letrada" é fruto de embates pela padronização linguística, hierarquização dos diferentes usos e determinação do que conta como norma culta. Na primeira, a diversidade local é tolerada. Na segunda, a variabilidade é considerada desvio das regras do português europeu, cuja "superioridade gramatical" é inquestionável. O bordão "pra falar pode; pra escrever não!", ainda reciclado em muitas salas de aula, indica a força performativa de ideologias linguísticas em seu deslocamento espaçotemporal. Nesse contexto, como Moita Lopes argumenta, "há a necessidade de pensar outros construtos teóricos e ferramentas analíticas para dar conta do que entendemos por português e de como conduzir a pesquisa linguística".[22]

Entretanto, a vigilância e a domesticação dos usos da língua sempre comportam transgressões, já que línguas são fenômenos dinâmicos e

---

21 Borba & Lopes, 2018.

22 Moita Lopes, 2013, p. 29.

hostis a sistematizações rígidas. Como Duarte argumenta, a sintaxe do português brasileiro sempre foi indisciplinada em relação ao modelo lusitano. Apesar da pressão normativa, criou outras convenções regulatórias, o que aponta para a contínua reinvenção da língua portuguesa.[23] Tal inventividade, exemplificada no capítulo através de excertos de matérias jornalísticas contemporâneas, mantém um descompasso entre o português empregado em diferentes contextos interacionais e aquele ensinado nas escolas e nos livros didáticos. Ao concluir, a autora sugere que o anacronismo do trabalho educacional com a língua terá que encarar a indisciplina da sintaxe se quiser ser responsiva aos múltiplos modos de emprego da língua portuguesa.

Nas ruínas da representação

A perspectiva da instabilidade torna frágil a manutenção de outro alicerce modernista: a ideia de linguagem como representação da realidade. As condições de sustentação de tal conjectura residem na prática inventada de ligar palavras e coisas[24] – e, por extensão, saberes e fenômenos –, classificando-as, capturando-lhes a essência e destituindo-lhes de qualquer imprecisão. O impulso classificatório demanda o pagamento de pedágio a um mundo presumido, cuja conversibilidade em signos (linguísticos, imagéticos ou numéricos) seria garantida pela suposta estabilidade da conversão. As moedas correntes são a referência e o prognóstico de que há uma realidade acessível pela representação.

Dois ensaios contribuem para o exame do paradigma representacional. Ao argumentarem em favor de uma abordagem multissemiótica da linguagem, aproximam-se da ideia de que o que denominamos real é fabricado. Fenômenos objetivos, percebidos como naturais e independentes das teorizações humanas, são inseparáveis dos sujeitos que os criam e dos processos socioinstitucionais de produção. Eles ganham vida sob a condição de uma descrição, o que só é possível com o concurso das palavras e de outros signos.

---

23 *Idem*.

24 Foucault, 2000.

Roxane Rojo questiona as ideias de estase e fixidez de sentidos em imagens. Sua reflexão reconstrói o percurso entre um impulso mimético-figurativo na pintura e o seu completo abandono na arte abstrata, chegando a obras contemporâneas que misturam fotografia, colagem, desenho e pintura. A valorização do *remix* ganha potência na arte digital atual na qual matrizes numéricas e *pixels* participam do ato criador.

Com base no conceito de arquitetônica e na perspectiva enunciativo-discursiva do Círculo de Bakhtin, a autora considera uma diversidade de recursos – cores, faturas, gestual, sombras, palavras, programas computacionais e aplicativos de celulares – que a auxiliam a explorar a construção de percepções de espaço-tempo, ritmo e movimento em diferentes telas. A observação acurada de tais composições cria entendimentos sobre processos perpétuos de metamorfose de obras artísticas, cuja construção envolve posicionamentos axiológicos cambiáveis nas relações estabelecidas entre ato criador, criação e criatura. Ao discutir os valores éticos e estéticos que regem a produção e a interpretação de imagens, e os múltiplos efeitos que podem delas emergir, ela advoga uma visão indisciplinar da multissemiose, segundo a qual a recombinação incessante de signos e seus rastros caracteriza a inquietude como marca dos fenômenos de significação – artísticos ou ordinários.

Já Célia Magalhães explora como a interseção de imagem e verbiagem pode multiplicar significados, focalizando signos imagéticos e linguísticos em um livro ilustrado de histórias para crianças. Ao contrastar a construção visual da personagem Manhã em duas edições distintas da obra, a autora enfatiza os diferentes regimes de visualidade presentes nas publicações, mostrando que diferentes ambientes de produção influenciam o ponto de vista da observação e os efeitos de sentido que ele pode projetar. Desse modo, a experiência perceptiva de imagens perde as garantias de fixidez, certeza e objetividade. Segundo uma análise sistêmico-funcional das publicações, a quantidade potencial de significação de recursos semióticos pode mudar de gradação, a depender da calibragem de diferentes recursos semióticos em uso nos processos de produção, circulação e interpretação. Nessa chave interpretativa, em que aspectos contextuais ocupam lugar central, não haveria "visão de", "percepção de" ou "conhecimento de" algo, mas sim construção contínua de ângulos de visão, perspectivas e posições que forjam os objetos aos quais se referem.

O nomadismo dos signos e a mestiçagem de sentidos detectados por Magalhães e Rojo dão margem à discussão dos efeitos da mobilidade de recursos semióticos na comunicação. Seu trânsito ocorre entre amontoados de expectativas e convenções socioculturais, o que estabelece um nexo entre a história emergente na interação e a formação mais lenta de um *habitus* sócio-historicamente estabelecido. Dito de outro modo, o que está temporalmente situado no nível local dos encontros semióticos está indelevelmente conectado a normas, valores morais e regimes de ação produzidos em outros tempos e espaços.

Do mesmo modo, a motilidade também problematiza a noção de contexto inerte – outra barreira no caminho da indisciplina. Contextos são fabricações intersubjetivas que também se movem em resposta a orientações indexicais interpoladas,[25] pois ações interacionais emergentes se conectam a outras práticas que as precederam ou as sucederão em situações comunicativas diversas. *Chronos* e *topos*, além de serem inseparáveis, como indica Bakhtin,[26] são também múltiplos e multidirecionais. Se o aqui-e-agora é prenhe de outros espaços-tempos, os parâmetros usuais de cronologia e espacialidade se fragilizam. Inspecioná-los sob a ótica da impermanência e da indisciplina é o que fazem os trabalhos examinados a seguir.

Nas ruínas de espaços e tempos

O interesse por tempos-espaços-em-movimento em interações cotidianas tem conduzido ao estudo de conjuntos de eventos interligados em vez da análise de textos isolados, fenômenos que trabalhos recentes de Moita Lopes nos ajudam a entender.[27] Três capítulos operam nessa direção.

Liliana Cabral Bastos aborda flutuações espaçotemporais, enfocando fluxos de significação em narrativas construídas por uma ginecologista ao longo de sucessivas reuniões de trabalho de um grupo de apoio a "profissionais de saúde que lidam com crianças e adolescentes

25 Silverstein & Urban, 1996.

26 Bakhtin, 1981.

27 Ver Moita Lopes, 2017; 2020; 2021.

vítimas de violência". As narrativas por ela discutidas reconstroem as experiências da narradora como depoente em um processo judicial de abuso sexual sofrido por uma menina de três anos. A convocação para depor se deve ao fato de a médica ter sido responsável pelo exame da criança no hospital. O pai, denunciado como o agressor, foi julgado e condenado. Casos de brutalidade doméstica envolvendo sexualidade e infância constituem uma conjuntura propícia à observação da ordem moral vigente em relação a tabus culturais como incesto e pedofilia, pois mobilizam múltiplos espaços-tempos (cronotopos) e reciclagem (entextualização) de textos, discursos.

Nesse contexto, cadeias textuais e performances de identidade são observadas microanaliticamente no momento da reunião e em sua inscrição sócio-histórica. Tal complexidade cronotópica ganha relevo na discussão das narrativas nas quais os tempos-espaços do abuso, do exame médico, do processo legal e da reunião de trabalho se agregam em torno de um cronotopo moderno-cientificista. Este coloca em cena a questão da verdade factual na medicina, na justiça e na psicologia. A sincronização de tais parâmetros espaçotemporais na atividade narrativa em tela enquadra as entextualizações de um conjunto de valores culturais como resistência, *expertise* médica, sucesso e justiça. Em seu conjunto, esses juízos contribuem para a identidade perita encenada pela narradora, cuja performance, ratificada pelas/os outras/os participantes da reunião, reafirma a posição privilegiada da voz da medicina na política de conhecimento. Entretanto, nem sempre o trânsito entre o momento imediato, no qual significados são negociados localmente, e a situação interacional mais ampla, na qual discursos e convenções circulam translocalmente, constrói posições consensuais. Em ambientes digitais, por exemplo, onde a circulação de signos e textos é bastante frenética, frequentemente presenciamos uma profusão de sentidos em rotas de colisão.

O estudo de Inês Signorini e Fabiana Biondo desenvolve essa perspectiva em sintonia com a compreensão contemporânea de que há uma relação de continuidade entre os ambientes *online* e *offline*, o que as leva a conceber cenários *online* como hábitats socioculturais, políticos e econômicos.[28] A

[28] Ver, nesse sentido, *Idem*, 2010.

partir desse entendimento, as autoras centram-se na página *Quebrando o Tabu*, do Instagram, considerada uma forte influenciadora no chamado ativismo digital. Por tal razão, postagens sobre preconceitos de raça, gênero e sexualidade, entre muitos outros, constituem a pauta temática da plataforma. Nela, Signorini e Biondo investigam um conjunto de interações assíncronas geradas no período das eleições presidenciais de 2018 no Brasil. As trocas focalizadas encenam discursos de ódio às minorias e reciclam tópicos como família, aborto, religião e feminismo, por exemplo, motivando disputas acaloradas pelo significado.

O ponto de observação dessa rivalidade semântica é a trajetória das categorias identitárias mulher "de verdade" e mulher feminista ao longo de um conjunto de comentários postados por internautas participantes. A análise empreendida pelas autoras entrecruza diferentes óticas. Em primeiro lugar, coloca sob escrutínio os fenômenos semióticos emergentes a partir de categorias como (re)enquadramento, (re) alinhamento e performatividade. Elas forjam visibilidade para o modo como identidades de gênero se estruturam performativamente na ação social. Outro ângulo torna possível a visão de como essa encenação é improvisada em meio a normas e ideologias em circulação como hierarquizações, binarismos e essencialismos identitários estabilizados pela lógica ocidental.

Essa dupla visada analítica capta uma conversa polarizada, animada por "diálogos" insensíveis, nos quais crenças, estereótipos e valores morais se amontoam e embaralham. Faz parte dessas trocas a reanimação de esquemas socioculturais como "guerra entre os sexos", "provocações mútuas" e "livre concorrência entre indivíduos". Eles encenam lutas simplórias e enfrentamentos argumentativos pouco qualificados, promovendo um desfile de atributos e certezas estereotipadas sobre mulheres "de verdade" e feministas. Como sinalizam as autoras, os *scripts* estereotipados sobre gênero se repetem sob um enquadre confrontacional, que ridiculariza e ataca os alinhamentos em favor de reivindicações feministas, desconsiderando seu caráter eminentemente político. O movimento circular está presente tanto em duelos entre perfis masculinos e femininos como também entre perfis femininos. Embates dessa natureza indicam uma certa cronopolítica do gênero, regimentada por ruínas de sentidos e ideologias.

Eles também têm gerado muitas perplexidades na atual cronopolítica do espaço. A visão moderna de tempo e espaço ordenou coisas, pessoas e significados em lugares específicos cujo reconhecimento e cujo controle contavam com modos locais de interação. Entretanto, o desenvolvimento de parafernálias tecnológicas vem alterando tal lógica organizacional, porque, ao aproximar distâncias (territoriais e simbólicas), possibilita novas formas de intercâmbio e dinâmicas sociais. O local se alongou ou o global se encolheu?[29] A resposta depende da perspectiva de quem vivencia esses fenômenos e como os experimenta, pois eles são muito diversos, a depender de condições sociais, econômicas e educacionais das pessoas – basta ter em conta o potencial de mobilidade disponível para ricos e pobres ou letrados e não letrados digitalmente. De qualquer forma, o desencaixe espaçotemporal lança indivíduos em terrenos não familiares – geográficos ou simbólicos – nos quais fronteiras estão em movimento.

Nas ruínas das fronteiras

Dois textos desta coletânea abordam barreiras sob a perspectiva dos fluxos de imigração atuais, pois a intensificação da movimentação humana pelo globo nas últimas décadas tem ocasionado práticas de desterritorialização incessantes. Motivados por condições de vulnerabilidade política, econômica, ideológica, religiosa, humanitária e social, diferentes grupos se deslocam para outros espaços, cumprindo trajetos multidirecionais. É o caso do tipo de mobilidade compulsória de multidões de refugiados ameaçados por guerras e conflitos, ou de imigrantes que buscam uma vida menos precária. Transgridem fronteiras e se espalham pelos quatro cantos do planeta na busca por condições mínimas de sobrevivência, o que demanda da Linguística Aplicada um movimento constante de "renarração e redescrição do mundo social como se apresenta".[30]

O trânsito implica reterritorialização, o que força o enfrentamento de novas formas de organização territorial e temporal, duas referências

29 Cf. Haesbaert, 2002.

30 Moita Lopes, 2006a, p. 90.

importantes nos modos de subjetivação ocidentais. Aprendemos a encontrar conforto na ideia de unidade geográfica e histórico-cultural. Essa localização é perturbada, entretanto, pelos céleres deslocamentos contemporâneos, pois eles estremecem as ilusões territoriais que vêm sustentando utopias nacionalistas, identitárias e linguísticas, colocando-as à prova. Não causam espécie, portanto, a percepção aguda de perda de assentamento, o desmantelamento de alicerces tidos como sólidos e a deriva de sentidos de pertencimento. A ideia de desenraizamento desorienta subjetividades e pode acirrar diferenças, ao estremecer os muros que as mantinham separadas.[31]

A zona de contato pode ser experimentada como zona de insegurança ou grande ameaça, sobretudo quando o encontro com a alteridade desperta defesa de perímetros identitários, e não intercâmbio ou curiosidade. É nela que miragens como Estados-nação, o projeto civilizador branco-europeu e percepções essencializadas de raça, gênero e sexualidade buscam abrigo e refúgio em um realismo factual e naturalista. Na convivência com outridades, a crença nessa metafísica motiva, com frequência, batalhas pela manutenção das divisas conhecidas e desprezo por "invasores". Essas são "lutas defensivas e protetoras de 'territórios do eu'".[32] Entretanto, há que considerar as territorialidades emergentes nas quais se desenvolvem ações inovadoras entre as ruínas do que não se sustenta mais.

Marilda do Couto Cavalcanti e Ana Cecília Cossi Bizon caminham por esses rincões, refletindo sobre os meandros das práticas que envolvem fragilidade territorial. Elas abordam o caso da migração haitiana na paisagem sócio-histórica brasileira com um duplo foco de interesse. Por um lado, exploram como manchetes e notícias publicadas em portais digitais de jornais de grande circulação narram esses migrantes. Por outro, investigam como haitianas/os e internautas brasileiras/os se posicionam em relação a essas narrativas, analisando a seção de comentários dos referidos portais.

Nesse cenário, o estudo examina narrativas midiáticas e as reações por elas suscitadas nos *posts* de internautas. O foco de atenção são as pistas indexicais que (re)posicionam haitianas/os, atribuindo-lhes uma diversidade de lugares sociais. A análise opera com dois conjuntos de

---

31 Costa, 2019.

32 Ver Rampton, neste volume.

textos que se diferenciam pela projeção de público e pelo circuito de produção-circulação-interpretação.[33] Por um lado, há um grupo de textos jornalísticos produzidos pela mídia mercadológica que fomenta processos de racialização, exclusão e xenofobia. Neles, haitianas/os são configuradas/os como um grande contingente de pessoas clandestinas, nômades e usurpadoras de postos de trabalho, constituindo, portanto, um perigo. Além do risco socioeconômico, seriam também um inconveniente para o ideal de "branqueamento" que governou as políticas de imigração no passado. Tais discursos desagregam mitos naturalizados de um Brasil multirracial e acolhedor das diferenças. Por outro lado, há um tipo de comunicação não mercadológica e não oficial que ocorre em espaços da *web* construídos pelos/as próprios/as migrantes, como a *web* rádio comunitária *Jovens Haitianos Progressistas*, cuja programação multilíngue (em francês, *créole* e português) atua como veículo de informações de utilidade pública e divulgação de eventos da cultura haitiana. Sentidos de solidariedade, apoio mútuo e comunidade podem, assim, ser mantidos e através deles é possível circular.

Em direção semelhante, há uma HQ digital, *O Haiti é aqui: uma outra história dos haitianos no Brasil*, produzida em parceria com um jornalista e um ilustrador brasileiros. Dela faz parte uma websérie ficcional crítica que, além de narrar os entraves enfrentados por haitianas/os em suas experiências de exclusão e subalternidade, problematiza os estereótipos e preconceitos dos quais são alvo. A utilização do português, com apenas algumas expressões em francês, seleciona uma audiência brasileira. De certo modo, as duas webproduções – a *web* rádio e a websérie – indicam práticas sociais transformadoras e agenciamentos de resistência que refletem coletivamente sobre políticas de inserção emancipatórias e humanizadas nos processos de (des)(re)territorialização, numa empreitada que Moita Lopes chamou de coligação anti-hegemônica – um projeto político-epistemológico que "oferece modos alternativos de conhecer e projetos coletivos plurais que não podem ser hierarquizados em termos de sua importância para a vida social"[34] e que deve se tornar central para que a Linguística Aplicada tenha relevância no mundo contemporâneo.

---

33 Briggs, 2007.

34 Moita Lopes, 2006b, p. 86.

Seguindo um percurso semelhante, Ben Rampton indaga a dinâmica que constrói grupos particulares como suspeitos e inimigos em potencial. Associando reflexão teórica e empírica, o autor trata das práticas de securitização que entram em ação em um mundo pós-11 de Setembro, onde questões como terrorismo, risco e (in-) segurança constituem dinâmicas multifacetadas e ubíquas na vida cotidiana. Seu interesse é o estudo da comunicação ordinária em face de condições sociais que estão mudando, fazendo emergir os seguintes dilemas: como conciliar a ideia de cotidiano e práticas de matança, encarceramento e expulsão? Como estabelecer relações entre linguagem, conflitos e práticas comunicativas diárias nas quais adversários parecem onipresentes? O enfrentamento desses dilemas seria indispensável aos estudos sociolinguísticos contemporâneos.

Rampton não se furta aos impasses, sugerindo que a associação de etnografia linguística, análise sociolinguística interacional e foco na capilaridade dos poderes pode criar inteligibilidade sobre as negociações com a alteridade. É com essas lentes que ele se defronta com o confronto interétnico no Chipre, onde as comunidades greco-cipriota e turco-cipriota encenam rotineiramente práticas de hostilidade mútua. Nesse contexto, ele esmiúça interações geradas em entrevistas com participantes de um programa de ensino de turco a greco-cipriotas e grego para adultos/as de língua turca. A iniciativa faz parte das políticas de reconciliação implementadas depois da assinatura do Tratado de Adesão à União Europeia (UE) pelo Chipre, tendo como objetivo a mitigação da rivalidade entre os grupos.

Apesar desse propósito, a análise das entrevistas mostra que o estudo de turco por greco-cipriotas é valorado negativamente, sendo associado a sentidos como traição e "turcofilia". Tal reação adversa gera diferentes estratégias de discentes e docentes. Estudantes, frequentemente, omitem a aprendizagem de turco e escondem o material didático de amigos e familiares. Também constroem a justificativa de que aprender a língua do inimigo é uma tática de autoproteção. Ou, ainda, engajam-se com o idioma de forma utilitária, para a aprovação em exames. Por outro lado, docentes adotam a estratégia pedagógica de descontextualização e despolitização do ensino de turco, concentrando-se em seus aspectos sistêmicos, em detrimento de questões socioculturais.

A complexidade da situação indica que a imaginação da comunicação como cooperação e negociação em conjunturas de paz e estabilidade não se aplica quando "o 'inimigo' passa a ser uma identidade central". Torna-se necessário, então, complicar a noção de cotidiano, concebendo-o como uma escala permeada por ideologias que, no caso discutido, criam temores de insegurança existencial. Um agir tático e maleável é vital na zona de contato. Diante dessas circunstâncias, a análise indica que a apresentação do turco como um código formal entra em outra ordem de indexicalidade,[35] significando "sensibilidade cultural aguda" e compreensão das ideologias em jogo, e não ortodoxia. Em um contexto antagônico, a ação estratégica manteve estudantes a bordo.

Rampton conclui em um enquadre goffmaniano, lembrando que, para o sociólogo, as interações sociais não são brandas, tampouco dóceis. A insegurança é a norma. Como corolário, o autor amplia as reflexões propiciadas pelas trocas interpessoais na experiência cipriota para encontros internacionais em geral. Em ambos os contextos, toda sorte de atritos emerge, tanto nas trocas interpessoais como nas geopolíticas. Se os dois domínios demandam práticas de securitização, a fronteira entre o ordinário e o excepcional fica borrada. Estabelecer conexões entre elas constitui um dos desafios atuais de uma Linguística Aplicada Indisciplinar.

Nas ruínas da disciplina

Um modo possível de enfrentamento de tal problemática é sinalizado por Alastair Pennycook. No entanto, a travessia indisciplinar por ele proposta na Linguística Aplicada exige a suspensão da ideia de disciplina. Segundo ele, as discussões sobre interdisciplinaridade e trandisciplinaridade ainda reciclam uma compulsão disciplinar voltada para classificações (fronteiras) e controle (circunscrição de pressupostos), dando continuidade, involuntariamente, ao legado colonial.

O campo está cansado e necessita ser revigorado, pois, muitas vezes, se afasta da direção central de uma LA indisciplinar, que é desenvolver

35 Blommaert, 2005.

um trabalho acadêmico mais socialmente responsável e responsivo. As discussões sobre as ruínas da disciplina ainda restringem a pesquisa, as ideias e os métodos. Resquícios de um ideal definitório excluem aquilo que não encaixa, sinalizando um temor da revisão de "seus arcabouços teóricos subjacentes". Modos de pensamento podem ser tonificados, por exemplo, com mudanças na geopolítica do conhecimento, o que permitiria o diálogo mais próximo com as chamadas teorias do Sul. É nesse sentido que, segundo Moita Lopes,[36] "conhecer as margens em sua própria voz" também possibilita "conhecer o centro, o que contribui para sua implosão". Ou seja, prestigiar formas locais de conhecimento também fortaleceria a trilha da indisciplina na Linguística Aplicada.

A aposta de Pennycook é a construção da LA como "repertórios de recursos epistêmicos que utilizamos para fazer com que certas formas de pensar se tornem possíveis". Desse modo, ele propõe que pensemos na LA menos em termos disciplinares ou transdisciplinares e mais como agregados temporários de pensamentos e ações que se juntam em momentos históricos específicos nos quais questões de linguagem se tornam relevantes. Esse entendimento o leva a situar a Linguística Aplicada no âmbito do diálogo entre epistemes e não entre disciplinas, como um amálgama epistêmico indisciplinar, associado a modos específicos de produção, regulação e manutenção do conhecimento.

A questão central para Pennycook é que a discussão sobre disciplina e transdisciplinaridade é limitada, pois focaliza "a micropolítica e as microtécnicas disciplinares", em detrimento do diálogo com mudanças disciplinares mais amplas que reconfiguram o terreno disciplinar – as denominadas *viradas*. Segundo ele, *viradas* são uma questão relativa a *epistemes* e não a disciplinas, como é o caso da virada pós-humanista por ele explorada. Elas sinalizam mudanças em curso. Entretanto, apesar de sua importância, recebem pouca atenção, muitas vezes sendo descartadas como moda ou empregadas superficialmente, sem entendimento de suas implicações.

---

36 Moita Lopes, 2006b, p. 94.

Nas ruínas da ontologia

Pennycook localiza o pós-humanismo no Antropoceno, uma forma de pensamento sobre o espaço que atravessa diversos campos de estudo. O conceito foi pensado inicialmente à luz de fenômenos como desmatamento, poluição, aquecimento global, mudanças climáticas e decomposição de ecossistemas, entre muitas outras agressões à vida no planeta. Elas têm sido desastrosas devido à sua capacidade de expansão. A literatura abundante sobre o Antropoceno caracteriza-o como um tempo-espaço ligado a um outro, o Capitaloceno, que, com sua doutrina econômica voltada para progresso, modernização e mercantilização, vem liquidando existências geológicas, orgânicas e simbólicas. Em relação a essas últimas, basta lembrarmos dos cânones epistêmicos explorados anteriormente e dos ataques à diversidade que eles perpetram.

O ponto é que todas essas perturbações são associadas à ideia de excepcionalismo humano. Essa seria a força mais destrutiva, pois elimina nossa capacidade de zelar por "humanos e tudo que é considerado não humano (objetos, contextos, o meio ambiente, animais etc.)". Desse modo, torna-se cada vez mais premente o desafio de repensar o espaço comum e de aventar outras formas de organização social. É preciso inventar coletivamente e contra-hegemonicamente outro *modus operandi* e outro *modus vivendi*. Donna Haraway[37] coloca nos seguintes termos o apelo presente em diferentes discussões antropológicas:[38] "O que acontece quando se torna impensável pensar com o excepcionalismo humano, o individualismo utilitário da política econômica clássica e o pensar científico habitual?".

Pennycook traz essa instigação para a Linguística Aplicada por um viés pós-humanista a partir da compreensão de que há uma relação de simetria e complementariedade entre todas as criaturas existentes. No pós-humanismo, o ser humano perderia seu trono entre as espécies, passando a conviver com as ideias de dependência mútua e cognição distribuída. A questão é que tal perspectiva desafia teses antropocêntricas

---

[37] Haraway, 2016, p. 57.

[38] Cf. Tsing, 2019; Viveiros de Castro, 2019.

sobre língua, identidade e consciência individual, levantando questões relevantes para uma LA indisciplinar.

Em primeiro lugar, é preciso descentrar "o estatuto ontológico das línguas", questão de grande interesse a Moita Lopes,[39] que o levou, ao longo de sua carreira, a um exercício constante de reimaginar a LA. Por mais árdua que seja, essa tarefa implica desentronizar o signo linguístico do reinado da significação, redefinindo língua como linguagens, *i.e.*, amálgamas de múltiplos recursos semióticos que se (re)agregam em determinados espaços-tempos interacionais. O encontro é provisório; entretanto, torna espaço e tempo categorias dinâmicas que se constituem/transformam incessantemente. Consequentemente, as possibilidades de exatidão na representação ficam acuadas.

Essa reorientação desloca o foco analítico da linguagem em si para a colaboração de vários elementos - espaço, lugar, tempo, objetos, signos e textos –, atuando conjuntamente na produção de configurações sempre incompletas e imprevisíveis. Portanto, o trabalho de análise em LA trataria da combinação de trajetórias de pessoas, recursos semióticos, objetos e sentidos na construção contínua de uma política espaçotemporal comum.

Por último, cumpre-nos o dever de perscrutar as formas de aniquilação do que podemos chamar de Colonialoceno. Elas são muitas e persistentes, atuando continuamente no extermínio de memórias, histórias, saberes e falares.[40] A imaginação proposta passa por formações espaçotemporais mais éticas, que desarticulem hierarquias de conhecimentos entre Norte e Sul e abalem estruturas hegemônicas de conhecimento. Combater mortes epistêmicas significa tanto implementar políticas mais amplas de circulação do conhecimento como ampliar nosso "repertório epistemológico". Essas são premissas presentes no posicionamento indisciplinar advogado por Moita Lopes[41] e no seu compromisso com a multiplicidade de contextos sociais, com aquelas/es que os vivenciam e com os problemas da sociedade em geral.

Tal postura, entretanto, envolve imaginar não apenas formas alternativas de conhecer, mas também de ser. Viveiros de Castro

39 Moita Lopes, 2013.

40 Fabrício & Borba, 2020.

41 Moita Lopes, 2006a.

presume mesmo que um anarquismo epistêmico andaria de braços dados com um anarquismo ontológico, pois, assim como não há regras para o conhecer, não há regras para o ser. Diz ele:

> [...] não há dogma imposto por um código transcendente, um *nomos* taxonômico definidor de uma vez por todas do que é a essência de todo e qualquer ser [...]. Não há totalidade; quantificações universais ("para todos", "para um" dado qualquer) parecem ser maliciosamente violadas ou rejeitadas. Presumo que isso seja um sinal de anarquismo ontológico – não há Todos, nem Um, nem Completude. Nem silogismos do tipo "Todo X é...". Isso não significa que os Muitos devem tomar o lugar do Um, mas simplesmente que devemos desenvolver o olhar para os não – um, os não todos, os alguns. A anarquia ontológica é um lembrete para sempre deixar alguma porta aberta, pelo menos uma porta aberta – aquela que perfura o Um.[42]

Para o antropólogo, assim como para Pennycook, o modo de ir além da ideia de "indivíduos" seria considerar as diferentes formas de vida que se desenvolvem nas paisagens perturbadas do Antropoceno, humanas e não humanas. Sua sobrevivência depende de formas de colaboração em face da decomposição. Observar a relação de mutualidade entre variadas formas de existência como um modelo de produção de mundo teria muito a nos ensinar.

Eles passarão, eu passarinho

As investigações de Moita Lopes são marcadas pela deriva, pela mutação e por uma preocupação inabalável com o sofrimento humano. E isso se percebe no modo como sua visão de LA transmutou-se ao longo dos anos. Na influente obra *Oficina de linguística aplicada*, Moita Lopes definia o campo como centrando-se "primordialmente na resolução de problemas de uso da linguagem".[43] Dez anos mais tarde, no livro *Por uma linguística aplicada indisciplinar*, o autor se afasta dessa visão intervencionista. Localizando a LA entre as ciências sociais e advogando por sua independência radical da Linguística, defende que

42 Viveiros de Castro, 2019.

43 Moita Lopes, 1996, p. 19.

a LA "tem como objetivo fundamental a problematização da vida social, na intenção de compreender as práticas sociais nas quais a linguagem tem papel crucial"[44] de forma híbrida, ética e responsiva. Das ruínas disciplinares, surge o inaudito.

A arte de Ratão Diniz e seu modo de recompor a destruição à sua volta dão cor, forma e perspectiva para a indisciplina. Lições desse tipo se encontram nas atividades de pessoas não circunscritas ao domínio acadêmico. Como sugere Silva,[45] participantes de encontros semióticos refletem metapragmaticamente sobre suas atividades de significação e sobre a vida social em geral. Infelizmente, sua responsividade ao mundo costuma ser totalmente desconsiderada em teorizações letradas, produtoras de conhecimento *in vitro*, distantes da vida vivida que não cessa de rebentar. Aproximar-se de experiências de sentido *in vivo*[46] e entextualizá-las em nossas pesquisas é um ponto de inflexão necessário para que a LA tente dar conta dos escombros do mundo e, a partir deles, imaginar outras vidas possíveis.

A indisciplina de Moita Lopes é radical e extravagante. Como afirma Rajagopalan, ela chamou atenção para a nudez do imperador, discutindo normatividades consagradas que ainda não perderam o encantamento e cujas ruínas misturam ao surgimento do novo. Nelas residem grandes desafios para políticas do conhecimento vinculadas às autoridades acadêmicas. Entretanto, é a partir dessa compreensão que os capítulos reunidos no presente volume indicam perturbações ocorrendo aqui e ali, em pequenezas cotidianas. Como o passarinho de Mário Quintana, Moita Lopes não se deixou aprisionar. Ao questionar grilhões disciplinares e suas narrativas comprometidas com regimes de verdade e normalidade, sua obra mostra que transitar entre os escombros de saberes consagrados pode nos ajudar a alçar voos cada vez mais ambiciosos, apesar da (ou mesmo por conta da) vertigem.

---

44 *Idem*, 2006b, p. 102.

45 Silva, 2015.

46 *Idem*, p. 359.

Referências

ABRAHÃO, A. L. *et al.* "O pesquisador In-Mundo e o processo de produção de outras formas de investigação em saúde". *In*: GOMES, M. P. C. & MERHY, E. E. (org.). *Pesquisadores In-Mundo: um estudo da produção do acesso e barreira em saúde mental.* Porto Alegre, Rede Unida, 2014.

BAKHTIN, M. "Forms of time and of the chronotope in the novel". *In*: HOLQUIST, M. (ed.). *The dialogic imagination: four essays.* Austin, University of Texas Press, 1981.

BECK, U. "Zombie categories: interview with Ulrich Beck". *In*: BECK, U. & BECK-GERNSHEIM, E. *Individualization: institutionalized individualism and its social and political consequences.* London, Sage, 2002.

BLOMMAERT, J. *Discourse: key topics in sociolinguistics.* New York, Cambridge University Press, 2005.

BORBA, R. & LOPES, A. C. "Escrituras de gênero e políticas de *différance*: imundície verbal e letramentos de intervenção no cotidiano escolar". *Linguagem & Ensino*, 21 (esp.): 241-285, 2018.

BRIGGS, C. L. "Anthropology, interviewing, and communicability in contemporary society". *Current Anthropology*, 48 (4): 551-580, 2007.

COSTA, J. F. "Identidade e desenraizamento". *Saúde Mental*, 2019. Disponível em <https://www.psicologiahailtonyagiu.psc.br/materias/videos/1180-a-identidade-em-tempos-de-desenraizamento>. Acesso em 25/8/2023.

DELEUZE, G. & GUATTARI, F. "20 de novembro de 1923 – Postulados da linguística". *Mil platôs*, vol. 2. Trad. Ana Lúcia de Oliveira e Lúcia Cláudia Leão. São Paulo, Ed. 34, 1995 [1980].

_______. *O que é a filosofia?* 2. ed. Trad. Bento Prado Jr. e Alberto Alonso Muñoz. São Paulo, Ed. 34, 2009 [1991].

DERRIDA, J. *Limited Inc.* Evanston, Northwestern University Press, 1988 [1972].

DINIZ, R. *Em Foto.* Rio de Janeiro, Mórula Editorial, 2014.

FABRÍCIO, B. F. & BORBA, R. "Remembering in order to forget: scaled memories of slavery in the linguistic landscape of Rio de Janeiro". *In*: BLACKWOOD, R. & MACALISTER, J. (org.). *Multilingual memories: monuments, museums and the linguistic landscape.* London, Bloomsbury, 2020.

FOUCAULT, M. *As palavras e as coisas: uma arqueologia das ciências humanas.* 8. ed. Trad. Salma Tannus Muchail. São Paulo, Martins Fontes, 2000.

GOMES, M. P. C. & MERHY, E. E. (org.). *Pesquisadores In-Mundo: um estudo da produção do acesso e barreira em saúde mental.* Porto Alegre, Rede Unida, 2014.

HAESBAERT, R. "Fim dos territórios ou novas territorialidades?". *In*: MOITA LOPES, L. P. & BASTOS, L. C. (org.). *Identidades: recortes multi e interdisciplinares*. Campinas, Mercado de Letras, 2002.

HARAWAY, D. *Staying with the trouble: making kin in the Chthulucene*. Durham, Duke University Press, 2016.

HARVEY, D. *The condition of postmodernity: an enquiry into the origins of social change*. Oxford, Blackwell Publishers, 1989.

LATOUR, B. *Reagregando o social: uma introdução à teoria do ator-rede*. Trad. Gilson César Cardoso de Sousa. Salvador/Bauru, Edufba/Edusc, 2012 [2005].

______. *Jamais fomos modernos*. 3. ed. Trad. Carlos Irineu da Costa. São Paulo, Ed. 34, 2013 [1994].

MOITA LOPES, L. P. *Oficina de linguística aplicada*. São Paulo, Mercado de Letras, 1996.

______. *Por uma linguística aplicada indisciplinar*. São Paulo, Parábola Editorial, 2006a.

______. "Linguística aplicada e vida contemporânea: problematização dos construtos que têm orientado a pesquisa". *In*: MOITA LOPES, L. P. (org.). *Por uma linguística aplicada indisciplinar*. São Paulo, Parábola Editorial, 2006b.

______. "Os novos letramentos digitais como lugares de construção do ativismo político sobre sexualidade e gênero". *Trabalhos em Linguística Aplicada*, 49 (2): 393-417, 2010.

______. "Ideologia linguística: como construir discursivamente o português no século XXI". *In*: MOITA LOPES, L. P. (org.). *O português no século XXI: cenário geopolítico e sociolinguístico*. São Paulo, Parábola Editorial, 2013.

______. "Guarani/Portuguese/Castellano rap on the borderland: transidiomaticity, indexicalities, and text spetacularity". *In*: CAVALCANTI, M. & MAHER, T. (org.). *Multilingual Brazil: language resources, identities and ideologies in a globalized world*. Nova York, Routledge, 2017.

______. "Desejo na biopolítica do agora: performatividades escalares em um aplicativo de encontros homoafetivos". *D.E.L.T.A.*, 36 (3): 1-37, 2020.

______. "Os espaços-tempos da narrativa como construto teórico-metodológico em Linguística Aplicada". *Caderno de Letras*, 40: 11-33, 2021.

MOITA LOPES, L. P. & FABRÍCIO, B. F. "Por uma 'proximidade crítica' nos estudos em Linguística Aplicada". *Calidoscópio*, 17 (4): 711-723, 2019.

SANTOS, B. S. *Pela mão de Alice: o social e o político na pós-modernidade*. São Paulo, Cortez, 2001 [1997].

SANTOS, I. N. & AZEVEDO, J. "Compressão do espaço-tempo e hiperlocalização: os novos *flâneurs*". *Comunicação e Sociedade*, 35: 239-257, 2019.

SILVA, D. N. "'A propósito de Linguística Aplicada' 30 anos depois: quatro truísmos correntes e quatro desafios". *D.E.L.T.A.*, 31 (esp.): 349-376, 2015.

SILVERSTEIN, M. & URBAN, G. (ed.). *Natural histories of discourse*. Chicago, University of Chicago Press, 1996.

TSING, A. "On nonscalability: the living world is not amenable to precision-nested scales". *Common Knowledge*, 18 (3): 505-524, 2012.

______. *Viver nas ruínas: paisagens multiespécies no antropoceno*. Brasília, Mil Folhas do IEB, 2019.

VIVEIROS DE CASTRO, E. *Metafísicas canibais: elementos para uma antropologia pós-estrutural*. São Paulo, Cosac Naify, 2015.

______. "On models and examples: engineers and bricoleurs in the Anthropocene". *Current Anthropology*, 60 (20): 296-308, 2019.

1

Linguística Aplicada Indisciplinar como amálgama epistêmico[1]

Alastair Pennycook

Recentemente, discussões sobre interdisciplinaridade e transdisciplinaridade se tornaram comuns. Somos instados por instituições e agências de fomento a pedir benção aos deuses da pesquisa inter ou transdisciplinar. Contudo, qualquer debate sobre a relação entre a Linguística Aplicada (LA, doravante) e a inter ou transdisciplinaridade precisa levantar três questões centrais. Primeiramente, ao passo que a *inter*disciplinaridade permite que as disciplinas se mantenham intactas enquanto dialogam com outras, a *trans*disciplinaridade implica um espaço que transcende as disciplinas. Como consequência, devemos nos perguntar se a LA é uma disciplina (não sendo, então, transdisciplinar) ou se é um campo de estudos transdisciplinar (não sendo, assim, uma disciplina). Em segundo lugar, embora linguistas aplicados possam dialogar com trabalhos de outros campos – por exemplo, sociologia, geografia, filosofia, ciências cognitivas –, isso não necessariamente significa que vemos esses campos como disciplinas em si. Pelo contrário: o uso desses trabalhos é frequentemente feito com base no fato de que pensadores relevantes dessas áreas estão eles mesmos dialogando com mudanças epistemológicas mais abrangentes. Portanto, essa questão parece situar-se mais no âmbito do diálogo entre *epistemes* do que entre disciplinas.

Terceiro, o foco em disciplinas oculta preocupações maiores sobre as relações desiguais no que tange à produção de conhecimento, especialmente entre o Norte e o Sul globais. Se quisermos que a LA

---

[1] Tradução de Rodrigo Borba e Branca Falabella Fabrício a partir do texto original "Indisciplinary Applied Linguistics as an Epistemic Assemblage", escrito por Alastair Pennycook para este volume.

se torne um campo de pesquisas socialmente responsável, precisamos reconhecer epistemologias do Sul. Para que isso seja possível, uma forma mais útil de compreender práticas de pesquisa em LA seria vê--las como amálgamas temporários de pensamento e ação que se juntam em momentos históricos específicos nos quais questões de linguagem necessitam de atenção. Seguindo o trabalho de Moita Lopes[2] e sua proposta de uma *LA indisciplinar*, podemos entender práticas de pesquisa em LA como amálgamas de projetos, epistemes e problemas que têm a linguagem como preocupação central.

Um foco transdisciplinar para a LA é certamente bem-vindo para superarmos os argumentos disciplinares implausíveis que marcaram esse campo por grande parte de sua história. A LA tem sido o objeto de compêndios, textos introdutórios, congressos e simpósios que tentam arduamente sustentar uma coesão disciplinar. Assim como na padronização linguística, essa história de consolidação e exclusão fez com que a LA inutilmente reduzisse seu foco epistemológico, político e metodológico. Há inúmeras razões para rejeitarmos argumentos que defendem o *status* de disciplina para a LA; inclui-se aí um argumento amplamente difundido de que um campo aplicado não é tão dependente de um foco disciplinar central, mas sim das perguntas que levanta e das áreas de investigação com as quais dialoga – políticas linguísticas, linguagem nas profissões, educação linguística e por aí vai. E, por conta disso, a visão de linguagem, os focos de interesse e os instrumentos de pesquisa utilizados mudam.

Um foco transdisciplinar na LA, porém, não é necessariamente a resposta para perguntas que tentam entender a relação entre conhecimento e política. Embora seja preferível a enquadres disciplinares ou interdisciplinares (já que ambos reforçam fronteiras entre as disciplinas), uma abordagem transdisciplinar retira nossa atenção não somente de questões importantes sobre a prática, mas também de problemas mais abrangentes relativos às maneiras pelas quais o conhecimento é produzido, regulado e mantido. Um foco transdisciplinar pode, de fato, depor contra uma ideia mais flexível de trabalho acadêmico. Na próxima seção, vou explorar com mais detalhes os embates sobre a definição da

---

2 Moita Lopes, 2006.

LA como disciplina enquanto discuto os diversos motivos que nos levam a rejeitar essas posições. Dando seguimento, vou analisar as implicações da teoria pós-humanista para argumentar que essa é uma questão relativa a *epistemes* e não a disciplinas em si. Seguem-se a isso uma discussão sobre teorias do Sul e o argumento de que a LA tem muito caminho a trilhar até que se torne um domínio de trabalho acadêmico socialmente responsável e responsivo. Na conclusão, discuto como uma compreensão de LA enquanto um amálgama epistêmico *indisciplinar*[3] pode oferecer uma gama de possibilidades de renovação.

A Linguística Aplicada como uma disciplina improvável

A LA pode ser entendida de diferentes formas no que se refere a seu *status* como disciplina. Pode ser vista simplesmente como uma disciplina acadêmica em si que mantém as diversas alianças tribais que esse posicionamento implica.[4] Sua orientação a questões de prática, porém, pode caracterizá-la como uma profissão dedicada à aplicação de outra disciplina (notadamente, a linguística), o que acarreta a perda de prestígio acadêmico. Pode também ser entendida como um campo de práticas que se preocupa com problemas de linguagem no mundo real com base na perspectiva de que linguistas aplicados são "pessoas pragmáticas que trabalham como uma comunidade e são definidas como um grupo profissional pelos modos em que agem e se comunicam uns com os outros".[5] Uma forma alternativa de entender a noção de prática, contudo, pode sugerir que a LA é uma teoria sobre a prática a partir de uma visão que compreende a área como "a prática de estudo da língua em si e a teoria que deriva dessa prática".[6]

Outros ainda a entendem como uma "área interdisciplinar de investigação" na qual a pesquisa sobre problemas relativos à linguagem dialoga com preocupações sociais mais abrangentes,[7] mantendo-se,

---

3 *Idem.*

4 Becher, 1989.

5 McCarthy, 2001, p. 118.

6 Kramsch, 2015, p. 455.

7 Rampton, 1997, p. 11.

contudo, a preocupação de que a LA pode ficar dependente de teorias que vêm sempre de outros campos. Mais recentemente, tem crescido o interesse pela ideia de que a LA seria um domínio transdisciplinar que dialoga com diferentes áreas com o objetivo de investigar uma ampla gama de questões. Argumenta-se que o campo não é uma disciplina, nem depende de outras disciplinas, mas funciona de forma independente no que tange a problemas relacionados à linguagem. Se quisermos defender a noção de transdisciplinaridade, devemos apaziguar a tensão entre o entendimento de LA como uma disciplina, de um lado, e como um domínio transdisciplinar, de outro. Ao contrário do "inter", uma terminologia "trans" implica a superação do arcabouço anterior. O translinguismo, por exemplo, é definido como

> [...] uma abordagem que entende o uso de língua, o bilinguismo e a educação de pessoas bilíngues a partir do ponto de vista de que as práticas bilíngues não envolvem dois sistemas linguísticos autônomos, como são tradicionalmente definidas, mas sim um repertório linguístico com características socialmente construídas como pertencendo a duas línguas distintas.[8]

Em outros termos, a noção de translinguismo desafia a ideia de que há línguas com fronteiras bem definidas, a qual subjaz a conceitos como o de bilinguismo, e, assim, propõe uma forma diferente de pensarmos sobre recursos e repertórios linguísticos.

Outrossim, a comunicação transcultural, diferentemente da intercultural, não sustenta visões preexistentes de culturas como intactas enquanto defende que pessoas de diferentes culturas podem se comunicar apesar de suas diferenças. O conceito, pelo contrário, implica um espaço transcultural que desafia noções de fixidez.[9] Conclui-se, portanto, que, se a LA for um campo transdisciplinar, então não é mais uma disciplina. Se ela for uma disciplina que dialoga com outras, então não é transdisciplinar. É importante, assim, primeiramente explorar se se pode erguer um argumento convincente sobre o *status* da LA como disciplina: se um argumento sólido pode ser feito, então o debate sobre transdisciplinaridade é encerrado; se tal argumento for pouco

---

8 García & Wei, 2014, p. 2.

9 Pennycook, 2007.

convincente, a transdisciplinaridade é ainda uma opção. Neste capítulo, quero levantar novamente a posição feita por Moita Lopes[10] de que a LA pode ser mais bem compreendida como *indisciplina*. Retornarei a essa questão mais adiante após analisar com maior profundidade os problemas relacionados às reivindicações para que a LA seja entendida como uma disciplina.

Certamente, há um grande número de trabalhos cujo objetivo é consolidar a LA como uma disciplina. Compêndios, congressos, simpósios sobre LA (os debates que comparam as noções de linguística aplicada, aplicação de linguística e linguística aplicável, por exemplo) parecem indicar que o campo tenta desesperadamente convencer a si mesmo e a outras áreas de que é uma disciplina. Um dos processos mais reveladores das dinâmicas de manutenção de fronteiras disciplinares pode ser encontrado nas formas pelas quais diversos compêndios e textos introdutórios discutem o lugar da Linguística Aplicada crítica como parte da disciplina. No prefácio do *The Oxford handbook of Applied Linguistics*, Kaplan explica:

> A equipe editorial passou muito tempo debatendo se a linguística (aplicada) crítica/a pedagogia crítica/a análise crítica do discurso deveriam ser incluídas. Com base nos argumentos de que a linguística aplicada crítica rejeita todas as teorias sobre linguagem, expressa "ceticismo perante todas as metanarrativas" (Lyotard, 1984) e rejeita abordagens tradicionais da linguística aplicada porque elas supostamente nunca foram neutras e são, pelo contrário, hegemônicas (Rampton, 1997), a equipe editorial decidiu não incluir o conjunto de atividades "críticas".[11]

A segunda edição desse compêndio, publicada em 2010, mantém essa mesma posição e usa mais ou menos o mesmo texto, mas relativiza um pouco a intencionalidade: não se diz que "a equipe editorial decidiu", mas que "foi uma decisão da equipe editorial". Essa é uma exclusão digna de nota. Áreas que têm como objetivo aproximar a LA de formações sociais mais amplas – tais como a análise crítica do discurso, letramentos críticos, abordagens críticas das políticas linguísticas etc. – são excluídas com base em três critérios muito duvidosos. O primeiro diz respeito ao

10 Moita Lopes, 2006.

11 Kaplan, 2002, pp. v-vi.

argumento bizarro de que a Linguística Aplicada crítica rejeita todas as teorias sobre a linguagem. Perspectivas críticas em LA obviamente fazem uso de teorias sobre a linguagem, mas se mostram apropriadamente céticas no que tange especialmente a teorias normativas derivadas da linguística. A incredulidade direcionada a grandes narrativas, por outro lado, é certamente uma ferramenta intelectual útil, sobretudo quando lidamos com questões de minorias e problemas relacionados às políticas da diferença.[12] Devo também sublinhar que esse argumento é somente aplicável a algumas abordagens críticas: trabalhos marxistas mais tradicionais têm mantido uma fundamentação em grandes narrativas. Por último, a preocupação com neutralidade científica passa ao largo da questão de que a LA, como um campo de práticas, deve se posicionar. Por exemplo, não há por que fazer pesquisa sobre educação de minorias linguísticas sem ativismo.

Há, contudo, indícios de que esses não são de fato os motivos principais dessa exclusão, pois suas bases são, por um lado, somente uma cortina de fumaça que visa esconder um desconforto maior referente à tomada de posições críticas e políticas. Certamente, na LA liberal convencional sempre houve um pouco de mal-estar produzido pelo ponto de vista político adotado por várias formas de pesquisa crítica. O posicionamento abertamente político no que se refere a questões de desigualdade, racismo, sexismo, homofobia, para certas perspectivas, inaceitavelmente "prejudica os resultados".[13] Como defende Widdowson,[14] ao tomar um posicionamento político *a priori* (em vez de manter uma distância crítica – para usar aqui um sentido diferente do termo "crítico"), a LA crítica acaba por impor suas próprias visões de mundo sobre os objetos de investigação, tomando, assim, posicionamentos inapropriados perante o mundo social que podem ser hipócritas por conta da impossibilidade de escolher entre diferentes questões éticas e políticas. Essa tese liberal inútil é em si, na melhor das hipóteses, hipócrita, pois um campo como a LA certamente deve tomar posições diante do que Latour[15] chama de *questões de interesse*.

12 Pennycook, 2001.
13 Davies, 2005, p. 32.
14 Widdowson, 2001.
15 Latour, 2004.

Embora seja tentador ler a recusa à LA crítica nesses termos, esses argumentos também sugerem, por outro lado, um nível distinto de incômodo assim como uma preocupação com a ameaça à segurança da disciplina e não com seus posicionamentos políticos. Uma LA liberal é capaz de acomodar as posições políticas da LA crítica (mesmo se a considera um tanto desconfortável), mas não os desafios que percebe a sua segurança disciplinar. Isso fica evidente no livro de Davies,[16] *An introduction to Applied Linguistics,* no qual o autor chama nossa atenção à ameaça posta pela LA crítica e aos julgamentos que faz "à LA 'normal' com base no argumento de que ela não se preocupa com a transformação da sociedade".[17] Defender a LA "normal" a partir de uma posição segundo a qual muito trabalho foi feito para estabelecer sua coerência como disciplina ignora os processos de inclusão e exclusão envolvidos no estabelecimento de fronteiras disciplinares (especialmente quando estão embutidos em instituições conservadoras do Ocidente/Norte global). Porém, não é essa atitude crítica nem essa vontade de modificar a sociedade que estão em jogo aqui, mas sim a ameaça à LA "normal" e as formas pelas quais a LA crítica "é totalmente desdenhosa das tentativas feitas desde 1950 para desenvolver uma linguística aplicada coerente".[18]

A oposição ao trabalho crítico é um aspecto central de tais compêndios e introduções. Essa ação tem sido orientada mais por uma preocupação de que algumas abordagens da LA crítica menosprezam a LA como uma disciplina do que por conta de seu foco político. Uma LA liberal pode até aceitar uma perspectiva crítica, mas não pode permitir que seu alicerce disciplinar seja quebrado. Pesquisas que não somente objetivam incrementar a LA padrão com uma dimensão política (a análise crítica do discurso, por exemplo), mas também visam desafiar os pressupostos epistemológicos por trás de noções como a de língua sempre trouxeram proposições mais desafiadoras para os guardiões da disciplina. Por esse motivo, trabalhos como os de Thurlow,[19] que objetivam trazer uma perspectiva *queer* para os estudos do discurso, interessam muito mais do que análises críticas do discurso político

16 Davies, 1999.
17 *Idem*, p. 145.
18 *Idem*, p. 141.
19 Thurlow, 2016.

que podem nos ajudar a ver como a retórica política funciona, mas não fazem nada para abalar pressupostos centrais sobre língua e política que necessitam ser mais bem investigados.

Como observa Van Leeuwen,[20] os estudos críticos do discurso não só precisam ir além de análises sobre como textos ocultam ou deturpam a realidade social para que possam dialogar com suas implicações morais, mas também necessitam de "um descentramento da linguagem mais comprometido do que até mesmo análises multimodais conseguem administrar".[21] Portanto, isso não apenas acrescentaria uma dimensão política aos estudos do discurso, mas também levantaria questões epistemológicas sérias referentes às noções de língua e discurso. São essas questões que ameaçam tanto a análise do discurso tradicional quanto os estudos críticos do discurso, já que abalam os pressupostos epistemológicos que sustentam suas fronteiras disciplinares. Não é o posicionamento político da LA crítica que amedronta os guardiões da disciplina, mas os desafios que faz a seus arcabouços teóricos subjacentes.

Todavia, quão válidas são as alegações de uma disciplinaridade que é sempre tão vigiada? Há diversas razões para opor ou rejeitar a ideia de que a LA é uma disciplina. O primeiro conjunto de argumentos tem a ver com as dificuldades de defender a coerência de um campo cujo foco é a prática social. O fato de a LA não ter "uma teoria única e limites disciplinares claros" pode ser encarado como um tipo de força disciplinar, sendo "sua abertura para influências externas a sua qualidade mais forte e duradoura".[22] Compêndios – coleções de artigos díspares – têm tido mais sucesso do que livros-textos[23] ou obras cujo objetivo é prover uma introdução ao campo[24] – o que seria uma "tarefa tola", segundo McCarthy[25] –, que em geral desaparecem rapidamente sob uma barragem de indiferença ou crítica por conta de sua especificidade, estreiteza ou arcabouços teóricos controversos.

20 Van Leeuwen, 2018.

21 Thurlow, 2016, p. 503.

22 McCarthy, 2001, p. 21.

23 Kaplan, 2002.

24 Davies, 1999; McCarthy, 2001; De Bot, 2015.

25 McCarthy, 2001, p. 142.

Entre as várias limitações dessa compulsão disciplinar, McCarthy[26] sublinha a tendência em promover conformidade e ignorar questões políticas e éticas, o descaso por colegas de outras partes do mundo, um senso de importância inflado e a falta de autocrítica. Essas desvantagens da disciplina parecem ultrapassar suas vantagens.

O segundo conjunto de argumentos tem a ver com a política do conhecimento e a preocupação de que disciplinas se configuram como estruturas hegemônicas de conhecimento. Para Bernstein,[27] as maneiras pelas quais o conhecimento é classificado - uma classificação mais forte no caso de formas particulares assim como as disciplinas; uma classificação mais fraca no que tange a domínios de conhecimento que são mais orientados para a prática - são expressões do poder. As disciplinas não somente têm formas de organização, hierarquias internas e relações de poder diferenciadas que conferem vantagens a alguns e desvantagens a outros,[28] mas também têm um papel significativo na regulação do acesso ao conhecimento.[29] Bernstein estava preocupado com as implicações da organização do conhecimento em disciplinas através de processos de classificação (a produção de fronteiras) e enquadramento (processos de controle pedagógico e disseminação). Como sugere May, isso nos ajuda a ver como e por que as disciplinas "são tão frequentemente definidas (e circunscritas) por um conjunto estreito de pressupostos de pesquisa, abordagens e modelos relacionados de ensino e aprendizado".[30]

Embora os desafios à LA como disciplina possam trazer desvantagens no que se refere a insegurança, instabilidade e incoerência, eles também podem oferecer muitos benefícios, tais como a flexibilidade, a inovação e a amplitude. E, a partir de uma perspectiva crítica, reivindicações disciplinares às estruturas do conhecimento devem ser desafiadas, não tanto em termos políticos, mas sim em termos que critiquem seus mitos epistemológicos fundantes. Assim, se os esforços para estabelecer a LA como disciplina apontam para um campo que está desesperadamente tentando transformar-se no que não é, a possibilidade de vermos a

---

26 *Ibidem*.

27 Bernstein, 2000.

28 Trowler; Saunders & Bamber, 2012; Trowler, 2014.

29 Bernstein, 2000.

30 May, 2014, p. 15.

LA como um domínio transdisciplinar torna-se mais plausível. No restante do capítulo, porém, quero explicar por que devemos ser céticos quanto à transdisciplinaridade e, em seu lugar, proponho que nos engajemos com uma Linguística Aplicada *Indisciplinar.* A discussão sobre disciplina e transdisciplinaridade obscurece outros conjuntos centrais de formação de conhecimento. Por um lado, ao focalizar a micropolítica e as microtécnicas disciplinares, deixamos de dialogar com mudanças disciplinares mais amplas – conhecidas, por vezes, embora não sem problemas, como *viradas* – que reconfiguram o terreno disciplinar. Essa é uma questão relativa a *epistemes* e não a disciplinas. Vou ilustrar esse argumento através de uma breve discussão sobre pós-humanismo e suas implicações. Por outro lado, a conversa sobre transdisciplinaridade não inclui as políticas de formação intelectual no eixo Norte-Sul global ou mesmo as estruturas desiguais na produção de conhecimento no mundo. Para que se torne um campo de trabalho ética e politicamente responsável, a LA precisa ampliar seus repertórios epistemológicos para que possa levar em consideração formas de pensamento alternativas que têm sido por muito tempo ignoradas ou rejeitadas.

Viradas, disciplinas e epistemes

A LA nunca foi muito responsiva às diversas "viradas" que frequentemente acometem as ciências sociais. Por um lado, isso pode sugerir que é um campo de pesquisa um tanto surdo aos ventos epistemológicos que a envolvem; por outro lado, aponta para o fato de que a área está mais preocupada com questões práticas do que com tendências teóricas. Embora a assim chamada "virada multilíngue"[31] – que nos é familiar – tenha supostamente modificado o foco monolíngue estreito da LA para uma abordagem multilíngue mais ampla, outras viradas, tais como as viradas linguística ou discursiva (que geralmente têm uma reorientação pós-estruturalista), receberam pouca atenção: "considerar de forma ampla os desafios trazidos pelo pós-estruturalismo seria uma mudança

[31] *Idem.*

revolucionária para a linguística aplicada".[32] Outras viradas cujo foco pode parecer menos relevante para o campo tiveram efeitos mistos: as viradas ecológica, performativa, somática, sensorial, prática e afetiva (para nomear apenas algumas) foram adotadas de formas variadas, mas raramente tiveram algum efeito duradouro. Contudo, recentemente a virada espacial e suas metáforas "trans" parecem começar a ser uma grande influência contemporânea. Como previne Kramsch,[33] o foco no espaço que aparece em metáforas e ideias translinguísticas contemporâneas, tal como o conceito de *repertórios espaciais*[34] – que chama nossa atenção para o fato de que o que importa não são somente repertórios individuais, mas também os investimentos espaciais locais –, corre o risco de omitir os eixos do tempo, da história e da subjetividade de nossas investigações: "em qualquer perspectiva trans utilizada em teorias sobre linguagem e prática, um foco pós-estruturalista sobre o Espaço deve ser complementado com a questão pós-moderna do Tempo".[35]

Se entendemos essa recente ênfase no espaço como uma distorção pós-estruturalista do *tempo-espaço* humano[36] ou como parte de uma ação que tenta corrigir o foco modernista (ou pós-modernista) sobre a dinamicidade do tempo em detrimento da estaticidade do espaço, a questão mais importante aqui é como compreendemos esse interesse no espaço, que é supostamente o objeto da geografia como disciplina. Embora a inserção do espaço em papéis importantes nas ciências sociais e humanidades possa ser atribuída à influência de geógrafos culturais e críticos, nosso engajamento com ideias espaciais não é uma investigação de conceitos geográficos mais trans ou interdisciplinar do que é na física. Em vez disso, é uma atenção à virada espacial trazida por geógrafos, mas adotada por muitos outros. Quando dialogamos com outros domínios (geografia, filosofia, sociologia, antropologia, estudos de gênero, estudos culturais etc.), fazemo-lo frequentemente porque esses campos também passaram por mudanças epistemológicas (as viradas social, discursiva, somática, sensorial, prática, espacial, entre outras).

---

32 McNamara, 2015, p. 475.

33 Kramsch, 2018.

34 Pennycook & Otsuji, 2014; 2015; Canagarajah, 2018.

35 Kramsch, 2018, p. 114.

36 Schatzki, 2010.

Quando fazemos empréstimos de outros campos ou disciplinas, portanto, fazemo-lo precisamente porque eles mesmos estão se conectando a outras escolas de pensamento relacionadas. Teorias sobre espaço, prática ou ecologia, por exemplo, foram adotadas por uma gama de áreas da LA, de análises de nexos[37] a ecologias linguísticas,[38] das práticas linguísticas[39] à ação comunicativa.[40] Referências a geógrafos culturais ou críticos não são produto de um interesse recente em domínios tradicionais da geografia. Devem-se ao fato de a geografia ser pioneira da virada espacial, e, por sua vez, a virada espacial (assim como as viradas discursiva, sensorial, somática etc.) influenciou muitas outras áreas. Em outros termos, não se trata de uma questão relacionada a empréstimos entre disciplinas, mas sim de um diálogo entre *epistemes* que estão em contínua expansão e que influenciam diferentes campos de estudo.

Ao falar em termos de *epistemes*, utilizo, em parte, a noção de Foucault,[41] que as entende como um sistema de conhecimento que oferece condições de possibilidade para o discurso, o pensamento e a ação em diferentes épocas (o Renascimento, por exemplo). O conceito foucaultiano de *epistemes*, embora seja mais amplo e seja utilizado para se referir a períodos históricos em vez de arcabouços científicos, é de alguma forma semelhante à noção de *paradigma* assim como definida por Kuhn.[42] Quando falamos em *mudanças de paradigmas*, invocamos uma ideia semelhante a uma mudança epistemológica. Contudo, eu assumo uma perspectiva menos totalizante de *epistemes*. Também não uso esse conceito para me referir à distinção filosófica mais tradicional entre conhecimento (*doxa*) e prática (*techne*). Pelo contrário. Entendo que formas cambiantes de conhecimento e prática estão amalgamadas em períodos históricos particulares. Com frequência, essas formas coexistem e competem entre si. Às vezes, contradizem uma à outra; às vezes, não.

---

37 Scollon & Scollon, 2007.

38 Van Lier, 2000; Kramsch, 2008.

39 Pennycook, 2010; Kramsch, 2015.

40 Thorne & Lantolf, 2007.

41 Foucault, 1966.

42 T. Kuhn, 1970.

No meu trabalho recente sobre uma LA pós-humanista,[43] por exemplo, eu dialogo com a geografia, a filosofia, a religião, as ciências cognitivas, a biologia, a sociologia, a ciência política etc., mas sempre à medida que autores dessas áreas discutissem questões relacionadas ao pós-humanismo (por exemplo, novos materialismos, realismo especulativo, cognição distribuída, paisagens sensoriais, ativismo espacial e por aí vai). Desde declarações sobre a morte do "Homem" a investigações sobre formas de ser tecnologicamente melhoradas, do advento do Antropoceno aos novos materialismos e à cognição distribuída, a *episteme pós-humanista* levanta questões relevantes para a LA no sentido de repensarmos as relações entre humanos e tudo que é considerado não humano (objetos, contextos, o meio ambiente, animais etc.). Em vez de se preocupar com o sujeito antifundacional do pós-modernismo ou com o sujeito discursivo do pós-estruturalismo, o foco pós-humanista recai nas novas formas de materialismo, na corporificação e no espaço e, assim, nos direciona a um sujeito que é "material e vivo, corporificado e integrado".[44] Ao deixarmos para trás construtos humanistas como cultura e natureza, indivíduo e sociedade e ao nos preocuparmos com as noções de linguagem distribuída e repertórios espaciais, podemos construir novos entendimentos sobre a materialidade da linguagem e da ação social.

O diálogo com essas várias áreas de investigação não implica um comprometimento com outras disciplinas, mas sim um envolvimento com a episteme pós-humanista emergente. Quando eu discuti a questão levantada por Bogost[45] na qual ele pergunta "Como é ser uma coisa?",[46] por exemplo, ou aquela posta por Godfrey-Smith, que indaga "Como nos sentiríamos se fôssemos um polvo?",[47] eu não elaborei um trabalho transdisciplinar que dialogasse com o campo das novas mídias (ao qual Bogost se filia) ou com a história e a filosofia da ciência (áreas nas quais Godfrey-Smith trabalha). Preocupei-me com questões ontológicas relacionadas a objetos (foco de interesse de Bogost) ou com a evolução da vida inteligente (tema do trabalho de Godfrey-Smith) que constituem problemas de interesse à episteme pós-

43 Pennycook, 2018.

44 Braidotti, 2013, p. 188.

45 Pennycook, 2018.

46 Bogost, 2012, p. 10.

47 Godfrey-Smith, 2017, p. 77.

-humanista. A semelhança entre as perguntas que esses autores levantam não é mera coincidência: ambos desafiam teses antropocêntricas sobre a identidade e a consciência. Dessa forma, engajar-se com o pensamento sobre o espaço que atravessa diversos campos de estudo não é uma questão transdisciplinar, mas sim epistêmica. E a atenção ao espaço não nos leva em direção a campos disciplinares que se interessam especialmente por questões espaciais; nos leva, pelo contrário, para fora desses campos e nos coloca em diálogo com uma gama de domínios sociais e políticos que se guiam por ideias sobre o espaço. Por sua vez, isso nos abre alternativas políticas ligadas a noções como, por exemplo, o espaço comum.* Como postulam Amin e Howell,[48] o desafio é como repensar o espaço comum em uma época na qual o espaço comum mais básico – o planeta em que vivemos – está sob ameaça.

Essa nova forma de pensar a política e o espaço possibilita que nos afastemos de antigos entendimentos sobre economia política, mas sem ignorá-los. Com isso, podemos adotar novas formas de cooperação e ação coletiva, migrando das redes de solidariedade para espaços digitais compartilhados, das semelhanças para afiliações localizadas. Isso nos faz atentar para como o espaço comum é controlado, a água roubada, o espaço público delimitado e a vida pública invadida por novas tecnologias. Uma análise com base no conceito de espaço comum nos permite discutir modos pelos quais bens comuns tais como a terra, a água, a educação e a saúde são desapropriados através de processos neoliberais cada vez mais vorazes movimentados pelo capital. Tentativas de reparação, porém, não devem se guiar pelas estruturas falidas do Estado assim como pensado

---

* Como explica Pennycook (2018, pp. 137-138), o conceito de "espaço comum" (em inglês, *the commons*) "deriva da ideia de uma terra compartilhada – que poderia ser usada por qualquer pessoa – que foi, ao fim e ao cabo, ameaçada por processos de loteamento na Inglaterra oitocentista. O loteamento e a criação de fazendas maiores possibilitaram uma agricultura mais lucrativa – e, de fato, com a introdução de máquinas, provocaram uma revolução agrícola –, produzindo assim uma classe de trabalhadores sem terras que, por conta de 'um sentimento radical de deslocamento' (Thompson, 1963, p. 239), migraram para as cidades recentemente industrializadas, possibilitando assim a Revolução Industrial. Embora o loteamento de espaço compartilhado indicasse uma fase importante para crescimento, progresso e acúmulo de riqueza, também apontava para as formas pelas quais a acumulação de capital era dependente da privatização do que anteriormente era considerado público. A ideia corrente considera que o loteamento do espaço comum acontece através da privatização e da comodificação de bens públicos com base nos valores de mercado". (N. da T.)

48 Amin & Howell, 2016.

durante o século XX – e seus conceitos de direitos ou de democracia – nem mesmo pela crença de que podemos reverter a onda neoliberal (o que é uma utopia revolucionária ou mesmo escapista). O desafio que o conceito de espaço comum nos coloca inclui um foco em "formações espaçotemporais e éticas preocupadas com modos de coexistência que resistam à privatização e à individualização da vida".[49] O problema é como podemos resistir a novas formas de cerceamento (como a privatização, o encarceramento e a comodificação) motivadas pelo capital através de um novo foco no comum, seja ele entendido como espaço, comunidade ou possibilidade. Formas de ir além do comício, do sindicato e da urna de votação e explorar novos modos de fazer política e de resistir têm se guiado por tradições anarquistas ligadas a ocupações movidas pelas mídias sociais (por exemplo, os movimentos *Occupy* e *Indignados*).

A política do espaço comum se manifesta como uma "resposta espacial" a processos de cerceamento; é "uma linguagem política que evoca a produção coletiva e a retomada de espaços físicos e conceituais".[50] Semelhantes, em vários aspectos, ao "ativismo espacial" proposto por Larsen e Johnson, no qual a *agência do lugar* "promove uma compreensão diferente do eu geográfico – ao eu geográfico mais-que-humano", [51] essas perspectivas sobre espaço e ativismo modificam as bases do nosso pensamento sobre o político. Para uma LA crítica, esse é o desafio político e epistemológico que interessa. Em vez de focalizar questões tradicionais sobre cidadania e justiça social, há uma retomada de rotas anarquistas alternativas guiadas por uma gama de pensadores que varia de Mikhail Bakunin ou Ivan Illich até o pensamento "pós-anarquista" de Michel Foucault e Judith Butler.[52] Ao repensar essas políticas, podemos, portanto, levar em consideração outras formas de organização social e rever nossas políticas, epistemologias e pedagogias "a partir das necessidades e desejos de uma sociedade anarquista".[53]

Juntar a análise pós-humanista de espaço, lugar, objetos e discurso a uma política do espaço comum nos possibilita investigar como, por

49 Dawney; Kirwan & Brigstocke, 2016, pp. 12-13.

50 *Ibidem*.

51 Larsen & Johnson, 2016, p. 150.

52 Day, 2005; G. Kuhn, 2009.

53 Armaline, 2009, p. 145.

exemplo, o movimento *Occupy* pode lançar uma nova luz sobre como podemos redefinir a política e a LA. Tal análise semiótica abrangente pode nos ajudar a entender como a "transformação e a apropriação do espaço acontecem através de recursos semióticos e linguísticos produzidos durante a ocupação".[54] Essa "ocupação do espaço urbano", continua a autora, "é uma apropriação de um lócus de poder, a criação de um lugar de transgressão que adquire maior visibilidade".[55] Assim, ao utilizar diferentes formas de análise para investigar como a praça Tahrir, no Cairo, foi transformada em um contraespaço[56] ou para examinar como cartazes de protesto presentes no parque City Hall em Los Angeles são reutilizados em diferentes mídias,[57] podemos ver como múltiplos discursos que criticam a corrupção, o autoritarismo, o capitalismo e o neoliberalismo adquirem sentido no que tange ao uso do espaço público.

Portanto, um foco no espaço como parte de uma tentativa mais ampla de trazer o pensamento pós-humanista à LA não é uma perda de tempo - afinal, as questões que mencionei anteriormente se relacionam com o "tempo-espaço das atividades humanas".[58] Também não se limita a simplesmente inserir conceitos geográficos na LA. Em vez disso, envolve um diálogo com mudanças epistêmicas mais abrangentes motivadas por um interesse renovado no espaço. O pensamento pós-humanista cobre uma grande gama de questões que vão da cognição distribuída ao realismo especulativo, da religião aos direitos dos animais, da teoria do ator-rede a ontologias de objetos, de paisagens sensoriais a seres humanos tecnologicamente melhorados. Meus objetivos ao perseguir essas correntes de pensamento visavam repensar o que está envolvido em questões referentes à linguagem em ação. Essas investigações amplas que sobrepõem cognição, filosofia, geografia, teologia, biologia, sociologia e antropologia só são possíveis porque a LA nunca foi uma disciplina e, de fato, é mais bem compreendida em termos indisciplinares.[59] Com base na nova sociolinguística, é mais útil pensarmos a LA como repertórios

54 Martín Rojo, 2016, p. 6.

55 *Idem*, p. 8.

56 Aboelezz, 2016.

57 Chun, 2016.

58 Schatzki, 2010, p. 1.

59 Moita Lopes, 2006.

de recursos epistêmicos que utilizamos para fazer com que certas formas de pensar se tornem possíveis.

As hierarquias de conhecimento entre o Norte e o Sul

A LA foi construída com base em visões estreitas, procedentes do Ocidente (*i.e.*, o Norte global), sobre conhecimento e língua. Com efeito, a tentativa de averiguar as origens da LA como uma disciplina frequentemente caem na armadilha anglocêntrica de pressupor que o campo surgiu em inglês e foi criado em algum lugar dos Estados Unidos logo após a Segunda Guerra.[60] Como Oda e Takada[61] deixam claro, o termo 応用言語学 (*Ouyou gengo gaku*) – Linguística Aplicada, especialmente em relação ao ensino de inglês – foi usado pela primeira vez em 1930 no Japão. E, caso nos déssemos ao trabalho de procurar, encontraríamos muitos exemplos semelhantes a esse. Não podemos culpar somente a LA ortodoxa dessa cegueira. Por conta do domínio do trabalho acadêmico feito no Norte global e especialmente de publicações em inglês, às vezes parece que correntes de pensamento crítico surgiram somente em contextos específicos no Norte global (por exemplo, a análise crítica do discurso surgiu no Reino Unido e a pedagogia crítica nos Estados Unidos no final da década de 1970 e início da de 1980) e somente num período no qual foram publicadas traduções em inglês das obras de Foucault, Bakhtin, Voloshinov, Fanon, Freire e outros, o que revigorou o monolinguismo do mundo anglófono.

Entretanto, o ativismo político e social assim como seus derivados acadêmicos estão vivos e presentes em outras línguas e outras partes do mundo paralelamente à sua incorporação em instituições anglófonas centrais. O legado de Paulo Freire é um bom exemplo. O trabalho com letramento que Freire desenvolveu no Recife não só, obviamente, antecede sua influência na América do Norte (iniciada com a publicação em 1970 da tradução para o inglês do livro *Pedagogia do oprimido*), mas também ocorreu em diálogo com outras tradições (como o trabalho de

60 McCarthy, 2001.

61 Oda & Takada, 2005.

César, Fanon e outros pensadores do Caribe francês, por exemplo) e tem continuado em movimentos educacionais tanto no Brasil quanto em outros lugares que são influenciados por seu trabalho (por exemplo, movimentos de ativismo ligado a letramentos que vão de Cuba ao Timor Leste)[62] e que funcionam de forma tanto independente como interligada aos seus desdobramentos anglófonos.

Falar de transdisciplinaridade nesses contextos significa enfatizar relações entre disciplinas confortáveis do Norte global quando o que, na verdade, precisamos fazer é abalar as estruturas hegemônicas de conhecimento e buscar uma melhor compreensão de formas alternativas de conhecer. Nos últimos anos, a LA se transformou em uma área de pesquisas quase moribunda com disputas internas sobre modelos de desenvolvimento linguístico, debates intermináveis sobre a relação entre a linguística e a LA ou sobre o que constitui a LA. Esse campo já bastante cansado pode ser revigorado por epistemologias do Sul. Uma LA que se dispõe a incorporar perspectivas advindas do Sul global necessita de pesquisadores que estejam culturalmente contextualizados, politicamente engajados, continuamente autorreflexivos e capazes de analisar dados a partir de múltiplas perspectivas. Parte da proposta aqui implica ampliar o "repertório epistemológico"[63] de sociolinguistas e linguistas aplicados para que possam sintonizar seus métodos de pesquisa, suas ferramentas interpretativas e intervencionistas assim como seus projetos de pesquisa a contextos sociais e culturais que estão à margem das investigações em LA.

Em sua resenha da coletânea sobre debates contemporâneos em sociolinguística organizada por Coupland,[64] Levon observa que "o posicionamento geopolítico de vários capítulos" é quase exclusivamente no Norte global. Os efeitos produzidos pelo fato de a maioria esmagadora dos autores estar localizada no Norte global (e principalmente na América do Norte e na Europa Ocidental), sugere Levon, são duplos. Por um lado, "faz com que pareça que não há sociolinguística fora dos Estados Unidos e da Europa quando este não é obviamente o caso".[65] O fato de que sociolinguistas de outras partes do mundo – África, América do Sul

62 Boughton, 2017.
63 Di Carlo, 2018, p. 139.
64 Coupland, 2016.
65 Levon, 2017, p. 280.

ou Ásia Meridional e Setentrional – não estejam incluídos na coletânea é triste e limitador. Por outro lado, essa ausência perpetua "uma geopolítica do conhecimento específica que privilegia perspectivas advindas do Norte e impede que pesquisadores do Sul contribuam com uma interpretação diferente de eventos e práticas que são importantes para eles".[66] Essa crítica, assim, sublinha dois tipos de omissão. Primeiro, acadêmicos de fora da Europa e da América do Norte não são incluídos, o que significa, em termos gerais, que esses contextos de pesquisa também não são incluídos. Segundo, as epistemologias do Sul, consequentemente, não ganham espaço.

Há na LA uma cegueira deplorável no que se refere a contextos e ideias de fora do Norte global. O debate sobre transdisciplinaridade obscurece a necessidade de desenvolvermos pesquisas socialmente engajadas ao atentar somente a disciplinas acadêmicas em vez de se preocupar com políticas mais amplas de circulação do conhecimento. Livro após livro, congresso após congresso, artigo após artigo, pesquisadores originários de uma gama bastante estreita de contextos – principalmente europeus e norte-americanos, mas também membros das elites pós-coloniais que trabalham em outros países – discutem pesquisas sobre contextos específicos e os generalizam como se representassem o mundo todo. Assume-se, sob argumentos referentes ao que esses contextos compartilham – por exemplo, humanidade, língua, disciplinaridade – que compreensões racializadas e classistas locais sobre linguagem podem ser aplicadas ao restante do mundo. Embora as maneiras como essas diferenças são interpretadas – o mundo majoritário, o Norte e o Sul globais, o Ocidente e o resto do mundo, o Primeiro e o Terceiro mundos, sociedades desenvolvidas e em desenvolvimento – e os problemas entendidos dentro desses arcabouços – diferenças econômicas, políticas, sociais, epistemológicas, entre outras – permaneçam como pontos de discussão e disputa, fica claro que uma hierarquia desigual de conhecimento garante que certas pressuposições sobre língua, diversidade e educação sejam privilegiadas em detrimento de outras alternativas.

Quando o Norte global de fato olha para seus vizinhos do Sul, essas pressuposições se mantêm nas formas de pensar sobre o multilinguismo, a educação em língua materna, a preservação de línguas ameaçadas,

---

66 *Idem*, pp. 280-281.

as práticas de pesquisa etc. Frequentemente se presume que a questão do multilinguismo no Sul global deva estar relacionada à ameaça de desaparecimento de línguas ou à sua diversidade linguística. Isso deriva mais da pressa que o Norte global tem para se mostrar consternado sobre o salvamento dessas línguas para o bem da humanidade e se maravilhar diante da complexidade dos recursos linguísticos no Sul global do que de fato de uma preocupação com questões prementes para esses contextos.[67] Pressupor que o Sul é um contexto diverso ou que suas línguas estão em perigo implica continuar a olhar a partir de perspectivas do Norte. Isso não significa que muitos contextos sulistas não são lugares de grande diversidade nem que suas muitas línguas possam desaparecer. Pelo contrário. Implica que desafiemos as pressuposições de que essas questões são as que de fato interessam para o Sul e que as noções de diversidade linguística e ameaça à existência das línguas fazem sentido nesses contextos. Precisamos levantar questões mais importantes do que a educação em língua materna ou o desaparecimento de línguas, não porque esses problemas não importam, mas porque são mal enquadrados.

Parte dessa crítica sobre o domínio de perspectivas advindas do Norte global também se refere à necessidade de procurarmos ideias fora dos confins disciplinares, defendendo um papel maior para as formas locais de conhecimento sobre as línguas, seus usos, seus papéis na sociedade e na cultura ou seu lugar na educação. Como observa Dasgupta, "os especialistas em disciplinas específicas insistem em pensar somente uma vez e em garantir apenas responsabilidade interna".[68] Para De Souza,[69] o problema é que "alguns cientistas sociais convencionais que se declaram pró-indígenas e a favor da preservação de suas línguas e epistemologias" frequentemente se mantêm "presos nas fronteiras de suas epistemologias iluministas". Quando esses pesquisadores "afirmam escutar o Outro indígena, aparentemente somente ouvem suas próprias vozes e valores" e se mostram incapazes de escapar dos "limites da razão indolente e, assim, ficam suscetíveis a desperdiçar toda riqueza de experiências sobre a ecologia dos conhecimentos que os circundam, mas que permanece invisível aos seus olhos".

---

67 Mufwene, 2016.

68 Dasgupta, 1997, p. 24.

69 De Souza, 2017, p. 206.

De Souza adota aqui o conceito de "razão indolente" proposto por Santos[70] em sua crítica ao fato de que modos de pensar dominantes não conseguem entender ou dialogar com formas alternativas de pensamento. Essa "herança colonial duradoura e sua distribuição desigual de conhecimento, corpos e línguas" persistem e podem ser algo do qual a LA, com seu foco na educação, precisa estar ciente para "evitar, embora involuntariamente, dar continuidade ao legado colonial".[71] De forma semelhante, a LA *indisciplinar*, assim como proposta por Moita Lopes,[72] dialoga com o trabalho de Santos[73] em sua tese de que a LA precisa de "outras vozes e outros conhecimentos". Dasgupta afirma que linguistas precisam levar a sério a responsabilidade de "pensar duas vezes e de representar o interesse público no âmbito do pensamento"[74] para evitar a estreiteza do foco disciplinar que só dialoga consigo mesmo. Em uma LA do Sul global, isso significa abrir possibilidades para aprender a escutar uma gama muito maior de domínios e pessoas que não podem somente atuar como "informantes" e "sujeitos de pesquisa", mas que podem também se tornar parte constituinte da produção de conhecimento.

Alguns pesquisadores podem se manter incrédulos perante os desafios às "arrogâncias privadas"[75] das disciplinas, já que o propósito para o estabelecimento de uma disciplina, um grupo de teorias, um campo acadêmico, um conjunto de conhecimentos e métodos de pesquisa é justamente superar ideias de pessoas leigas sobre o mundo. As pessoas têm toda sorte de preconceitos, ideias equivocadas ou sem embasamento sobre a língua, e o objetivo da LA é oferecer uma explicação mais detalhada sobre o que acontece. Meu objetivo aqui, porém, não é de jeito nenhum repudiar todas as pesquisas e todos os argumentos em LA sobre os benefícios, por exemplo, do bilinguismo (com ressalvas, claro, a noções redutoras e estáticas do que seja bilinguismo),[76] ou da

70 Santos, 2012.

71 De Souza, 2017, p. 206.

72 Moita Lopes, 2006.

73 Santos, 2004.

74 Dasgupta, 1997, p. 24.

75 *Ibidem*.

76 Otsuji & Pennycook, 2018.

educação em língua materna (com reservas quanto ao que constitui uma língua materna e seu papel pedagógico),[77] mas sim considerar que as pressuposições que subjazem a esses argumentos devem ser entendidas como advindas de um conjunto específico de conhecimentos sobre a língua e posições ideológicas sobre a sociedade. A LA ortodoxa considera a língua como um dado *a priori* e, assim, pressupõe que está lidando com "determinados sistemas governados por regras que chamamos de 'línguas'",[78] em vez de levantar a questão mais útil referente a como nossas crenças sobre a língua derivam de processos comunicacionais.

O desafio, assim como observam De Korne e Leonard,[79] é como evitar essas "perspectivas estreitas sobre o uso de linguagem e sobre conhecimento que são potencialmente prejudiciais às comunidades de fala" e como dar suporte à "valorização de línguas minoritárias pelos próprios participantes da pesquisa como um ato fundamentalmente político através do qual eles negociam o controle sobre a autoridade linguística, a produção de conhecimento e a autodeterminação em suas práticas linguísticas". Embora o conhecimento técnico possa ser muito útil, devemos também nos manter céticos quanto a premissas irrefletidas sobre as quais esse conhecimento é baseado. Com isso, podemos evitar que esse conhecimento se torne tirânico e acabe colonizando nossas visões sobre língua. A pesquisa elaborada por Albury sobre atitudes linguísticas leigas ao *te reo* Maori em *Aotearoa* (Nova Zelândia) sublinha o problema das "teorias universalizantes sobre a revitalização linguística que se guiam por perspectivas ocidentais e europeias sobre língua, mas que se consideram de relevância universal".[80] O autor mostra como muitas pressuposições sobre padronização, letramento e planejamento de *corpus* são questionadas pela visão de mundo Maori. A partir dessa visada,

> [...] métodos de pesquisa de uma linguística leiga podem contribuir para a descolonização da teoria e do método sociolinguísticos ao entender, dar voz, legitimar e, por fim, usar mais ontologias e epistemologias sobre língua do que as que geralmente baseiam a pesquisa contemporânea.[81]

77 Makoni & Pennycook, 2012.
78 Harris, 1990, p. 49.
79 De Korne & Leonard, 2017, p. 7.
80 Albury, 2016, p. 306.
81 *Idem*, 2017, p. 37.

Já que grande parte das pesquisas em LA – "crítica" ou não – é baseada em teorias e contextos do Norte global, o problema é que esse conjunto de conhecimento não é prontamente aplicável ao Sul. Como argumenta Makoni,[82] tanto a LA convencional quanto a crítica carecem de estratégias contextualizadas adequadas para dialogar com comunidades locais. Conscientizando-se sobre diversos contextos nos quais a LA pode ser aplicável, o campo precisa ser cauteloso para que os termos e conceitos de seus projetos críticos não prejudiquem as comunidades com as quais linguistas aplicados desejam trabalhar. O desafio é garantir que "os objetivos de pesquisa sejam formulados em colaboração e com a participação das comunidades locais"[83] para que não só se desenvolva uma relação entre a pesquisa crítica e o conhecimento local, mas também se possibilite a construção de uma LA (crítica) como uma prática local.[84] Ndhlovu defende a importância de "um crescente número de pesquisas advindas do Sul global (Ásia, África e América Latina) que demandam a pluralização do ferramental"[85] analítico para entendermos questões de linguagem e cultura abaixo da Linha do Equador.

Uma perspectiva advinda do Sul global para a LA não pretende acrescentar mais detalhes ao arquivo disciplinar, mas objetiva desenvolver um *anarquivo* ao problematizar a *face escura da LA*:[86] as relações profundas entre os projetos colonial e neocolonial e o ensino de línguas; a exotificação de diferenças raciais e étnicas que reforça a construção de Outros; e as pressuposições normativas sobre relações de gênero e sexuais que obscurecem as políticas da sexualidade. Para repararmos esses problemas profundamente arraigados, não podemos simplesmente pensar em uma LA mais inclusiva, que abre suas portas para as vozes do Sul e incentiva o desenvolvimento de mais pesquisas sobre contextos sulistas; devemos nos abrir para uma gama muito maior de formas de pensar. Portanto, o desafio é maior que simplesmente incluir o Sul; envolve, sim, expandir repertórios epistemológicos e aceitar nossa obrigação de entender que investigações em LA realizadas em outros

---

82 Makoni, 2003.

83 *Idem*, p. 135.

84 Couzens & Eira, 2014.

85 Ndhlovu, 2017, p. 92.

86 Cf. Mignolo, 2011.

lugares do mundo devem ser também investigações sobre novas formas de pensar que nos oferecem possibilidades de renovação disciplinar.

Conclusão: renovando repertórios epistemológicos

A LA, como venho argumentando, sempre foi uma disciplina implausível; então seria melhor que não agíssemos como guardiões de seu suposto conhecimento disciplinar. As disciplinas, como a língua-padrão, sempre foram excludentes: seu lado bom é que elas ajudam a consolidar ideias, desenvolver parcerias e trazer solidez para o campo; seu lado negativo é que elas restringem uma área de pesquisa, suas ideias e seus métodos e, assim, excluem tudo aquilo que não encaixa. As disciplinas são estruturas hegemônicas de conhecimento. Embora tragam consigo os benefícios questionáveis da fixidez, garantia, participação em congressos anuais e listas de leituras fáceis de administrar na elaboração de cursos, elas limitam as possibilidades do trabalho intelectual. Pesquisas críticas devem sempre se opor à organização disciplinar. Estudos que se encaixam somente em uma política crítica e uma epistemologia disciplinar estanque não conseguem reconhecer a necessidade de repensar as bases sobre as quais atuamos. Uma Linguística Aplicada crítica necessita muito mais do que a mera adição de uma política crítica à Linguística Aplicada normativa; ela também precisa de uma faceta muito mais transgressiva.[87]

A LA *indisciplinar* proposta por Moita Lopes[88] nos oferece uma via muito mais útil. Mignolo[89] fala sobre a importância de uma "postura indisciplinada" (*undisciplinary stance*) que ele associa ao trabalho de Walsh, Castro-Gómez e Schiwy[90] sobre a indisciplina nas ciências sociais e ao seu conceito de "desobediência epistêmica",[91] que se refere a "ação e pensamento decolonial" cujo objetivo é "desassociar-se de pressupostos epistêmicos comuns a todas as áreas de conhecimento

87 Pennycook, 2006.

88 Moita Lopes, 2006.

89 Mignolo, 2018, p. 105.

90 Walsh; Castro-Gómez & Schiwy, 2002.

91 Mignolo, 2009.

originadas no Ocidente a partir da Renascença europeia e do Iluminismo".[92] Em vez de *undisciplinary*, preferi aqui usar o termo inglês *indisciplinary** (se for preciso usar termos em inglês), pois sugere um sentido de oposição mais ativo e paira em algum lugar entre os termos em espanhol, português, francês e inglês.

Independentemente de como traduzimos o termo, a indisciplina é obviamente diferente dos tropos amenos sobre interdisciplinaridade e transdisciplinaridade que são tão comuns atualmente. Ela envolve um processo de inconformidade ativa, de resistência à camisa de força ou à normatividade que prevalece nas disciplinas. Para Moita Lopes,[93] essa LA indisciplinar é tanto ideológica quanto mestiça; é um campo de investigação que responde a problemas contemporâneos relativos a questões de desigualdade e injustiça; é um campo engajado com questões de classe, raça, gênero e sexualidade – é uma LA *queer*[94] – que supera a divisão entre teoria e prática, engaja-se com subjetividades múltiplas e fluidas e considera o poder e a ética como fundamentais para sua proposta.

A partir dessa visada, a LA funciona como uma constelação de interesses cambiantes referentes a língua e seu uso no mundo e é especialmente inadequada às fronteiras disciplinares. Se, como Halliday[95] afirma, um foco transdisciplinar necessariamente vai além dos limites entre as disciplinas, criando novos temas e atividades, o foco aqui não recai na LA como um campo transdisciplinar, mas sim nas atividades linguísticas que dialogam com diferentes domínios. Assim, falar de transdisciplinaridade na LA é, de certa forma, descrever as coisas como elas sempre foram, mas essa noção obscurece muitas questões importantes. Há dois paralelos a serem feitos com o recente foco sociolinguístico em práticas translinguísticas.[96] Por um lado, o translinguístico toma o lugar do linguístico, desafiando pressuposições sobre o estatuto ontológico das línguas. A translinguagem não é

92 *Idem*, 2018, p. 106.

* Em inglês, ambos os prefixos, *-un* e *-in*, podem significar oposição. (N. da T.)

93 Moita Lopes, 2006.

94 Cf. Thurlow, 2016.

95 Halliday, 2001.

96 Wei, 2018.

meramente um novo termo para se referir à mistura de línguas, mas uma forma diferente de pensar sobre o que as constitui. De modo semelhante, um movimento em direção ao pensamento transdisciplinar desafia pressuposições disciplinares e mostra que o já questionável estatuto disciplinar da LA é ainda menos sustentável.

O foco translinguístico em repertórios semióticos, por outro lado, sugere uma nova forma de pensar sobre a LA em termos de recursos epistemológicos que utilizamos para entender questões de uso de língua. A transdisciplinaridade não é a solução para sairmos da camisa de força disciplinar, não só porque tem sido cooptada por vários regimes acadêmicos (por exemplo, agências de fomento e instituições que agora exigem que façamos genuflexões inter ou transdisciplinares) ou porque raramente oferece mais do que uma noção de pluralidade, mas também porque o diálogo entre domínios do conhecimento é frequentemente um diálogo entre epistemes e porque as perguntas que a LA de fato precisa discutir são aquelas relacionadas à sua aplicabilidade e à sua responsabilidade perante contextos e ideias mais amplos do que tem sido o caso até agora. Em vez de considerar a LA como um esforço transdisciplinar, portanto, é mais útil pensá-la como um *amálgama epistêmico indisciplinar*.

O foco recente em *amálgamas* possibilita formas mais práticas para pensarmos sobre o que constitui a LA. Atualmente, há um movimento que visa reconfigurar o que entendemos por língua e como os mundos material, social e espacial interagem. Assim, conceitos como os de *análises conjunturais*,[97] *emaranhamentos*[98] ou *amálgamas*[99] têm sido adotados para explicar as inter-relações entre múltiplas formas de semiose. A noção de amálgama como "agrupamentos *ad hoc* de diversos elementos, de materiais vibrantes de todos os tipos",[100] permite que entendamos como trajetórias de pessoas, recursos semióticos e objetos cruzam-se em momentos e lugares específicos, abrindo, assim, formas alternativas de pensar que se preocupam não tanto com a linguagem em uso em contextos particulares – como se as línguas preexistissem à sua materialização em lugares específicos e como se as pessoas fossem contêineres para línguas –,

---

97 Varis, 2017.

98 Toohey *et al.*, 2015; Kerfoot & Hyltenstam, 2017.

99 Pennycook, 2017; Pennycook & Otsuji, 2017; Canagarajah, 2018.

100 Bennett, 2010, p. 23.

mas levam em consideração as formas pelas quais amálgamas específicos de objetos, recursos linguísticos e lugares acabam por se juntar.

Por analogia, podemos começar a pensar menos na LA em termos disciplinares ou transdisciplinares e mais como amálgamas temporários de pensamento e ação que se juntam em momentos históricos específicos nos quais questões de linguagem se tornam relevantes. Essa visão flexível da pesquisa em LA nos leva não somente para além da preocupação com seu estatuto disciplinar, mas também para além da ideia de uma LA transdisciplinar. Também nos ajuda a ver como as pesquisas em LA, que podem parecer difusas, confusas e indisciplinadas, podem ser, ao contrário, caracterizadas como um conjunto de projetos, epistemes e problemas socialmente prementes relacionados à linguagem. Tal compreensão permite que vejamos como trabalhos que aparentemente se baseiam em outras disciplinas estão, na verdade, em diálogo com epistemes emergentes que atravessam as ciências sociais e as humanidades. Permite que a LA produza um engajamento ético com formas alternativas de pensar sobre a língua e o Sul global para que uma renovação da área aconteça não através das disciplinas, mas sim através de formas diferentes de conhecimento. A LA *indisciplinar* proposta por Moita Lopes[101] nos dá a possibilidade de pensarmos a LA como *queer, difusa* e *politicamente engajada*.

Referências

ABOELEZZ, M. "The geosemiotics of Tahrir Square: a study of the relationship between discourse and space". *In*: MARTÍN ROJO, L. (ed.). *Occupy: the spatial dynamics of discourse in global protest movements*. Amsterdam, John Benjamins, 2016.

ALBURY, N. J. "Defining Māori language revitalisation: a project in folk linguistics". *Journal of Sociolinguistics*, 20 (3): 287-311, 2016.

______. "How folk linguistic methods can support critical sociolinguistics". *Lingua*, 199: 36-49, 2017.

AMIN, A. & HOWELL, P. "Thinking the commons". *In*: AMIN, A. & HOWELL, P. (ed.). *Releasing the commons: rethinking the futures of the commons*. London, Routledge, 2016.

[101] Moita Lopes, 2006.

ARMALINE, W. "Thoughts on anarchist pedagogy and epistemology". *In*: AMSTER, R. *et al.* (ed.). *Contemporary anarchist studies: an introductory anthology of anarchy in the academy.* New York, Routledge, 2009.

BECHER, T. *Academic tribes and territories: intellectual enquiry and the culture of disciplines.* Buckingham, Open University Press, 1989.

BENNETT, J. *Vibrant matter: a political ecology of things.* Durham, Duke University Press, 2010.

BERNSTEIN, B. *Pedagogy, symbolic control and identity.* 2. ed. Oxford, Rowman & Littlefield Publishers, 2000.

BOGOST, I. *Alien phenomenology, or what it's like to be a thing.* Minneapolis, University of Minnesota Press, 2012.

BOUGHTON, B. "Popular education and mass literacy campaigns". *In*: YASUKAWA, K. & BLACK, S. (ed.). *Beyond economic interests: critical perspectives on adult literacy and numeracy in a globalised world.* Rotterdam, Sense Publishers, 2017.

BRAIDOTTI, R. *The posthuman.* Cambridge, Polity Press, 2013.

CANAGARAJAH, A. S. "Translingual practice as spatial repertoires: expanding the paradigm beyond structuralist orientations". *Applied Linguistics*, 39 (1): 31-54, 2018.

CHUN, C. "Mobilities of a linguistic landscape at Los Angeles City Hall Park". *In*: MARTÍN ROJO, L. (ed.). *Occupy: the spatial dynamics of discourse in global protest movements.* Amsterdam, John Benjamins, 2016.

COUPLAND, N. (ed.). *Sociolinguistics: theoretical debates.* Cambridge, Cambridge University Press, 2016.

COUZENS, V. & EIRA, C. "Meeting point: parameters for the study of revival languages". *In*: AUSTIN, P. & SALLABANK, J. (ed.). *Endangered languages: beliefs and ideologies in language documentation and revitalisation.* Oxford, Oxford University Press, 2014.

DASGUPTA, P. "Foreword". *In*: KHUBCHANDANI, L. *Revisualizing boundaries: a plurilingual ethos.* New Delhi, Sage, 1997.

DAVIES, A. *An introduction to applied linguistics: from theory to practice.* Edinburgh, Edinburgh University Press, 1999.

_______. *A glossary of applied linguistics.* Edinburgh, Edinburgh University Press, 2005.

DAWNEY, L. S.; KIRWAN, S. & BRIGSTOCKE, J. "Introduction: the promise of the commons". *In*: DAWNEY, L. S.; KIRWAN, S. & BRIGSTOCKE, J. (ed.). *Space, power and the commons: the struggle for alternative futures.* London, Routledge, 2016.

DAY, R. *Gramsci is dead: anarchist currents in the newest social movements.* London, Pluto Press, 2005.

DE BOT, K. *A history of applied linguistics: from 1980 to the present.* New York, Routledge, 2015.

DE KORNE, H. & LEONARD, W. Y. "Reclaiming languages: contesting and decolonising 'language endangerment' from the ground up". *Language Documentation and Description*, 14 (1): 5-14, 2017.

DE SOUZA, L. M. "Epistemic diversity, lazy reason, and ethical translation in postcolonial contexts: the case of Indigenous educational policy in Brazil". *In*: KERFOOT, C. & HYLTENSTAM, K. (ed.). *Entangled discourses: South-North orders of visibility.* New York, Routledge, 2017.

DI CARLO, P. "Towards an understanding of African endogenous multilingualism: ethnography, language ideologies, and the supernatural". *International Journal of the Sociology of Language*, 254: 139-163, 2018.

FOUCAULT, M. *Les mots et les choses: une archéologie des sciences humaines.* Paris, Éditions Gallimard, 1966.

GARCÍA, O. & WEI, L. *Translanguaging: language, bilingualism and education.* Basingstoke, Palgrave Macmillan, 2014.

GODFREY-SMITH, P. *Other minds: the octopus and the evolution of intelligent life.* London, William Collins, 2017.

HALLIDAY, M. A. K. "New ways of meaning: the challenge to applied linguistics". *In*: FILL, A. & MÜHLHÄUSLER, P. (ed.). *Ecolinguistics reader: language, ecology and environment.* London, Continuum, 2001.

HARRIS, R. "On redefining linguistics". *In*: DAVIS, H. & TAYLOR, T. (ed.). *Redefining linguistics.* London, Routledge, 1990.

KAPLAN, R. "Preface". *In*: KAPLAN, R. (ed.). *The Oxford handbook of applied linguistics.* Oxford, Oxford University Press, 2002.

KERFOOT, C. & HYLTENSTAM, K. "Introduction: entanglement and orders of visibility". *In*: KERFOOT, C. & HYLTENSTAM, K. (ed.). *Entangled discourses: South-North orders of visibility.* New York, Routledge, 2017.

KRAMSCH, C. "Ecological perspectives on foreign language education". *Language Teaching*, 41 (3): 389-408, 2008.

_______. "Applied linguistics: a theory of the practice." *Applied Linguistics*, 36 (4): 454-465, 2015.

_______. "Trans-spatial utopias". *Applied Linguistics*, 39 (1): 108-115, 2018.

KUHN, G. "Anarchism, postmodernity, and poststructuralism". *In*: AMSTER, R. *et al.* (ed.). *Contemporary anarchist studies: an introductory anthology of anarchy in the academy.* New York, Routledge, 2009.

KUHN, T. *The structure of scientific revolutions*. 2. ed. Chicago, University of Chicago Press, 1970.

LARSEN, S. & JOHNSON, J. "The agency of place: toward a more-than-human geographical self". *GeoHumanities*, 2 (1): 149-166, 2016.

LATOUR, B. "Why has critique run out of steam? From matters of fact to matters of concern". *Critical Inquiry*, 30 (2): 225-248, 2004.

LEVON, E. "Situating sociolinguistics: Coupland – Theoretical debates". *Journal of Sociolinguistics*, 21 (2): 272-288, 2017.

MAKONI, S. "Review: Critical applied linguistics". *Applied Linguistics*, 24 (1): 130--137, 2003.

MAKONI, S. & PENNYCOOK, A. "Disinventing multilingualism: from monological multilingualism to multilingua francas". *In*: MARTIN-JONES, M.; BLACKLEDGE, A. & CREESE, A. (ed.). *The Routledge handbook of multilingualism*. New York, Routledge, 2012.

MARTÍN ROJO, L. "Occupy: the spatial dynamics of discourse in global protest movements". *In*: MARTÍN ROJO, L. (ed.). *Occupy: the spatial dynamics of discourse in global protest movements*. Amsterdam, John Benjamins, 2016.

MAY, S. "Disciplinary divides, knowledge construction, and the multilingual turn". *In*: MAY, S. (ed.). *The multilingual turn: implications for SLA, TESOL and bilingual education*. London, Routledge, 2014.

MCCARTHY, M. *Issues in applied linguistics*. Cambridge, Cambridge University Press, 2001.

MCNAMARA, T. "Applied linguistics: the challenge of theory". *Applied Linguistics*, 36 (4): 466-477, 2015.

MIGNOLO, W. "Epistemic disobedience, independent thought and decolonial freedom". *Theory, Culture, Society*, 26 (7-8): 159-181, 2009.

______. *The darker side of Western modernity: global futures, decolonial options*. Durham, Duke University Press, 2011.

______. "The decolonial option". *In*: MIGNOLO, W. & WALSH, C. *On decoloniality: concepts, analytics, praxis*. Durham, Duke University Press, 2018.

MOITA LOPES, L. P. "Linguística aplicada e vida contemporânea: problematização dos construtos que têm orientado a pesquisa". *In*: MOITA LOPES, L. P. (org.). *Por uma linguística aplicada indisciplinar*. São Paulo, Parábola Editorial, 2006.

MUFWENE, S. "A cost-and-benefit approach to language loss". *In*: FILIPOVIĆ, L. & PÜTZ, M. (ed.). *Endangered languages and languages in danger: issues of documentation, policy, and language rights*. Amsterdam, John Benjamins, 2016.

NDHLOVU, F. "Southern development discourse for Southern Africa: linguistic and cultural imperatives". *Journal of Multicultural Discourses*, 12 (2): 89-109, 2017.

ODA, M. & TAKADA, T. "English language teaching in Japan". *In*: BRAINE, G. (ed.). *Teaching English to the world: history, curriculum and practice*. New York, Lawrence Erlbaum Associates, 2005.

OTSUJI, E. & PENNYCOOK, A. "The translingual advantage: metrolingual student repertoires". *In*: CHOI, J. & OLLERHEAD, S. (ed.). *Plurilingualism in teaching and learning: complexities across contexts*. New York, Routledge, 2018.

PENNYCOOK, A. *Critical applied linguistics: a critical introduction*. Mahwah, Lawrence Erlbaum, 2001.

______. "Uma linguística aplicada transgressiva". *In*: MOITA LOPES, L. P. (org.). *Por uma linguística aplicada indisciplinar*. São Paulo, Parábola Editorial, 2006.

______. *Global Englishes and transcultural flows*. London, Routledge, 2007.

______. *Language as a local practice*. London, Routledge, 2010.

______. "Translanguaging and semiotic assemblages". *International Journal of Multilingualism*, 14 (3): 269-282, 2017.

______. *Posthumanist applied linguistics*. London, Routledge, 2018.

PENNYCOOK, A. & OTSUJI, E. "Metrolingual multitasking and spatial repertoires: 'Pizza mo two minutes coming'". *Journal of Sociolinguistics*, 18 (2): 161-184, 2014.

______. *Metrolingualism: language in the city*. London, Routledge, 2015.

______. "Fish, phone cards and semiotic assemblages in two Bangladeshi shops in Sydney and Tokyo". *Social Semiotics*, 27 (4): 434-450, 2017.

RAMPTON, B. "Retuning in applied linguistics". *International Journal of Applied Linguistics*, 7 (1): 3-25, 1997.

SANTOS, B. S. *Do pós-moderno ao pós-colonial. E para além de um e de outro*. Coimbra, Centro de Estudos Sociais, 2004.

______. "Public sphere and epistemologies of the south". *Africa Development*, 37 (1): 43-67, 2012.

SCHATZKI, T. *The timespace of human activity: on performance, society, and history as indeterminate teleological events*. Lanham, Lexington Books, 2010.

SCOLLON, R. & SCOLLON, S. W. "Nexus analysis: refocusing ethnography on action". *Journal of Sociolinguistics*, 11 (5): 608-625, 2007.

THORNE, S. & LANTOLF, J. "A linguistics of communicative activity". *In*: MAKONI, S. & PENNYCOOK, A. (ed.). *Disinventing and reconstituting languages*. Clevedon, Multilingual Matters, 2007.

THURLOW, C. "Queering critical discourse studies or/and performing 'post-class' ideologies". *Critical Discourse Studies*, 13 (5): 485-514, 2016.

TOOHEY, K. *et al.* "'That sounds so cooool': entanglements of children, digital tools, and literacy practices". *TESOL Quarterly*, 49 (3): 461-485, 2015.

TROWLER, P. "Depicting and researching disciplines: strong and moderate essentialist approaches". *Studies in Higher Education*, 39 (10): 1.720-1.731, 2014.

TROWLER, P.; SAUNDERS, M. & BAMBER, V. (ed.). *Tribes and territories in the 21st-century: rethinking the significance of disciplines in higher education*. London, Routledge, 2012.

VAN LEEUWEN, T. "Moral evaluation in critical discourse analysis". *Critical Discourse Studies*, 15 (2): 140-153, 2018.

VAN LIER, L. "From input to affordance: social-interactive learning from an ecological perspective". *In*: LANTOLF, J. (ed.). *Sociocultural theory and second language learning*. Oxford, Oxford University Press, 2000.

VARIS, P. "Superdiverse times and places: media, mobility, conjunctures and structures of feeling". *In*: ARNAUT, K. *et al.* (ed.). *Engaging superdiversity: recombining spaces, times and language practices*. Bristol, Multilingual Matters, 2017.

WALSH, C.; CASTRO-GÓMEZ, S. & SCHIWY, F. (ed.). *Indisciplinar las ciencias sociales: geopolíticas del conocimiento y colonialidad del poder*. Quito, Abya Yala, 2002.

WEI, L. "Translanguaging as a practical theory of language". *Applied Linguistics*, 39 (1): 9-30, 2018.

WIDDOWSON, H. G. "Coming to terms with reality: applied linguistics in perspective". *Aila Review*, 14: 2-17, 2001.

2

Sociolinguística, (in)segurança e prática cotidiana[1]

Ben Rampton

Linguagem e segurança

Este capítulo aborda a linguagem e a segurança, focalizando a linguagem e o discurso em momentos e lugares em que as pessoas estão falando de inimigos e ameaças à sua própria existência. Esse é um tema relativamente novo para mim, que não tem sido muito estudado em sociolinguística.[2] É um tema demasiado sério para ser tratado casualmente, sem alguma justificativa defensável. Portanto, devo dizer desde já que estou chegando a questões de segurança e insegurança como sociolinguista etnográfico e interacional. Ao longo deste capítulo, trabalho com uma visão sociolinguística que associo a figuras fundadoras, como Gumperz, Hymes, Ochs, Heath e Labov, bem como com uma grande quantidade de pesquisas contemporâneas em etnografia linguística/antropologia linguística. Na definição que orienta minha discussão, sociolinguística é *o estudo da comunicação cotidiana em condições sociais que estão mudando.* A "segurança" é uma preocupação cada vez mais proeminente no ambiente em constante transformação em que vivo e trabalho, impondo-se à nossa agenda. Mas até que ponto a sociolinguística está bem equipada para lidar com isso?

---

1 Este capítulo é baseado em uma palestra plenária no Congresso Mundial de Linguística Aplicada da Associação Internacional de Linguística Aplicada (Aila), realizado em julho de 2017 no Rio de Janeiro. Sou muito grato a Constadina Charalambous e Panayiota Charalambous, com quem tenho colaborado no estudo da linguagem em cenários pós-conflito, bem como aos membros da colaboração interdisciplinar Linguagem, (In)segurança & Prática cotidiana (www.kcl.ac.uk/liep). Todos os mal-entendidos do capítulo são, no entanto, de minha própria responsabilidade. O capítulo foi traduzido por Branca Falabella Fabrício e Rodrigo Borba a partir do texto original "Sociolinguistics, (in)security and everyday practice".

2 Ver P. Charalambous, 2017.

O capítulo começa com um breve panorama das mudanças nas relações etnopolíticas na Grã-Bretanha e depois descreve a noção de "securitização", refletindo também sobre o "inimigo" como uma categoria. A "securitização" e o "inimigo" colocam o "cotidiano" em risco, obrigando-nos a perguntar se ainda há lugar para a sociolinguística-como-estudo-da-comunicação-cotidiana e, se há, o que ela seria. Para prosseguir com essas perguntas, considero, então, o trabalho que tenho feito com Constadina Charalambous e Panayiota Charalambous sobre greco-cipriotas que aprendem turco, a língua do inimigo, e argumento que uma etnografia linguística multifacetada pode de fato nos ajudar a ver como um material potencialmente inflamatório pode ser trazido de volta ao âmbito da vida comum, após um conflito violento. Depois disso, amplio a discussão para Relações Internacionais e Estudos de Paz, Conflito e Segurança, sugerindo que o trabalho de Goffman sobre insegurança interacional tem muito a contribuir para o crescente interesse em como as relações geopolíticas se desenvolvem nas relações sociais cotidianas.

Mas comecemos com a dinâmica da etnicidade no Reino Unido e o tipo de entendimento gerado na etnografia linguística.

Etnopolítica em transformação na Grã-Bretanha

Há 30 anos, quando estudei práticas comunicativas cotidianas em um bairro multiétnico do sul da Inglaterra nos anos 1980, a raça e o antirracismo estavam no topo da agenda política nacional.[3] O termo "asiático" era uma categoria discursiva muito significativa e se referia a pessoas com uma gama de diferentes origens religiosas do subcontinente indiano que eram frequentemente vistas como as vítimas carentes das diferenças linguísticas e culturais. Em contraste, os jovens com vínculos familiares com o Caribe eram geralmente considerados como problemas desviantes que necessitavam de policiamento. Era possível ver como essas representações influenciaram a mídia, o discurso público e a política educacional, e também apareceram em

[3] Rampton, 1995.

minhas gravações de adolescentes brancos/as, negros/as e asiáticos/as interagindo com colegas e adultos/as. Assim, quando esses jovens mudavam para um sotaque jamaicano, a postura que eles projetavam tendia a ser assertiva, verbalmente engenhosa, alinhada com a cultura juvenil e oposta à autoridade. Em contraste, as mudanças para o inglês indiano acentuado projetavam uma diferença relacionada à incompetência cultural e linguística.

Ao mesmo tempo, ficou muito claro que, quando alteravam seu discurso dessa maneira, esses jovens não estavam empregando traços e disposições etnoculturais profundamente enraizadas. Eles estavam manipulando as representações ideológicas, de muitas maneiras diferentes – com seriedade, de forma lúdica, com e sem convicção. Na verdade, o elemento-chave era a sensibilidade local compartilhada que eles construíam em todos esses cruzamentos e estilizações, transgredindo muito as linhas de descendência étnica essencializadas nos discursos multiculturais da época. E isso levou ao ponto político-metodológico mais geral que Roxy Harris e eu formulamos algum tempo depois.[4] Sim, generalizações sobre etnicidades contemporâneas, classe, gênero etc. são muito importantes, tanto na análise quanto na política. Mas, no processo de abstração e simplificação, é vital continuar voltando aos tipos de prática cotidiana que você pode captar nos registros etnográficos. Sem essa ancoragem – sem uma noção de como, de uma forma ou de outra, as pessoas frequentemente conseguem lidar bem com as práticas casuais do dia a dia –, ficamos vulneráveis às dramatizações de alta octanagem do discurso público e político, em pânico e incapazes de imaginar como alguém lida com isso.

Se avançarmos agora para o presente, fica claro que os discursos políticos sobre linguagem e etnia mudaram substancialmente. Há um excelente relato dessas mudanças no documento de Kamran Khan sobre "Cidadania, securitização e suspeita na política Esol do Reino Unido". Nele, Khan mostra como "uma agenda de segurança passou a dominar a legislação e o discurso político sobre cidadania e o teste e o ensino do inglês para falantes de outras línguas".[5] Após o 11 de

4 Harris & Rampton, 2009.

5 Khan, 2014, p. 2.

Setembro e os motins de 2001 no norte da Inglaterra, surgiu um discurso que "vê o racismo institucional como menos significativo do que a ameaça de desordem/terrorismo muçulmano".[6] Nesse discurso, os muçulmanos se tornam uma "comunidade suspeita"; políticos britânicos seniores colocam proficiência linguística, extremismo e terrorismo juntos em uma única hierarquia de ameaças;[7] e os serviços de saúde, as autoridades locais e a educação, desde cuidadores de crianças pequenas até o ensino superior, tornam-se parceiros no programa Prevenção do terrorismo, "para que os sinais desse esforço de alertar o público sobre a ameaça do terrorismo sejam agora inevitáveis na vida cotidiana, sejam eles sob a forma de vigilância em sala de aula, novas medidas nos aeroportos ou sinalização pública sobre como relatar suspeitas".[8]

Isso não fica sem questionamento – a estratégia do Prevenção tem sido amplamente contestada,[9] e Khan e Blackledge[10] mostram que, na prática, se olharmos mais de perto a promulgação real, por exemplo, de cerimônias de cidadania, elas podem ser eventos bastante bem-humorados. Mesmo assim, diz Khan, "'segurança' é... agora uma dinâmica multifacetada e onipresente na vida contemporânea, merecendo uma atenção crítica muito mais ampla do que a que os sociolinguistas têm dado até agora".[11] E uma razão para olhar mais de perto remonta ao ponto já mencionado: a etnografia sociolinguística pode ajudar a colocar em perspectiva os processos que você ouve falar na arena política e midiática, muitas vezes, desarticulando os fundamentos dos relatos dominantes, apontando em direções novas ou diferentes.

Mas há uma complicação se quisermos falar sobre a "prática cotidiana" e as "relações sociais cotidianas" no tipo de contexto de que

---

6 Pilkington, 2008, p. 35 *apud* Khan, 2014, p. 8.

7 *Idem*, p. 2 *apud* Charalambous C. *et al.*, 2015, p. 17.

8 *Idem apud* Charalambous C. *et al.*, 2015, p. 16.

9 Por exemplo, o sindicato para a Educação Superior e o Ensino Superior declarou: "a agenda do Prevenção obrigará nossos membros a espionar os estudantes, é discriminatória para os muçulmanos e legitima a islamofobia e a xenofobia, incentivando visões racistas a serem divulgadas e normalizadas na sociedade" (UCU, 2015, p. 4), e mais de 280 acadêmicos assinaram uma carta ao *The Independent* argumentando contra o "efeito arrepiante do Prevenção no debate aberto, na liberdade de expressão e na dissidência política" (10/7/15).

10 Khan & Blackledge, 2015.

11 Khan, 2014, p. 11.

Khan está falando. Como muitos sociolinguistas, tenho usado o termo "comunicação cotidiana" de forma bastante solta, para distinguir entre os discursos gerados pelas elites no governo e na mídia e as formas como as pessoas falam "na vida real" durante sua atividade rotineira no trabalho, em casa, em seus bairros. Mas, na verdade, nos processos de securitização a que Khan se refere, o próprio "cotidiano" é posto em questão, obrigando-nos a perguntar se a sociolinguística – como o estudo da comunicação cotidiana – ainda é viável em contextos como esse. Portanto, vamos analisar mais de perto o conceito de "securitização".

Securitização como excepcionalização, partindo do cotidiano

No estudo das Relações Internacionais (RI), a ideia de "securitização" foi desenvolvida primeiro para descrever um processo institucional no qual figuras influentes identificam ameaças à própria existência do Estado e de outros órgãos e, depois, procuram suspender os direitos e procedimentos políticos habituais.[12] Com a securitização, diz-se que determinados grupos ou questões apresentam um risco tão grande – uma "ameaça existencial" – que precisam ser transferidos do domínio da política comum para o domínio das medidas excepcionais. Em outras palavras, as regras, as liberdades e os direitos que tendem a sustentar nosso senso de "o cotidiano" estão em perigo, seja pela ameaça em si ou pelas medidas desenvolvidas para frustrá-la.

Também vale a pena considerar uma noção intimamente ligada a essa questão – "inimigo", uma categoria que não tem sido muito proeminente na sociolinguística. Certamente, na sociolinguística, há bastante trabalho em que o conflito e a luta se destacam muito, mas, na maioria das vezes, isso é visto dentro dos Estados-nação, e se trata mais de dominação e subordinação, competição, rivalidade ou política do que de guerra real com violência, baixas e fatalidades. Da mesma forma, "o Outro" – "Outro-com-O-maiúsculo" – é uma figura muito significativa na análise sociolinguística, mas, de modo geral,

---

12 Por exemplo, Buzan & Wæver, 2003.

isso impede um longo caminho até o "inimigo". A identidade tem sido um tema sociolinguístico central nos últimos 30 anos, e o Outro, em contraste, é crucial para a definição da identidade. Na verdade, há uma pluralidade de Outros ao nosso redor – Outros identificados em termos de gosto, estilo, riqueza, idade, especialização, gênero, área de residência etc. –, e são a saliência e o significado de Outros particulares que nos dão nossa identidade como indivíduos e como membros de grupos sociais particulares. Mesmo assim, há uma série de maneiras em que a figura do inimigo difere dos tipos habituais de Outros que analisamos em sociolinguística. Nas democracias liberais, há cooperação entre "Outros" – há cooperação entre pessoas que ocupam categorias diferentes, até mesmo opostas –, e parte da cooperação é íntima e de longo prazo. Certamente, pode muito bem haver alguns "Outros" de muito baixo prestígio, impopulares, mas é a sua integração em nossa sociedade que está em questão. Com os inimigos é diferente: inimigos reais ou potenciais devem ser mantidos afastados, derrotados ou destruídos. Os inimigos estão geralmente embutidos em sistemas sociais substanciais próprios e, se forem uma ameaça iminente, então, nas sociedades em que estão ameaçadas, as pessoas devem afundar sua diferença no interesse da autodefesa unida. Geralmente, a interação com um inimigo ou é proibida ou está associada à violência bem organizada, situação em que os códigos morais e legais que regem a interação entre os concidadãos não se aplicam. Além disso, é claro, o "inimigo" se liga a uma série de outras categorias e de outros processos institucionais – *tipos de pessoas*: como soldado, vítima, veterano, herói, prisioneiro, espião, terrorista, traidor, refugiado etc.; *tipos de ação*: bombardeio, matança, ferimento, tortura; *tipos de mobilidade*: invasão, ocupação, fuga; *tipos de mudança coletiva*: vitória, derrota, reconciliação. E assim por diante...

Essa é uma lista bastante dramática. Mas, mesmo não havendo nada aqui para levar a sério, não devemos deixar que isso nos desoriente. Certamente, se estamos falando de matança, encarceramento e expulsão, a ideia de "cotidiano" começa a soar precária, e imediatamente, instintivamente, se quer relativizá-la, chamando-a de "atividade para tempos-de-paz", depois disso talvez acrescentando "para cidadãos documentados em democracias liberais". Mas não devemos esquecer que os estudiosos de RI que desenvolveram a noção de securitização nos anos 1990 descreveram a securitização como um "ato de fala" – eles tinham lido Austin e Searle – e, se pensarmos em "inimigo" como uma identidade, então obviamente existem estruturas muito sofisticadas na sociolinguística para entender como as identidades são geradas, circuladas, reivindicadas, atribuídas, abandonadas, resistidas e assim por diante.

Mas precisamos ter cuidado – o tema é sério demais para ser tratado como um espaço aberto para o livre jogo de nossas convicções disciplinares. Assim, na próxima seção, volto ao trabalho empírico, dessa vez focalizando o Chipre, onde tenho colaborado com Constadina Charalambous e Panayiota Charalambous. Se pudermos começar a desembaraçar algumas das relações entre inimigos, conflito, linguagem e prática diária nesse contexto em particular, talvez possamos identificar alguns conhecimentos teóricos que são potencialmente transportáveis para outros cenários.

Aprendendo a língua do inimigo no Chipre

No Chipre, o conflito interétnico entre as comunidades greco-cipriota e turco-cipriota remonta ao início do século XX, quando os dois principais grupos religiosos da ilha começaram a se ver como "gregos" e "turcos" incompatíveis. Em 1960, foi criada uma República do Chipre bipartidária, mas houve violência interétnica entre 1963 e 1967, e cerca de 20 mil turco-cipriotas se mudaram para enclaves etnicamente puros. Em 1974, a guerra foi interrompida, após um golpe de Estado apoiado pela Grécia e pela intervenção militar turca, e houve consequências devastadoras – pessoas mortas e desaparecidas, perda de propriedade e deslocamento maciço. Cerca de 196 mil greco-cipriotas foram para o sul, 34 mil turco-cipriotas foram para o norte, e, desde então, a ilha foi de fato dividida, separada por uma zona-tampão (*buffer zone*) patrulhada por militares e por forças de paz da ONU.

Desde a divisão da ilha, não tem havido muitos confrontos violentos. Na parte greco-cipriota, onde nossa pesquisa tem se baseado, imagens hostis de turcos e turco-cipriotas têm sido perpetuadas na mídia e na educação em geral, mas, mesmo que o "problema cipriota" seja amplamente considerado como "intratável", também tem sido chamado de "conflito confortável".[13] Durante as décadas desde que os combates pararam, as pessoas se acostumaram aos efeitos da guerra, e a hostilidade entre comunidades tem sido um tanto rotineira, ela própria uma parte do cotidiano.

Em 2003, no entanto, essa situação foi alterada. O Chipre assinou o Tratado de Adesão à União Europeia (UE) e houve uma grande ênfase em encontrar uma solução política para o Conflito do Chipre. Durante as negociações, as autoridades turco-cipriotas suspenderam algumas das restrições de movimento através da zona-tampão em Nicósia, para que as pessoas pudessem cruzar a linha divisória pela primeira vez em quase 30 anos. E, logo depois disso, o governo (greco-)cipriota anunciou que, entre outras coisas, iria criar aulas voluntárias de língua para greco-cipriotas que quisessem aprender turco, tanto em escolas secundárias quanto em instituições para adultos/as (ele também criou aulas para adultos/as de língua turca que quisessem aprender grego). Nos documentos educacionais e em entrevistas com altos funcionários do ministério, tudo isso se encaixava em uma retórica de reconciliação, e as novas turmas eram apresentadas como um emblema da boa vontade do governo. De fato, se voltarmos à literatura sobre relações internacionais, esses desdobramentos parecem uma "des-securitização", como esforços para deixar de tratar as pessoas do outro lado como inimigas, começando a trazê-las de volta à vida cívica e política comum, afrouxando algumas das medidas especiais concebidas para conter uma ameaça existencial.

Então, Constadina, Panayiota e eu analisamos como esses desdobramentos estavam afetando a educação e realizamos algumas etnografias linguísticas que se concentraram em adolescentes e adultos/as greco-cipriotas aprendendo turco, em instituições vespertinas e escolas secundárias (ver Tabela 1).[14]

---

13 Adamides & Constantinou, 2012.

14 C. Charalambous, 2009; Rampton; C. Charalambous & P. Charalambous, 2015.

Tabela 1. Os projetos e o trabalho de campo em que o capítulo se baseia

Datas do trabalho de campo & título do projeto:	2006-2007: Aprendendo a língua do "outro"	2012-2013: Cruzando línguas e fronteiras
	Escolas secundárias	
Aulas observadas e n. de participantes	1 professor (Andreas), 3 turmas, 52 alunos/as	2 professores/as (Savvas, Stella) 6 turmas, 101 alunos/as
Gravações de aulas	13,5 horas	51 horas
Observação de aulas	32 horas	78 horas
Entrevistas	21 alunos/as, 3 professores/as	62 alunos/as, 2 professores/as
Outros	Entrevistas com funcionários/as do ministério	93 questionários
	Instituições para adultos/as	
Aulas observadas e n. de participantes	1 professora (Zina), 1 turma, 6 alunos/as	2 professores (Yannis, Stalo), 2 turmas, 25 alunos/as
Gravações de aulas	12 horas	34 horas
Observação de aulas	21 horas	68 horas
Entrevistas	7 alunos/as, 1 professor	15 alunos/as, 3 professores/as
Outros	-----	22 questionários

O quadro que surgiu foi heterogêneo, e, em geral, o aprendizado da língua do (antigo) inimigo parecia ser um pouco mais simples para os/as adultos/as. Mesmo assim, ficou claro que, embora o governo (greco-)cipriota tenha apresentado essas aulas como um gesto de boa vontade, tal fato não foi acompanhado de nenhuma mudança imediata nem no discurso público nem no currículo secundário, o que criou complicações para os greco-cipriotas que estavam ensinando e aprendendo a língua.

Em entrevistas, os/as estudantes greco-cipriotas de turco nos disseram frequentemente que eram chamados/as de "traidores/as", "turcos/as" ou "turcófilos/as" por colegas, amigos/as e, ocasionalmente, familiares. Como resultado, eles/elas haviam inicialmente escondido seus livros didáticos, evitando mencionar as aulas que ensinavam ou frequentavam, e desenvolveram elaboradas justificativas em defesa. De fato, em mais da metade das entrevistas do ensino médio, os/as alunos/as falavam sobre a existência de boas razões de segurança para "conhecer a língua do inimigo". Alguns/mas desses/as adolescentes se referiram à guerra no futuro, enquanto outros/as disseram que seriam capazes de detectar se estivessem sendo insultados/as na rua e rebater os insultos. Na verdade, até mesmo os/as estudantes que estavam bastante interessados/as na reconciliação disseram que essa lógica de segurança era uma forma muito boa de afastar quem fazia as críticas:

Excerto 1: Essa é uma boa.

Stathis (homem, 17 anos) em entrevista com Sophia (mulher, 17 anos) e Panayiota (mulher, 30 anos; "Yiota" na seguinte transcrição) (tradução & transcrição editada, 2012)

Yiota:	você sente alguma reação de seus amigos por ter escolhido o turco?
Stathis:	eh, eles estavam me zoando um pouco, mas tudo bem.
Yiota:	o que eles poderiam dizer?
Stathis:	"você vai aprender turco?" e coisas desse tipo e "nossos inimigos". coisas assim, eu respondia: "é fácil, por isso eu escolhi".
Yiota ((*para Sophia*)):	e você? o que você responde?
Fani:	quando eles dizem coisas assim, {eu digo} "para conhecer a língua do inimigo" e aí acaba, como se eles se calassem e dissessem "a::h essa é uma boa!".

Diz-se com frequência na teoria do ensino de idiomas que as aulas se beneficiam da introdução de material cotidiano do mundo real da língua-alvo. Porém, conforme explicou um/a dos/as professores/as, "como vou praticar diálogos em sala de aula entre vendedores/as e compradores/as, quando os/as alunos/as supostamente não deveriam atravessar para o outro lado e comprar coisas dos territórios ocupados".[15] Certamente, havia alunos/as que estavam interessados/as em estreitar

15 Notas de campo, 2006.

os laços com os/as turco-cipriotas, especialmente entre os/as adultos/as, mas também havia muitos/as que nos disseram que, mesmo tendo optado por estudar turco, eles/elas não "queriam nenhuma relação com ((os/as turcófonos/as))", justificando essa posição com "não gosto deles/as", "gostaria que fossem eliminados/as", "que morram todos/as" (pelo menos 13 alunos/as, em 10 entrevistas).

Essas são realmente afirmações um tanto extremas, e é difícil entender o que está acontecendo aqui, pelo menos inicialmente. As razões do governo para a criação dessas aulas são facilmente inteligíveis, e há muito trabalho de compreensão linguística e intercultural para apoiá-las. Mas, com a intensa hostilidade expressa por esses/essas estudantes, talvez estejamos realmente nos movendo para um espaço excepcional onde as normas do dia a dia deixam de se impor, onde o "inimigo" passa a ser uma identidade central e onde, potencialmente, os vocabulários analíticos desenvolvidos em condições de paz e estabilidade deixam de funcionar. Alternativamente, esse é precisamente o tipo de situação em que caracterizações amplas precisam ser interrogadas com etnografia linguística, e essa é a abordagem que adotamos em nosso projeto. Portanto, vamos agora tentar fazer sentido dessas aulas.

Uma interpretação sociolinguística

Para entender essas aulas de idioma, primeiro precisamos complicar a noção do cotidiano, e aqui a distinção entre ideologia e prática se torna importante.

Assim, por um lado, existem representações ideológicas de mundos cotidianos específicos – representações que vêm em diferentes formas em diferentes momentos e lugares. No contexto dos livros didáticos e exercícios de ensino de línguas, são muitas vezes as representações textuais estilizadas do mundo do falante da língua-alvo que estão em questão, e, como já foi observado, muitos/as greco-cipriotas aprendizes de turco ficaram alarmados/as com a ideia de interação rotineira com falantes de turco. Mas, ao mesmo tempo, se passarmos da ideologia à prática, há o "cotidiano" das atividades habituais das quais as pessoas de fato participam diariamente, as práticas sociais situadas que elas experimentam em primeira mão. É claro que elas são permeadas de e influenciadas por representações ideológicas, mas trata-se de um cotidiano que é vivido e não apenas representado, e é muito mais complicado, aberto e indeterminado do que a ideologia por si só. É esse segundo cotidiano que a etnografia linguística e a sociolinguística interacional tentam descrever, mesmo que possa ser muito difícil, e, se nos concentrarmos nisso, podemos começar a ver que, ainda que ensinar e aprender a língua do inimigo possa ser diferente do que normalmente vemos em condições de paz e estabilidade, não é incompreensivelmente diferente – não é um planeta diferente.

Portanto, antes de tudo, podemos considerar *os locais institucionais nos quais os estudantes do ensino médio se encontraram com o turco* e como isso poderia contribuir para a aceitabilidade do aprendizado do turco. De fato, o turco é constitucionalmente reconhecido como uma língua nacional no Chipre, mas não lhe foi dada uma posição especial na escola e não era obrigatório. Em vez disso, ele foi disponibilizado como uma opção no currículo de línguas estrangeiras, e existe um argumento para dizer que a *monótona rotina institucional do aprendizado de línguas estrangeiras* era, por si só, significativa. O aprendizado curricular de línguas estrangeiras é uma atividade pouco espetacular, mas de longo prazo e amplamente estabelecida. Há um amplo acordo internacional de que o aprendizado de uma língua estrangeira vale a pena; ele é apoiado por pessoal profissional com experiência específica no assunto; há esquemas de classificação bem desenvolvidos para medir o progresso; e, com todas as estruturas administrativas e de entrega já existentes, o governo poderia inserir o turco no sistema acrescentando-o como apenas mais uma língua à lista de opções de línguas estrangeiras. Mas, uma vez que o turco tivesse aparecido no folheto anual de opções de idiomas modernos, isso poderia então ser uma primeira deixa para os/as estudantes conversarem com seus responsáveis sobre se o turco poderia ou não desempenhar um papel em seu futuro, mesmo que isso só chegasse até os exames de final de ano. Se os/as estudantes o selecionassem, então uma ou duas vezes por semana, eles/elas se encontrariam participando de um espaço onde objetos e práticas ligados ao turco tivessem uma presença rotineira à mão e também precisariam descobrir como justificar sua escolha aos outros. Mais do que isso, pequenos sinais de turquismo começariam a circular através das atividades cotidianas corriqueiras do estudo secundário, viajando entre a escola e a casa, em apostilas de dever de casa, figurando em anedotas de experiência em sala de aula, sendo mencionados em conversas sobre testes e exames. A questão das relações greco-turcas ainda pode ser muito controversa, mas as rotinas mundanas e familiares de aprendizagem de línguas estrangeiras na escola podem ajudar a diminuir um pouco a emoção que evocava.

Naturalmente, tudo isso pressupõe que a experiência de aprender turco em sala de aula não tenha sido traumaticamente dilacerada por conflitos. Não foi, e isso, por sua vez, levanta a questão: como os/as docentes greco-cipriotas de turco realmente enfrentaram os desafios, por um lado descobrindo que agora tinham a chance de ensinar um idioma ao qual haviam dedicado grande parte de seu tempo e, por outro, enfrentando alunos/as potencialmente muito hostis. Identificamos três estratégias pedagógicas.[16]

Nas aulas para adultos/as, os/as professores/as às vezes apresentavam cenas de atividades cotidianas com falantes de turco. Havia também um professor secundário muito talentoso para conseguir "cosmopolitizar" o turco, reposicionando-o em uma Europa globalizada acima e além do problema de Chipre. Mas a estratégia pedagógica mais comum era despolitizar o aprendizado do turco, descontextualizando o idioma, desconectando-o do povo turco, da cultura turca e de todas as suas associações políticas e emocionais. Em vez disso, eles apresentavam a língua como um código léxico-gramatical neutro e evitavam qualquer conversa sobre a política turca ou cipriota na sala de aula. Claro que existe uma longa tradição de ensino que trata a língua como um código formal, mas todos esses/as professores/as estavam cientes de que estavam apresentando uma visão muito restrita do turco e disseram que estavam fazendo isso deliberadamente por causa da controvérsia ideológica em torno da língua. É claro que isso perturba as ortodoxias do ensino comunicativo de línguas, mas, como já foi observado, a ideia

16 Ver P. Charalambous; C. Charalambous & Rampton, 2015, para detalhes.

de "contextos autênticos para aprender e usar o turco" era iconoclasta para muitos/as desses/as estudantes, e, se os/as professores/as tentassem, estariam preocupados/as em ser denunciados/as e perder seus empregos. Portanto, em vez de ver a supressão da cultura nessas aulas como um sinal do tradicionalismo oculto dos/as professores/as, há um bom argumento para ver isso como uma sensibilidade cultural aguda.

Essas estratégias de ensino também fomentaram *o valor indexical do turco* em diferentes direções, imbuindo o idioma de uma gama de significados que permitiram aos estudantes se envolverem com ele de formas que ou respeitavam sua incerteza ideológica ou ressoavam com seus valores políticos. Para pessoas diferentes – e sem dúvida para as mesmas pessoas em momentos diferentes –, o turco pode ser uma arma potencial, ou pode ser um código neutro (mesmo matemático). Alternativamente, mas mais raramente, poderia invocar um sabor cosmopolita e/ou uma característica da vida local. O significado ideológico dos chamados idiomas é sempre maleável; a multivalência indexical é muito comum no ensino de idiomas;[17] e deve ter sido outro elemento que tornou essas aulas possíveis, apesar das opiniões altamente divergentes dos/as estudantes sobre o legado de conflito que herdaram.

Finalmente, podemos usar a noção de modulação (*keying*) de Goffman para entender o enquadre interacional dentro do qual os próprios estudantes secundários se engajaram com o turco. Na modulação, um sentido de negociação usual é temporariamente suspenso, como no faz de conta e nos jogos. Goffman identifica vários tipos básicos de modulação, e um deles – o refazer técnico (*technical redoing*) – é especialmente relevante.[18] O refazer técnico envolve atividades como exposições, ensaios e demonstrações pedagógicas, que são [i] "realizadas fora de seu contexto habitual, [ii] para fins utilitários abertamente diferentes dos da performance original, [iii] o

17 Na Irlanda do Norte, por exemplo, O'Reilly (1996) descreve como a aprendizagem da língua irlandesa foi sustentada por ideologias potencialmente conflitantes de (a) resistência, (b) herança estética e (c) direitos civis, e até mesmo no Currículo Nacional da Inglaterra, argumentos ideologicamente concorrentes – "crescimento pessoal", "transversalidade", "necessidades adultas", "herança cultural", "análise cultural" – apareceram simultaneamente na promoção da língua-padrão nacional (Cox, 1991).

18 Goffman, 1974, p. 58; Rampton & C. Charalambous, 2010, pp. 10-11.

entendimento é que o resultado original da atividade não ocorrerá".[19] O efeito é "proporcionar ao neófito a experiência de desempenho em condições nas quais não é permitido nenhum envolvimento real com o mundo".[20] Isso se encaixa bastante bem nas aulas de idiomas: o turco foi extraído de seu contexto sociocultural ([i] citado); ele foi promovido como um assunto convenientemente fácil que poderia ajudá-lo a passar nos exames de acesso a cursos secundários, não como algo que você usaria para se comunicar ([ii]; cf. Stathis no Excerto 1); e, assim, ele acomodou estudantes que nunca quiseram falar com um falante de turco ([iii] citado).

Comecei essa discussão dos greco-cipriotas aprendendo turco perguntando se a sociolinguística etnográfica da prática cotidiana era ou não capaz de lidar com situações em que noções como inimigo são dominantes e grupos particulares são considerados tão ameaçadores que são colocados em medidas especiais, além dos domínios da interação cotidiana. Aplicados à dinâmica de intensa hostilidade, os conceitos sociolinguísticos desenvolvidos em momentos de paz e estabilidade seriam trivializantes e ineptos? Ou poderiam ser esclarecedores, mais uma vez apontando para complexidades – e aberturas – inimagináveis nas generalizações simplificadoras que se encontram na política e na mídia (e nas entrevistas de pesquisa também)? Em geral, a sociolinguística se sai bastante bem. Apesar da oposição enfrentada pelos estudantes greco-cipriotas, identificamos uma série de estruturas e práticas reconhecíveis que os sustentaram nas atividades controversas associadas ao aprendizado da língua do inimigo. Ao mesmo tempo, mostramos como o legado do conflito violento produziu estilos de ensino e aprendizagem que dificilmente serão apreciados nos discursos normativos do ensino comunicativo da língua.

É certo que se poderia argumentar que tudo isso tem sido um teste bastante fácil e que a discussão tem se concentrado em um "conflito confortável", no qual a maioria das pessoas estava apenas lidando com representações do inimigo, não se encontrando cara a cara com ele. Isso pode ser parcialmente verdade, e não estou sugerindo que

---

19 Goffman, 1974, p. 59.

20 *Ibidem.*

a sociolinguística etnográfica e interacional seja o único tipo de linguística relevante em situações de conflito.[21] Mas há duas coisas a serem ditas em defesa da abordagem que adotamos. Primeiro, a situação no Chipre pode não ser realmente aguda, mas há uma série de outros cenários afetados por conflitos em larga escala e por temores de insegurança existencial onde se podem encontrar dinâmicas de aprendizagem de línguas amplamente semelhantes – por exemplo, o trabalho de Uhlmann sobre aulas de árabe para estudantes de escolas judaicas em Israel,[22] e a descrição de Karrebæk e Ghandchi da língua materna fársi na comunidade dividida de refugiados iranianos em Copenhague.[23] Em segundo lugar, a pesquisa em RI sobre segurança, paz e conflito geralmente cobre toda a gama de conflitos que diferem substancialmente em sua intensidade, e em RI há um interesse crescente nos tipos de elucidação que a sociolinguística etnográfica pode fornecer.

Relações internacionais do dia a dia

Historicamente e em grande parte ainda hoje, a pesquisa em RI se concentra em processos de grande escala – as relações entre Estados soberanos que governam populações particulares em territórios específicos. Mas, como já observado, nos anos 1990, quando os/as pesquisadores/as discutiram a securitização como um processo que identificou grupos particulares enquanto ameaças existenciais e tentaram persuadir o público de que medidas especiais eram necessárias para lidar com eles, esses/as pesquisadores/as se basearam na teoria dos atos de fala de Austin e Searle.[24] Desde então, teorias de comunicação mais elaboradas e empíricas foram introduzidas, de modo que, na coleção de Balzacq sobre o tema, há referências a Sapir, Goffman, Schegloff, Fairclough, Kress, Wetherell, Mey, Duranti e Goodwin.[25]

21 Ver Busch, 2016.

22 Uhlmann, 2010; 2012.

23 Karrebæk & Ghandchi, 2015.

24 Buzan & Wæver, 2003.

25 Balzacq (ed.), 2011.

No trabalho sobre paz e resolução de conflitos, Mac Ginty argumenta contra "abordagens de cima para baixo, padronizadas, tecnocráticas e institucionalizadas"[26] e propõe que "a paz cotidiana é dialógica [...] contando com interação, reconhecimento social e respostas sociais".[27] Em estudos sobre vigilância, Green e Zurawski procuram substituir a noção totalizante de uma "sociedade de vigilância" por relatos etnográficos de como "a vigilância é negociada, resistida, aprendida, não reconhecida como tal" em locais cotidianos.[28] E, quando Bigo discute como o poder deve ser estudado na sociologia política internacional, ele cita "sociolinguistas quando analisam as interações cotidianas" como um modelo valioso.[29] McCluskey produziu uma bibliografia de 32 páginas de trabalhos recentes sobre "(in)segurança cotidiana",[30] e, de modo geral, há aqui um compromisso de desafiar as abstrações generalizadas das Relações Internacionais que são muito semelhantes ao impulso etnográfico que mencionei no início do capítulo. É certo que esse interesse em como a etnografia e a sociolinguística podem iluminar as "RI cotidianas" ainda é bastante programático, mas há uma grande margem de diálogo com a etnografia linguística e temos muito a aprender com essa troca. De fato, a possibilidade de uma conexão mais profunda entre sociolinguística e estudos de segurança é especialmente clara no trabalho de Erving Goffman.

Em RI, uma série de termos são mencionados repetidamente – segurança e insegurança, ameaça existencial, estados de exceção, vigilância – e, nas discussões sobre securitização, a distinção entre relações sociopolíticas normais e cotidianas e medidas especiais excepcionais ocupa um lugar central. Na verdade, conceitos e preocupações muito semelhantes também são fundamentais para Goffman, e isso é evidente até mesmo em seus dois primeiros livros. O primeiro foi seu *The Presentation of Self in Everyday Life*,* de 1959, mas

---

26 Mac Ginty, 2014, p. 549.

27 *Idem*, p. 554.

28 Green & Zurawski, 2015, p. 37.

29 Bigo, 2017, p. 31.

30 McCluskey, 2017.

* A obra foi traduzida para o português. A referência completa é Goffman, E. *A representação do Eu na vida cotidiana*. Trad. Maria Célia Santos Raposo. Petrópolis, RJ, Vozes, 1985 [1959]. (N. da T.)

o segundo, apenas dois anos depois, foi o *Asylums*,* e este se concentrou em instituições totais onde as pessoas estão desligadas da vida cotidiana, muitas vezes porque são consideradas uma ameaça para a comunidade.[31] A proximidade desses dois livros não é um acidente, e, ao longo da carreira de Goffman, houve um interesse constante na tensão entre o comum e o excepcional, bem como nas ações e atividades que são produzidas para lidar com as ameaças que eles representam um ao outro. E, de forma crucial no contexto atual, essa relação dinâmica se prolonga até os detalhes da interação face a face. No início da obra de Goffman, a *Asylums* se concentra em instituições muradas, postas de lado para conter as ameaças à comunidade, e aqui Goffman olha para "o que as pessoas fazem com os aspectos mais importantes de suas vidas" "quando a existência é reduzida a um mínimo".[32] Mas, em seu trabalho posterior, ele se concentra nas contínuas ameaças ao eu com as quais os indivíduos têm que lidar em encontros interpessoais: "Quando os indivíduos se encontram na presença imediata uns dos outros", ele diz, "territórios do eu trazem à cena uma vasta filigrana de fios com os quais os indivíduos estão singularmente equipados para tropeçar".[33] Gerenciando essas incessantes ameaças ao respeito mútuo, os indivíduos desenvolvem "uma orientação defensiva para salvar [sua] própria face, e uma orientação protetora para salvar a face dos outros".[34]

De acordo com Huysmans,[35] um dos principais estudiosos do cotidiano de RI, as críticas políticas à securitização têm se concentrado em declarações sobre assuntos extremamente importantes – ministros do governo falando sobre ameaças à sociedade –, e há o risco de que esse tipo de análise não seja mais possível, pois a securitização se torna muito mais difusa, permeando o cotidiano através de vigilância digital, procedimentos burocráticos de rotina, câmeras de segurança e assim por diante. É certamente verdade que, com algoritmos e perfis digitais,

---

* A obra foi traduzida para o português. A referência completa é Goffman, E. *Manicômios, prisões e conventos*. Trad. Dante Pereira Leite. São Paulo, Perspectiva, 1974 [1961]. (N. da T.)

31 Goffman, 1961, p. 16.

32 *Idem*, p. 268.

33 *Idem*, 1971, p. 106.

34 *Idem*, 1967, p. 14.

35 Huysmans, 2011.

uma grande parte da triagem de segurança continua em operação sem que saibamos muito sobre isso, mas, em geral, Goffman nos mostra que a interação cotidiana está absolutamente repleta de processos mapeados em estudos de segurança macroscópicos – ameaças de exclusão, suspeita, engano, evasão e ação preventiva. Huysmans emprega a expressão "pequenos e insignificantes procedimentos de segurança" (*little security nothings*) para se referir às práticas de securitização altamente difusas que o preocupam, mas é muito difícil conciliar essa expressão com qualquer coisa que Goffman descreva.[36] Longe de estar politicamente esgotada da forma que Huysmans teme, a prática cotidiana não é nada dócil, branda ou insensível para Goffman – nem é de fato particularmente amigável. Comentadores às vezes perguntam por que as pessoas comuns não se opõem à intensificação digital da vigilância, mas, se seguimos a lógica de Goffman, é porque nós mesmos participamos da vigilância como parte integrante da prática comunicativa cotidiana e crescemos ajustando-nos a ela.[37]

Sob a influência de Foucault, vários estudiosos de RI agora rejeitam ideias "realistas" sobre a factualidade objetiva do Estado, da segurança e das fronteiras etc., e em vez disso há um crescente interesse em como tais conceitos políticos são produzidos na atividade prática, envolvendo uma infinidade de diferentes pessoas, processos, tipos de conhecimento, tecnologias, ações, argumentos etc. Em um relato da abordagem de Foucault em relação ao Estado, Jessop diz que

> [...] o estudo do poder deveria começar de baixo, na microfísica heterogênea e dispersa do poder; deveria explorar formas específicas de [exercício do poder] em diferentes locais institucionais, e considerar como, se de fato, elas foram ligadas para produzir configurações sociais mais amplas e persistentes [como o Estado]. Deve-se estudar o poder onde ele é exercido sobre indivíduos em vez de legitimado no centro; explorar as práticas reais

36 Huysmans sugere, por exemplo, que são os "líderes e políticos" que decretam "uma nítida distinção entre o excepcional e o banal" (2014, p. 5), mas na verdade a distinção está recorrentemente em questão, por exemplo, nos mecanismos cotidianos de reparo descritos por Goffman (1971), nos quais atos transgressivos que ameaçam o encontro – como um "pequeno sistema social" – são denunciados e espera-se que os infratores façam reparações rituais com desculpas, explicações e assim por diante.

37 Marwick, 2012; Jones, 2017; Rampton & Eley, 2018.

de subjugação em vez das intenções que guiam as tentativas de dominação; e reconhecer que o poder circula através de redes.[38]

Essa perspectiva aumenta a relevância da sociolinguística etnográfica em geral e de Goffman em particular. Como Borba[39] demonstra em detalhes empíricos vívidos,[40] Foucault e Goffman são muito complementares e isso pode ser visto quando Foucault adverte contra ser muito rápido na identificação das lutas de poder contemporâneas com causas e interesses políticos particulares. "Em tais lutas", diz Foucault, "as pessoas criticam as instâncias de poder que lhes são mais próximas [...]. Elas não procuram o 'principal inimigo', mas o inimigo imediato".[41] Eles podem muito bem se referir a etnia, gênero ou classe em um estágio posterior, mas, em primeira instância, essas "são lutas que [...], por um lado, [...] afirmam o direito de ser diferente e [...], por outro, [...] atacam tudo o que separa o indivíduo, rompe [os] vínculos com os outros".[42] Traduzidas com bastante precisão nos termos de Goffman, essas são lutas defensivas e protetoras sobre os "territórios do eu" – lutas sobre o que Brown e Levinson chamam de face "negativa" e "positiva"[43] –, e é claro que Goffman elabora tudo isso em detalhes consideráveis. Assim, para os cientistas políticos que seguem Foucault, Goffman pode fornecer um recurso teórico e empírico bastante substancial.

Resumo e perspectivas

Abri este capítulo com duas afirmações básicas: a sociolinguística é o estudo da prática comunicativa cotidiana na mudança das condições sociais, e a sociolinguística etnográfica pode desempenhar um papel útil, complicando e desafiando as generalizações que circulam no discurso

38 Jessop, 2007, p. 36.

39 Borba, 2015.

40 Ver também Hacking, 2004.

41 Foucault, 1982, pp. 211-212.

42 *Ibidem*.

43 Brown & Levinson, 1987, p. 62.

público e/ou na ciência macrossocial. Trouxe então a securitização como uma perspectiva que tem se tornado cada vez mais influente na vida britânica nos últimos 10-15 anos, transformando grupos particulares em suspeitos e inimigos potenciais. A securitização de fato politiza a ideia do próprio cotidiano, dizendo que existe uma ameaça existencial à vida cotidiana e que o direito de participar dela deve ser retirado das pessoas identificadas como inimigas. Então, se ela está localizada em um ambiente onde a securitização é amplamente difundida e/ou intensificada, quais são as implicações para a sociolinguística como o estudo do cotidiano?

Para desenvolver tal proposta, voltei-me para o caso dos greco-cipriotas que aprendem turco, a língua do inimigo. A ideia do contato diário com os falantes de turco era ideologicamente muito controversa, mas a prática monótona do aprendizado institucional da língua manteve até mesmo os estudantes mais hostis a bordo. As teorias de ensino de idiomas podem realmente não fazer sentido, mas a etnografia linguística pode, e eu discuti os efeitos do posicionamento institucional do turco, as estratégias pedagógicas dos/as professores/as, a flexibilidade do idioma em termos de índices e modulações interacionais que enquadram o aprendizado do turco em sala de aula (o "refazer técnico", que ajudou a suspender a base do idioma no mundo real). Tanto o "refazer técnico" quanto a modulação vêm de Goffman, e eu propus então que, como um teórico líder da insegurança interacional, Goffman tem muito a oferecer aos/às pesquisadores/as de RI, que estão cada vez mais interessados/as nas ligações entre o conflito geopolítico e a prática cotidiana.

Dadas as mudanças geopolíticas a que estamos assistindo atualmente, a área de investigação que venho esboçando pode muito bem crescer nos próximos anos. Mas, se crescer, devemos chamá-la de "sociolinguística *e* segurança" e não de "sociolinguística *da* segurança". Com essa última – "sociolinguística *da* segurança" –, existe a possibilidade de uma sociolinguística centrada na segurança se separar da sociolinguística ordinária, quando na verdade é precisamente a relação entre o ordinário e o excepcional que é tão significativa. É certamente muito importante não banalizar os processos sérios e potencialmente perigosos dos quais a securitização trata, e é vital não insistir no mundano cegamente, perdendo de vista as práticas e as ocasiões em que a reprodução ordenada do mundo social é ameaçada ou violada. Mas é igualmente importante não errar na direção oposta, renunciando ao nosso entendimento do cotidiano. Não devemos esquecer que, na securitização, o cotidiano é na verdade uma grande aposta – se você estiver do lado errado de um processo de securitização excessivamente zeloso, dirão a você: "desculpe, o cotidiano não é para você". Portanto, é essencial não ratificar ou acelerar essa exclusão aceitando a securitização em seus próprios termos, concentrando-se apenas no que foi declarado "excepcional". Claramente, há muito a aprender sobre como administrar a difícil fronteira entre o cotidiano e o excepcional com os/as pesquisadores/as nos Estudos Críticos de Paz, Conflito e Segurança, e, na sociolinguística, talvez seja Goffman que nos forneça o melhor ponto de partida. Esse é um caminho que procurei seguir no presente capítulo, mas é claro que teremos que esperar para ver.

Referências

ADAMIDES, C. & CONSTANTINOU, M. C. "Comfortable conflict and (il)liberal peace in Cyprus". *In*: RICHMOND, O. & MITCHELL, A. (ed.). *Hybrid forms of peace: from everyday agency to post-liberalism*. Basingstoke, Palgrave Macmillan, 2012.

BALZACQ, T. (ed.). *Securitisation theory: how security problems emerge and dissolve*. London, Routledge, 2010.

BIGO, D. "International political sociology: rethinking the international through dynamics of power". *In*: BASARAN, T. *et al.* (ed.). *International political sociology: transversal lines*. London, Routledge, 2017.

BORBA, R. "How an individual becomes a subject: Discourse, interaction, and subjectification at a Brazilian gender identity clinic". *Working Papers in Urban Language and Literacies*, 163, 2015. Disponível em <https://wpull.org/product/wp163-how-an-individual-becomes-a-subject-discourse-interaction-and-subjectification-at-a-brazilian-gender-identity-clinic/>. Acesso em 25/8/2023.

BROWN, P. & LEVINSON, S. *Politeness: some universals in language usage*. Cambridge, Cambridge University Press, 1987.

BUSCH, B. "Methodology in biographical approaches in applied linguistics". *Working Papers in Urban Language and Literacies*, 187, 2016. Disponível em <https://wpull.org/product/wp187-methodology-in-biographical-approaches-in-applied-linguistics/>. Acesso em 25/8/2023.

BUZAN, B. & WÆVER, O. *Regions and powers: the structure of international security*. Cambridge, Cambridge University Press, 2003.

CHARALAMBOUS, C. *Learning the language of the "other": a linguistic ethnography of Turkish-language classes in a Greek-Cypriot school*. London, School of Humanities, Social and Education Sciences, King's College, 2009 (Tese de doutorado).

CHARALAMBOUS, C. *et al*. "Sociolinguistics & security". *Working Papers in Urban Language and Literacies*, 177, 2015. Disponível em <https://wpull.org/product/wp177-sociolinguistics-and-security/>. Acesso em 25/8/2023.

CHARALAMBOUS, P. "Sociolinguistics & security: a bibliography". *Working Papers in Urban Language and Literacies*, 213, 2017. Disponível em <https://wpull.org/product/wp213-sociolinguistics-security-a-bibliography/>. Acesso em 25/8/2023.

CHARALAMBOUS, P.; CHARALAMBOUS, C. & RAMPTON, B. "De-securitizing Turkish: teaching the language of a former enemy, and intercultural language education". *Applied Linguistics*, 38 (6): 800-823, 2015.

COX, B. *Cox on Cox: an English curriculum for the 1990*'s. London, Hodder & Stoughton, 1991.

FOUCAULT, M. "Afterword: The subject and power". *In*: DREYFUS, H. & RABINOW, P. *Michel Foucault: beyond structuralism and hermeneutics*. New York, Harvester Wheatsheaf, 1982.

GOFFMAN, E. *The presentation of self in everyday life*. Harmondsworth, Penguin, 1959.

_______. *Asylums: essays on the social situation of mental patients and other inmates*. Harmondsworth, Penguin, 1961.

_______. *Interaction ritual: essays on face-to-face behavior*. Harmondsworth, Penguin, 1967.

_______. *Relations in public: microstudies of the public order*. London, Allen Lane, 1971.

_______. *Frame analysis: an essay on the organization of experience*. Harmondsworth, Penguin, 1974.

GREEN, N. & ZURAWSKI, N. "Surveillance and ethnography: Researching surveillance as everyday life". *Surveillance & Society*, 13 (1): 27-43, 2015.

HACKING, I. "Between Michel Foucault and Erving Goffman: between discourse in the abstract and face-to-face interaction". *Economy and Society*, 33 (3): 277-302, 2004.

HARRIS, R. & RAMPTON, B. "Ethnicities without guarantees: an empirical approach". *In*: WETHERELL, M. (ed.). *Identity in the 21st century: new trends in changing times*. Basingstoke, Palgrave Macmillan, 2009.

HUYSMANS, J. "What's in an act: on security speech acts and little security nothings". *Security Dialogue*, 42 (4-5): 371-383, 2011.

JONES, R. "Surveillant landscapes". *Linguistic Landscapes*, 3 (2): 150-187, 2017.

JESSOP, B. "From micro-powers to governmentality: Foucault's work on statehood, state formation, statecraft and state power". *Political Geography*, 26 (1): 34--40, 2007.

KARREBÆK, M. S. & GHANDCHI, N. "'Pure' Farsi and political sensitivities: language and ideologies in Farsi complementary language classrooms in Denmark". *Journal of Sociolinguistics*, 19 (1): 62-90, 2015.

KHAN, K. "Citizenship, securitisation and suspicion in UK ESOL policy". *Working Papers in Urban Language and Literacies*, 130, 2014. Disponível em <https://wpull.org/product/wp130-citizenship-securitization-and-suspicion-in-uk-esol-policy/>. Acesso em 25/8/2023.

KHAN, K. & BLACKLEDGE, A. "'They look into our lips': negotiation of the citizenship ceremony as authoritative discourse". *Journal of Language and Politics*, 14 (3): 382-405, 2015.

MAC GINTY, R. "Everyday peace: Bottom-up and local agency in conflict-affected society". *Security Dialogue*, 45 (6): 548-564, 2014.

MARWICK, A. "The public domain: surveillance in everyday life". *Surveillance & Society*, 9 (4): 378-393, 2012.

MCCLUSKEY, E. "Everyday (in)security: a bibliography". *Working Papers in Urban Language and Literacies*, 214, 2017. Disponível em <https://wpull.org/product/wp214-everyday-insecurity-a-bibliography/>. Acesso em 25/8/2023.

O'REILLY, C. "The Irish language – Litmus test for equality? Competing discourse of identity, parity of esteem and the peace process". *Irish Journal of Sociology*, 6 (1): 154-178, 1996.

PILKINGTON, A. "From institutional racism to community cohesion: the changing nature of racial discourse in Britain". *Sociological Research Online*, 13 (3): 78--90, 2008.

RAMPTON, B. *Crossing: language and ethnicity among adolescents*. London, Longman, 1995.

RAMPTON, B. & CHARALAMBOUS, C. Crossing: a review of research. *Urban Language and Literacies*, 58: 1-16, 2010.

RAMPTON, B.; CHARALAMBOUS, C. & CHARALAMBOUS, P. "End-of-project report: crossing languages & borders – Intercultural language education in a conflict troubled context". *Working Papers in Urban Language and Literacies*, 178, 2015. Disponível em <https://wpull.org/product/wp178-end-of-project-report-crossing-languages-borders-intercultural-language-education-in-a-conflict-troubled-context/>. Acesso em 25/8/2023.

RAMPTON, B. & ELEY, L. "Goffman & the everyday interactional grounding of surveillance". *Working Papers in Urban Language and Literacies*, 246, 2018. Disponível em <https://wpull.org/product/wp246-goffman-and-the-everyday-interactional-grounding-of-surveillance/>. Acesso em 25/8/2023.

UCU. *The prevent duty: a guide for branches and managers*. London, University and College Union, 2015.

UHLMANN, A. J. "Arabic instruction in Jewish schools and in universities in Israel: contradictions, subversion and the politics of pedagogy". *International Journal of Middle East Studies*, 42 (2): 291-309, 2010.

______. "Arabs and Arabic grammar instruction in Israeli universities: alterity, alienation and dislocation". *Middle East Critique*, 21 (1): 101-116, 2012.

3

Intermodalidade e representações de identidade em duas edições do livro ilustrado Amanhecer Esmeralda

Célia M. Magalhães

Introdução

O tema deste capítulo é a construção da identidade de uma personagem de dois livros ilustrados brasileiros. Meu objetivo é comparar os significados identitários nesses textos através das relações intermodais de dois sistemas semióticos, a imagem e a verbiagem.[1] Textos multimodais têm sido estudados da perspectiva sociossemiótica desde os anos 1990, tomando como base uma das primeiras propostas para a análise de imagens estáticas em geral, de Kress e Van Leeuwen.[2] Uma série desses estudos se preocupou com os livros ilustrados, seja enfocando um dos modos semióticos, seja enfocando os dois, na construção de significados globais. Entretanto, propostas para uma investigação da intermodalidade nos livros ilustrados, com abordagens para os recursos próprios da verbiagem e das imagens como potenciais de significados distintos, enfocando a construção de identidades, são ainda incipientes. Painter, Martin e Unsworth apresentam uma proposta consolidada de leitura das imagens, considerando-as como narrativa visual e sugerindo que, na análise dos significados, seja considerada sua construção na interseção dos dois modos semióticos.[3] Na linha da leitura de narrativas visuais, este trabalho alinha-se com a perspectiva sociossemiótica da linguagem.

---

1 *Verbiagem*, em paralelo a *imagem*, é o termo usado na teoria para identificar a linguagem verbal nos livros ilustrados.

2 Kress & Van Leeuwen, 2006.

3 Painter; Martin & Unsworth, 2013.

Abordar um tema de um ponto de vista sociossemiótico é seguir um dos muitos trajetos na paisagem[4] de uma linguística aplicada indisciplinar.[5] Aproprio-me aqui da metáfora de Saldanha e Kershaw, usada para a descrição do campo (in)disciplinar dos Estudos da Tradução,[6] para falar do campo indisciplinar da Linguística Aplicada. Paisagem, de acordo com as autoras, refere-se aos ambientes em que o conhecimento é produzido e recebido, desafiando outras imagens desses ambientes, como a imagem do mapa, com substâncias estáveis dentro de limites fixos.

As paisagens seriam vistas parciais, com horizontes relativos à perspectiva de quem vê; além disso, nos textos em que é instanciada, a palavra "paisagem" coocorre com outras, e o significado dessas colocações sugere transformação, criação e, simultaneamente, estabilidade, sempre relativas a pontos de vista e representações de relações de poder. Dessa forma, a sociossemiótica seria minha lente, meu ponto de visão na paisagem da linguística aplicada indisciplinar: ela entrelaça linguagem e sociedade e questiona o conceito de língua ao tomar uma perspectiva multissemiótica do significado.

Meu enfoque são as representações distintas da identidade da menina Manhã, protagonista do livro ilustrado *Amanhecer Esmeralda*, de Ferréz, com ilustrações de Igor Machado, publicado pela Editora Objetiva em 2005, e com ilustrações de Rafael Antón em edição de 2014 publicada pela Editora DSOP. Esse enfoque é justificado ainda pela minha reação ao contraste explícito entre uma representação negativa da personagem nas imagens das páginas iniciais e outra positiva na imagem da capa e das páginas finais ao ler o livro publicado em 2005. Mais tarde, observei que esse contraste parecia ser construído de forma distinta ou, pelo menos, de forma menos explícita, nas imagens do livro publicado em 2014. A partir daí, perguntei-me quais recursos foram usados nessas imagens para construir a personagem e como esses recursos foram empregados para causar reações distintas e provavelmente alinhamentos também distintos com as identidades ali construídas. Analiso os dados levando também em consideração o gênero[7] ao qual o texto se vincula e os conjuntos de

---

4 Saldanha & Kershaw, 2013.

5 Moita Lopes, 2006.

6 Saldanha & Kershaw, 2013.

7 Martin & Rose, 2007; 2008.

recursos usados para construir a personagem e para encenar as relações sociais entre escritor/leitoras[8] prospectivas nessa construção. O capítulo inclui, além desta Introdução, uma exposição dos referenciais teóricos que embasaram este estudo; uma descrição dos livros ilustrados e dos dados deles selecionados para a análise; uma descrição dos procedimentos de análise utilizados; um relato dos resultados da análise e sua discussão. Finalmente, concluo o capítulo fazendo considerações sobre o estudo realizado, tendo em mente o tema e o objetivo proposto e seu lugar em uma Linguística Aplicada Indisciplinar.

A imagem e a verbiagem como sistemas sociossemióticos

Painter, Martin e Unsworth[9] apresentam um modelo para leitura das imagens como narrativas visuais, baseando-se na proposta da gramática do *design* visual de Kress e Van Leeuwen.[10] Essa proposta lança mão do potencial de aplicação da Teoria Sistêmico-Funcional (TSF), de Halliday[11] e Halliday e Matthiessen,[12] a outros sistemas semióticos para, com base em seus princípios, reinterpretá-la para a análise e a descrição das imagens como modo semiótico distinto da linguagem verbal. Painter, Martin e Unsworth, no entanto, expandem ou reinterpretam a gramática do *design* visual. Os autores justificam a necessidade de lidar com o fato de que as imagens também são narrativas e constroem significados nem sempre convergentes, em complementaridade com aqueles construídos pela verbiagem; em alguns casos, propiciando a construção de significados divergentes. Painter, Martin e Unsworth chamam atenção para o fato de que a espacialidade é característica nas imagens enquanto a temporalidade é característica na verbiagem para a construção de significados. Os autores argumentam que a contribuição de cada sistema

---

8 "Leitora" ou "leitoras" são usados aqui em referência ao público-alvo da narrativa, englobando leitoras e leitores.

9 Painter; Martin & Unsworth, 2013.

10 Kress & Van Leeuwen, 2006.

11 Halliday, 1978.

12 Halliday & Matthiessen, 2004.

semiótico para o significado global dos livros ilustrados é fundamental. Ressaltam o propósito didático desses livros no letramento infantil e na sensibilização e preparação das jovens leitoras para mais tarde alinharem-se com personagens e criarem discernimento ético a respeito dos temas desenvolvidos na literatura adulta. Finalmente, ilustram como a análise intermodal pode ser feita, usando-se modelos da TSF para a análise da verbiagem, entre eles, o de Martin e Rose.[13]

Martin e Rose propõem, no âmbito da TSF, expandir a unidade de análise da teoria, a oração, para lidar com os significados construídos de uma oração a outra através de recursos semânticos. Propõem pensar os significados sociais construídos nos textos como constituintes da vida social. Em outras palavras, endereçam o discurso social conforme construído nos textos; estes podem ser usados para interpretar as relações sociais em potencial entre escritoras/leitoras e a cultura que neles se manifesta. Os autores também consideram que a cultura compreende uma série de situações das quais participamos, durante nossa vida, enquanto exercemos diferentes papéis na sociedade e construímos textos que se desenrolam em uma série de significados. Ambas as propostas referidas aqui tomam, pois, a noção da TSF de linguagem como semiótica social e, portanto, pautam-se por dimensões e princípios, dos quais dois deles são explicados a seguir. Trata-se das dimensões de sistema e metalinguagem e dos princípios que as norteiam.

O termo *sistema* é usado na TSF para lidar com o potencial de significados da linguagem na cultura. Tais significados são selecionados por nós, usuários da linguagem, em diversas situações sociais, em detrimento de outros que poderiam também ser selecionados para as mesmas situações sociais. O sistema se pauta pelo princípio da instanciação. Esta refere-se ao processo de exemplificar, em textos usados em situações sociais variadas, uma seleção de significados de um potencial de significados. O sistema é o potencial de significados da língua, a instância – o texto – é um exemplo desse potencial.

O termo *metafunção* é usado para referir-se às funções sociais dos significados no discurso. São tipos de significados que se constroem nos discursos. São três as metafunções: a ideacional, a interpessoal e a textual,

13 Martin & Rose, 2007.

entre as quais abordarei as duas primeiras. A metafunção ideacional constitui-se dos significados usados para representar a realidade social, a nossa experiência do mundo material e mental. A metafunção interpessoal lida com os significados que encenam as relações entre as pessoas como usuárias da linguagem em uma situação social.

Neste capítulo, enfoco, na análise das imagens, a função[14] interpessoal e os conjuntos de significados relacionados a ela: os sistemas de PATHOS,[15] AMBIÊNCIA e GRADAÇÃO nas imagens e o sistema da ATITUDE (uma opção de significados do sistema da VALORAÇÃO) e o da GRADAÇÃO, na verbiagem, referindo-me, quando necessário, à metafunção ideacional de modo mais genérico. Os sistemas das metafunções da verbiagem citadas podem ou não ser acoplados aos sistemas das funções da imagem nos textos bimodais e, portanto, podem convergir ou divergir na construção de significados nesses textos como um todo.

Os significados das imagens

Em relação aos significados da função interpessoal da imagem, Painter, Martin e Unsworth[16] propõem alterações variadas nos sistemas de Kress e Van Leeuwen.[17] Enfoco os sistemas que serviram de base para esta pesquisa. Enquanto Kress e Van Leeuwen propõem a modalidade como sistema para a representação do real e o valor de verdade de uma imagem, Painter, Martin e Unsworth deixam de lado o termo *modalidade* e propõem quatro sistemas para interpretar o que seria equivalente à modalidade nas imagens. Abordo dois desses sistemas neste capítulo. O sistema de PATHOS tem um potencial de significados para a construção do alinhamento da leitora e de retratos particulares que propiciam a inferência de emoções e afeto de personagens. Os significados desse sistema são realizados pelos estilos do desenho de personagens nas ilustrações. Em substituição à cor como um dos parâmetros da modalidade, os autores criam o sistema de

14 Painter, Martin e Unsworth (2013) usam *função* para referir-se aos significados representados nas imagens, termo equivalente a "metafunção", usado para referir-se às funções da linguagem verbal.

15 Na TSF, os termos dos sistemas são grafados em versalete.

16 Painter; Martin & Unsworth, 2013.

17 Kress & Van Leeuwen, 2006.

AMBIÊNCIA, argumentando que o papel interpessoal desse sistema é crucial, relacionado aos efeitos emocionais que podem ser inferidos pelas leitoras. Finalmente, apresentam um novo sistema, o da GRADAÇÃO, relacionada à intensificação e realizada por recursos que aumentam ou diminuem a força das representações, por exemplo, o número, o volume ou a extensão maior ou menor de personagens e coisas retratadas na imagem. O sistema de FORÇA na GRADAÇÃO tem relevância considerável nos livros ilustrados pelo potencial de aumentar o impacto atitudinal dos elementos visuais.

PATHOS, conforme referido anteriormente, é o conjunto de significados propiciados pelo estilo do desenho de personagens nas ilustrações. Estas, conforme os autores, podem ser feitas usando-se o estilo *minimalista*, o *genérico* e o *naturalístico*, opções que são selecionadas de significados que propiciam o engajamento da leitora na história (significados alternativos seriam aqueles que propiciariam a alienação da leitora, como o estilo caricatural e a criação de contrastes hiper-reais nas ilustrações).

Em relação aos significados que podem engajar a leitora, o estilo minimalista caracteriza-se especialmente pela representação da cabeça e de suas posições (de frente e, no máximo, ligeiramente de perfil) e dos traços que compõem a cabeça (ovalada), olhos (círculos), boca e nariz (riscos). A leitora se engajaria, assim, de forma "apreciativa", com distanciamento emocional das personagens. Esse estilo pode propiciar no máximo reações afetivas, de felicidade ou infelicidade. Além dos rostos das personagens, os gestos e as posturas também são chaves na representação de afeto. A função do estilo minimalista é permitir certo distanciamento das leitoras para que seja feito um comentário social sobre as personagens nos eventos retratados. O estilo genérico caracteriza-se pelo uso de um número maior de detalhes que aqueles usados no estilo minimalista para retratar a cabeça das personagens (por exemplo, sobrancelhas, cílios, algum traço de rugas). Sua função é de injunção (por exemplo, nos livros examinados aqui, "Conheça Manhã"); a leitora se engaja de modo empático com as personagens, identificando-as, por reconhecê-las como tipos humanos. O estilo naturalístico diz respeito ao desenho mais detalhado de traços da cabeça (sobrancelhas, cílios, pálpebras, rugas etc.) das personagens retratadas. Esse estilo propicia um engajamento personalizado da leitora com as personagens; é como se ela recebesse um chamado para se relacionar com as personagens e para ter reações em relação a elas como se fossem pessoas reais. Esse estilo tem a função de preparar as jovens leitoras para a literatura adulta, em que a reação emocional é importante para seu alinhamento com os temas tratados nas histórias e sua capacidade de fazer julgamentos sobre eles. Sua função é, pois, a de propiciar inferências éticas da leitora. De modo geral, reações em que predominam avaliações de afeto das personagens são, geralmente, inferidas com base nos estilos dos desenhos, com a possibilidade de inferência também de julgamento no estilo naturalístico.

A AMBIÊNCIA propicia, segundo Painter, Martin e Unsworth, a criação de uma atmosfera emocional principalmente pelo uso de cores nas ilustrações.[18] Para os autores, esse sistema é provavelmente aquele que estabelece um laço (*bonding*) mais imediato com a leitora relativo ao seu alinhamento com personagens e eventos retratados. Painter, Martin e Unsworth descrevem o sistema com as opções iniciais para criar ou não AMBIÊNCIA nas imagens. A escolha *não ambiente* refere-se ao uso de desenhos de esboço nas ilustrações, enquanto a escolha *ambiente* seria o oposto, o uso de desenhos mais detalhados. O ambiente permite as opções de *infundir* cores no desenho ou neutralizar o desenho, no segundo caso, privilegiando a textura às cores. A infusão de cores no desenho, por sua vez, permite a opção de *negar* a cor com o uso do preto apenas ou, em oposição, de *ativar* a cor. A ativação da cor propicia, segundo Painter, Martin e Unsworth, a construção de significados de *vibrância*, *calor* e *familiaridade*, relacionados, respectivamente, ao valor e à saturação, aos tipos de cor em si e à diferenciação em Kress e Van Leeuwen.[19] A vibrância significa a maior ou menor saturação das cores, propiciando a construção de atmosferas de mais ou menos energia e alegria; o calor diz respeito ao uso de cores quentes – como vermelho, laranja e tons de amarelo – ou cores frias – como, azul, verde e tons de azul e verde –, propiciando os significados de ação e agitação ou de reflexão e calma; a familiaridade oferece as opções de uso de uma maior ou menor variedade de cores. Quanto maior a diversidade de cores usada, mais próximo da realidade e mais familiar; quanto menor a diversidade – o uso de duas cores apenas, ou matizes de uma só cor –, mais distante da realidade e menos familiar.

18 Painter; Martin & Unsworth, 2013.

19 Kress & Van Leeuwen, 2006.

Os significados da verbiagem

Considerando a construção dos significados sociais nos textos usados nas diferentes situações das quais participamos, Martin e Rose elaboram um modelo semântico-discursivo de linguagem em contexto social, em que cada metafunção está relacionada com determinados sistemas de significados.[20] O sistema da VALORAÇÃO, apresentado de modo mais detalhado em Martin e White,[21] é um dos três[22] principais recursos da metafunção interpessoal. A VALORAÇÃO é uma região do significado interpessoal com três domínios[23] que interagem entre si; dois deles abordados aqui, a ATITUDE e a GRADAÇÃO. A ATITUDE está relacionada com os sentimentos, pessoais e institucionalizados, e inclui reações emocionais – julgamento dos comportamentos de pessoas, também daqueles do ponto de vista ético – e avaliação de coisas e pessoas do ponto de vista estético. A GRADAÇÃO lida com o grau dos sentimentos expressos, seu aumento ou sua diminuição e o grau de distinção entre categorias. É importante, segundo os autores, identificar a fonte da VALORAÇÃO, avaliador, e o alvo da VALORAÇÃO, o que ou quem é avaliado. Detalho, a seguir, os significados da ATITUDE e da GRADAÇÃO, enfoques deste trabalho.

A ATITUDE é também dividida em três regiões do sentimento, o *afeto*, o *julgamento* e a *apreciação*. O afeto lida com os recursos de construção das reações emocionais individuais; no exemplo (1),[24] o sentimento de felicidade das crianças em relação ao último dia de aula na semana:

(1) [...] era sexta-feira, o dia de alegria para todas as crianças que estudavam.

O julgamento está relacionado com recursos para avaliar o comportamento de pessoas, tomando como base uma série de princípios normativos, incluindo aqueles relativos à ética; no exemplo (2), certa crítica ao fato de que crianças de classes menos privilegiadas precisam acordar cedo:

---

20 Martin & Rose, 2007.

21 Martin & White, 2005.

22 Os demais recursos, de NEGOCIAÇÃO e de ENVOLVIMENTO, não são enfocados aqui.

23 O COMPROMETIMENTO, o segundo dos três domínios, não é enfocado aqui.

24 Os exemplos são todos de *Amanhecer Esmeralda*.

(2) Manhã acordou cedo mais uma vez [...].

A apreciação reúne recursos para construir o valor das coisas, incluindo os fenômenos da natureza e as semioses (produtos ou processos), e de pessoas, em termos estéticos; no exemplo (3), a avaliação dos cabelos da personagem:

(3) Passou a mão pelos fios ainda rebeldes [...].

Os recursos da ATITUDE podem ser positivos ou negativos. Podem ser ativados de modo explícito e direto, ou *inscrito*; ou de modo implícito e indireto, ou *evocado*. Há várias formas de ativar um recurso de modo evocado, entre elas, usando-se metáforas lexicais, como mostra o exemplo (4), com a metáfora *pegando fogo* sugerindo a agitação das crianças:

(4) [...] a turma estava pegando fogo [...].

De modo geral, um recurso inscrito de ATITUDE tende a se propagar pelo cotexto e a "colorir" outros recursos cujo conteúdo a rigor seria meramente ideacional (descritivo, de representação da realidade material ou mental). Os recursos atitudinais ativados de modo evocado são também denominados de *tokens* atitudinais. O exemplo (5) ilustra um recurso atitudinal inscrito; e o exemplo (6), um recurso evocado:

(5) Não tinha mais vergonha do nariz [...].
(6) [...] achou algumas peças passadas e dobradas [...].

Para graduar a ATITUDE, cujos recursos são inerentemente graduáveis, a GRADAÇÃO lida com o ajuste do grau dos sentimentos, em uma escala que varia entre *aumentar* e *diminuir* esse grau. Nesse caso, é denominada de GRADAÇÃO de FORÇA. A GRADAÇÃO pode ser *isolada* quando realizada por diversos recursos de intensificação selecionados simultaneamente com os atitudinais; pode ser *fusionada* quando o próprio item lexical tem a intensificação para mais ou para menos lexicalizada. O exemplo (7) tem recursos de GRADAÇÃO isolada (*muito*) e fusionada (*lindo*, cuja força é maior que a de *bonito*):

(7) [...] tudo estava muito lindo [...].

A GRADAÇÃO também é realizada por repetição. No início da narrativa estudada *pequena(s)* e *pequeno* são usados quatro vezes para se referir ao tamanho da menina, das suas roupas e dos cômodos e objetos de sua casa, propiciando uma reflexão sobre as condições de uma menina muito jovem vivendo em condições adversas. Essa repetição pode ser realizada também por itens lexicais de conteúdo semântico aproximado ou relacionado (*roupas passadas e dobradas*, sugerindo capricho). Finalmente, a GRADAÇÃO em textos escritos pode ser realizada por diversos recursos grafológicos. Em *Amanhecer Esmeralda*, recursos grafológicos, como o tamanho das letras ou sua disposição regular ou irregular na página, são usados para intensificar determinados valores, em especial, para propiciar diferentes emoções relativas a identidades negativas ou positivas. No livro de 2005, em "os traços daquela rainha africana" e em várias outras instâncias, há o uso simultâneo de aumento gradual das fontes das letras, posicionamento e angulação distinta de palavras.

Livros ilustrados são textos bimodais, conforme referido anteriormente; instâncias do potencial de significado de dois sistemas semióticos diferentes. Cada um deles tem conjuntos de significados próprios realizados por recursos próprios. As seleções de significados de dois sistemas distintos nessas narrativas constroem significados na interseção desses dois potenciais distintos. Para tratar essa interseção desses dois potenciais ou a *intermodalidade* em livros ilustrados, Painter, Martin e Unsworth consideram que os significados nessas narrativas são construídos em uma relação intermodal, a qual não se resume a relações lógico-semânticas de expansão ou projeção.[25]

Os autores levam em conta que a imagem se desenvolve espacialmente enquanto a verbiagem se desenvolve temporalmente e que isso implica recursos distintos de cada modo para significar. Para eles, quantidades maiores ou menores de qualquer tipo de significado de cada sistema semiótico podem ser calibradas quando instanciadas em relação de intermodalidade. O termo *calibragem* refere-se à quantidade de potencial de significado que é demandada de qualquer sistema de

---

25 Painter; Martin & Unsworth, 2013.

significado no processo de instanciação. Deve-se perguntar, de início, se determinado sistema foi usado em cada modo e, se positivo, em que extensão e em que nível de especificidade. Como os livros ilustrados usam uma variação razoável de calibragem como estratégia para atingir seus propósitos, eles podem estabelecer interdependência de significados pelo compartilhamento de carga semântica entre os dois sistemas, mas também podem optar pela multiplicação de significados, de forma a atrair mais a atenção das leitoras. O termo *acoplamento* refere-se à padronização conjunta e repetida, em um texto, de realizações de dois ou mais sistemas. O acoplamento pode acontecer no âmbito das três metafunções ou entre elas.

Os autores recomendam que nos perguntemos se os dois modos semióticos acoplam determinados significados no âmbito de uma das três metafunções (por exemplo, no âmbito da função interpessoal, foram acopladas AMBIÊNCIA e GRADAÇÃO na imagem e ATITUDE e GRADAÇÃO na verbiagem para causar efeitos de emoção nas leitoras?) e entre as metafunções (por exemplo, no âmbito de mais de uma função, os dois modos acoplam determinados conjuntos de significados das metafunções interpessoal e ideacional,[26] como AMBIÊNCIA e ATITUDE com caracterização e relações de personagens?).

O livro ilustrado como gênero

O livro ilustrado é aqui interpretado enquanto gênero, no sentido que usam Martin e Rose, para referir-se aos tipos diferentes de textos que encenam os vários tipos de contextos sociais.[27] Gênero, conforme os autores, é um processo social orientado para um propósito. Os gêneros se desenrolam em estágios, uma vez que seu propósito só pode ser atingido por etapas. Os estágios também se desenrolam por etapas, fases que são únicas e variam de texto a texto. Os estágios de um gênero recebem rótulos grafados com letra inicial maiúscula; as fases são rotuladas nocionalmente e com aspas duplas.

---

26 Acoplamentos da metafunção ideacional serão referidos na análise com o propósito de explicar a multiplicação dos significados intermodais.

27 Martin & Rose, 2007.

Martin e Rose e outros referem-se a um dos gêneros que se vinculam à "família das estórias"[28] como *narrativa*.[29] A narrativa se distingue dos outros gêneros da família das estórias porque apresenta uma ruptura significativa nos eventos narrados ou um problema que deve ser enfrentado pela protagonista e/ou por outras personagens. Os autores, assim como Rothery e Stenglin,[30] entre outros, adotam o conceito de Labov e Waletzky[31] como base; entretanto, ao passo que estes distinguem a avaliação como um dos estágios da narrativa, aqueles, embora a demarquem enquanto estágio, observam que a avaliação usualmente perpassa todos os demais estágios do gênero e pode não estar limitada a um deles. Com base nesses autores, Macken-Horarik propõe que as narrativas sejam segmentadas em três estágios principais, a Orientação, a Complicação e a Resolução,[32] segmentação adotada neste trabalho. Martin e Rose explicam que configurações de padrões de recursos linguísticos ajudam a marcar a transição de um estágio a outro.[33] Com relação às fases dentro dos estágios, variáveis e únicas de cada texto, essas configurações e, em especial, os padrões de recursos da VALORAÇÃO são cruciais para definir cada fase e a transição de uma para outra.

Entre os trabalhos sobre livros ilustrados, alguns enfocam a construção de significados na interseção de imagem e verbiagem. Bueno[34] concentra-se nas representações da protagonista das reescritas de *Chapeuzinho Vermelho* para o português e o espanhol na análise da verbiagem com o aporte da linguística de *corpus* e da representação da ação social, na análise das capas, com o aporte da representação (visual) de atores, ambos referenciais de Van Leeuwen.[35] Moya Guijarro[36] utiliza a proposta de Kress e Van Leeuwen[37] para analisar livros ilustrados,

---

28 A palavra "estória" é aqui resgatada para diferenciar história ficcional de história factual, outra família de gêneros estudada por Martin e Rose (2008).

29 Martin & Rose, 2007; 2008.

30 Rothery & Stenglin, 1997.

31 Labov & Waletzky, 1967.

32 Macken-Horarik, 2003.

33 Martin & Rose, 2007; 2008.

34 Bueno, 2011.

35 Van Leeuwen, 2008.

36 Moya Guijarro, 2014.

37 Kress & Van Leeuwen, 2006.

incorporando Unsworth,[38] entre outros, para uma compreensão da construção de significados no texto bimodal. Magalhães e Novodvorski[39] contrastam imagens das capas de dois livros ilustrados (um deles o *Amanhecer Esmeralda*) em que são representadas crianças negras, usando os aportes de Bueno.[40] Heberle e Constanty[41] analisam um livro ilustrado para a primeira infância, somente com imagens, com o suporte da gramática visual e da leitura de narrativas visuais. Paula[42] enfoca as relações lógico-semânticas[43] entre imagem e linguagem verbal em um *corpus* de livros ilustrados. Outros trabalhos enfocam a questão dos gêneros e de sua segmentação[44] ou usam aportes dos estudos literários[45] com vistas à aplicação no letramento literário nas escolas.

Seja porque usam um modelo não endereçado ao caráter narrativo das imagens, seja porque analisam narrativas infantis que usam apenas o modo visual, os resultados desses trabalhos não serão aqui detalhados, exceto dois. Magalhães e Novodvorski[46] analisam a imagem da capa da edição de *Amanhecer Esmeralda* publicada em 2005. Segundo seus resultados, obtidos com a análise da função interpessoal, na imagem da capa, a personagem Manhã guarda distância social das leitoras, mas sua ATITUDE é de envolvimento, o que provavelmente constrói uma relação de solidariedade com elas. Os autores ressaltam que Manhã é mediadora na imagem entre um mundo de cores/luz e outro escuro; essa mediação é interpretada como recurso de construção da autoestima da personagem. Usando aportes dos estudos literários, Belmiro analisa quatro livros ilustrados publicados por editoras portuguesas e brasileiras de um mesmo texto de Mia Couto e com ilustrações de quatro ilustradores diferentes e conclui que cada ilustrador tem uma estória diferente para contar a respeito da obra.[47]

38 Unsworth, 2006.
39 Magalhães & Novodvorski, 2010.
40 Bueno, 2011.
41 Heberle & Constanty, 2016.
42 Paula, 2016.
43 Halliday & Matthiessen, 2004.
44 Silva & Espindola, 2013; Fuzer; Gerhardt & Weber, 2016; Silva, 2018; entre outros.
45 Belmiro, 2015.
46 Magalhães & Novodvorski, 2010.
47 Belmiro, 2015.

Utilizando o modelo de Painter, Martin e Unsworth[48] – proposta mais abrangente para a análise das funções das imagens nos livros ilustrados que implica considerar os significados construídos na interseção das imagens e da verbiagem nesses textos –, pode-se citar Unsworth,[49] Painter[50] e Martin.[51] Esses são trabalhos anteriores dos três autores e apresentam resultados parciais da referida descrição. O presente trabalho vem preencher uma lacuna no estudo de livros ilustrados brasileiros usando Painter, Martin e Unsworth para analisar as imagens de Martin e Rose[52] para a verbiagem das suas edições de *Amanhecer Esmeralda*, enfocando a comparação de ilustrações em seu papel de construção da identidade da personagem.

Amanhecer Esmeralda, dois livros ilustrados para a mesma estória?

Os textos que escolhi para este trabalho são excertos de dois livros ilustrados. Selecionei algumas fases da Orientação e da Resolução que correspondem a duas das primeiras e às duas últimas páginas duplas da narrativa, no livro de 2014. No livro de 2005, as duas últimas páginas duplas do livro de 2014 correspondem a duas páginas simples e uma dupla. Contada por um narrador externo, a obra fala sobre Manhã, menina preta e pobre, moradora da periferia de uma grande cidade; as dificuldades que enfrenta diariamente em casa, antes de chegar à escola; e o que tudo isso representa para ela em relação ao futuro. Acompanhamos Manhã ao acordar na sexta-feira, tomar o café, vestir-se, arrumar o cabelo "rebelde", sair para a escola, assistir às aulas e conversar com o professor Marcão. A partir do momento em que Manhã ganha um vestido verde, da cor da esmeralda, de presente do professor, e conversa com a funcionária da cantina a respeito das ancestrais de seu povo, seus traços e cabelos, acompanhamos a transformação da menina e do cotidiano dos moradores de seu bairro na periferia. Manhã passa a se ver de modo positivo e é como se sua positividade irradiasse por

48 Painter; Martin & Unsworth, 2013.

49 Unsworth, 2006.

50 Painter, 2007; 2008.

51 Martin, 2008.

52 Martin & Rose, 2007 [2003].

sua família e por todos os membros da comunidade, os quais passam a agir de modo propositivo para melhorar o bairro onde moram. O escritor, Ferréz, assim se manifesta na introdução ao primeiro livro, publicado pela Objetiva, reproduzida na orelha do segundo, publicado pela DSOP:

> Faço livros para nossos filhos lerem no futuro. [...] Então um dia eu vi uma menina chamada Manhã. [...][ela] adorava os textos que eu fazia. Daquele dia em diante, quando ia escrever [...], eu a via perto de mim, sempre calada e triste, aquela menina imaginária precisava de uma história própria [...]. Foi assim que escrevi *Amanhecer Esmeralda*, imaginando um caminho de esperança e de vitória para crianças que convivem na margem da grande cidade, para crianças da periferia.

A leitura da introdução do livro, conjugada ao contraste entre as imagens da capa, do início e do final da narrativa, também foi mola propulsora para meu interesse na comparação da construção negativa e positiva de Manhã no desenrolar dos episódios[53] e estágios das imagens e verbiagem, respectivamente, nas duas edições.

Analisando os livros ilustrados

Painter, Martin e Unsworth sugerem que a análise dos textos bimodais seja feita em duas etapas para que identifiquemos as contribuições relativas para o significado global no texto.[54] Na primeira etapa, devemos mapear dois conjuntos complementares dos sistemas de significado dos dois modos semióticos e rastrear o modo como cada um é instanciado no texto. Na segunda etapa, devemos examinar a calibragem e o acoplamento dos significados dos dois modos semióticos no texto para identificar se há convergência dos significados, por compartilhamento da carga semântica entre os dois conjuntos de sistemas ou multiplicação de significado, ou se há divergência dos significados para construir perspectivas diferentes na imagem e na verbiagem. Para este trabalho, selecionei dois conjuntos complementares de significado: os sistemas da função interpessoal da imagem (PATHOS, AMBIÊNCIA e GRADAÇÃO) e da verbiagem (ATITUDE –

53 Episódios na imagem equivalem a estágios/fases na verbiagem.

54 Painter; Martin & Unsworth, 2013.

AFETO, JULGAMENTO, APRECIAÇÃO – e GRADAÇÃO). A unidade de análise foi a página dupla (verso e anverso).

As imagens nessas unidades foram analisadas[55] tendo como base o acoplamento e as calibragens do estilo do desenho das ilustrações (PATHOS); da vibrância, do calor e da familiaridade das cores (AMBIÊNCIA); e da quantidade, do volume e da extensão de pessoas, coisas e lugares retratados nas imagens (GRADAÇÃO). A verbiagem foi analisada também levando-se em conta o acoplamento e a calibragem de dois tipos de ATITUDE (afeto e apreciação) e da GRADAÇÃO. Identifiquei os recursos atitudinais inscritos e sua carga valorativa. Identifiquei, a seguir, recursos atitudinais evocados ou *tokens* atitudinais, como metáforas lexicais ou recursos ideacionais que recebem o efeito da propagação dos recursos inscritos. Verifiquei ainda se os recursos atitudinais foram graduados em termos de força ou pela repetição. Em relação ao avaliador, o narrador foi considerado como o avaliador *default*. Finalmente, verifiquei a calibragem e o acoplamento de significados dos sistemas na imagem e na verbiagem para identificar convergências ou divergências e sua contribuição para a construção do significado global das fases da narrativa.

O Quadro 1 lista as imagens por páginas duplas e simples, nomeia nocionalmente as fases da verbiagem e identifica os estágios.

Quadro 1. Estágios e fases da verbiagem

Amanhecer Esmeralda	Páginas	Fases/eventos	Estágios
Edição de 2005	1 (dupla)	Acordar	Orientação
	2 (dupla)	Arrumar-se	
	3 (simples)	Acordar e arrumar-se	Resolução
	4 (simples)	Arrumar-se	
	5 (dupla)	Sair para a escola	
Edição de 2014	1 (dupla)	Acordar	Orientação
	2 (dupla)	Arrumar-se	
	3 (dupla)	Acordar e arrumar-se	Resolução
	4 (dupla)	Sair para a escola	

Fonte: autoria própria.

55 Não foi possível a reprodução das imagens, uma vez que ambas as editoras não têm mais contrato de direitos autorais com o autor.

Para a análise da verbiagem, foram consideradas as mesmas fases dos estágios de Orientação e Resolução da narrativa. O texto das fases de cada estágio é apresentado na análise e numerado para indicar o estágio e a fase (1ª: Orientação/fase e 2ª: Resolução/fase, por exemplo).

Na análise da verbiagem, os recursos de ATITUDE estão sublinhados e os recursos de GRADAÇÃO grafados em letras maiúsculas.

Representando a personagem através da intermodalidade

Antes de iniciar o relato da análise das páginas dos dois livros, é relevante informar que, a partir da Complicação, a AMBIÊNCIA é ativada na edição de 2005 do livro quando Manhã abre o presente do professor Marcão e descobre que ele é da cor da esmeralda. A cor azul é, então, introduzida em objetos retratados (a camisa do pai e o vestido da mãe, por exemplo) nas imagens seguintes até que Manhã aparece com o vestido verde, que se confunde com a cor da página e do cenário da imagem. Outras cores vão sendo ativadas até que se reúnem todas na última imagem da Resolução e do livro. Os significados construídos na interseção das imagens e da verbiagem do estágio da Complicação passam a encenar marcadamente significados predominantemente positivos para a identidade de Manhã e as relações entre as demais personagens. Já na estória de 2014, a AMBIÊNCIA, ativada desde o início com uma cor rosa pouco saturada, vai colorindo o cenário desde o momento em que Manhã sai de casa para a escola na sexta-feira. A cada representação de cada página, da rua, da escola e de outros lugares, há uma cor pouco saturada predominante com a presença de outras poucas cores em peças do vestuário das personagens. A transformação da identidade e dos sentimentos negativos para os positivos fica, pois, bem menos marcada ou até indistinta nesse livro.

Na maioria das páginas do livro de 2005, considerando-se o PATHOS, o estilo usado no desenho é parcialmente genérico, com partes da cabeça, como a boca e o nariz, com mais detalhes, e parcialmente minimalista, com olhos, sobrancelhas e corpo desenhados com riscos. O estilo genérico, entretanto, predomina em função da intensificação dos traços da boca, do nariz e do cabelo e sua função é de injunção ("Conheça Manhã"); o papel construído para a leitora é o de empatia: ela pode identificar e reconhecer a menina como uma criança.

Com relação à AMBIÊNCIA, a opção escolhida foi de, por um lado, construir ambiente, privilegiando a textura à cor de modo a criar uma atmosfera triste da vida cotidiana de Manhã. Na primeira página dupla, ela está em um espaço pequeno, sentada em uma cama que parece improvisada, com tecidos desalinhados e um travesseiro ao chão. Por outro lado, como na maioria das imagens do livro, o ilustrador escolheu na imagem da primeira página construir também o não ambiente, por meio do uso de apenas traços irregulares para paredes e objetos da casa. Dialogando com essa escolha, a opção *ambiente* nessa página é de *negar*, por meio da escolha única do preto como cor do desenho (com alguns tons de cinza escuro). As opções do ilustrador para a AMBIÊNCIA são apresentadas no modelo de Painter, Martin e Unsworth[56] como escolhas binárias, opostas uma à outra, por exemplo, ambiente se opõe a não ambiente, o que significa que não poderiam ser escolhidas ao mesmo tempo em um mesmo desenho. Igor Machado rompe com essa oposição, escolhendo simultaneamente as duas opções para representar a experiência de Manhã para as leitoras como a de uma vida irregular e de dificuldades.

Quanto à GRADAÇÃO, o volume dos cabelos de Manhã é ampliado em relação ao rosto da menina e pode-se dizer que eles ultrapassariam também as margens das páginas, uma vez que parecem desalinhados e soltos ao vento. PATHOS e AMBIÊNCIA, conforme descritos anteriormente, propiciariam muito pouco ou nada uma reação afetiva das leitoras. No entanto, pode-se inferir o sentimento de Manhã, o desânimo de acordar cedo naquele cenário cotidiano, a partir da expressão facial da menina (o bocejo dela ao acordar parece contido e confunde-se com choro), acoplada ao cenário desarrumado.

Já na maioria das páginas do livro de 2014, o estilo do desenho é inteiramente genérico. Na primeira página, a personagem é retratada também em um espaço pequeno que se presume seja a casa; ao menos a cama, uma mesa de cabeceira com um abajur, uma lâmpada acima da

---

56 Painter; Martin & Unsworth, 2013.

cabeça da menina e uma caixa de papelão com roupas estão retratadas distintamente. Esse retrato distinto de cama, mesinha de cabeceira e lâmpadas, embora também em um cenário pouco detalhado, sugere mais familiaridade. Uma única opção de AMBIÊNCIA é ativada na maioria das imagens, como na dessa primeira página, pelo uso de tons de uma mesma cor (rosa na primeira), exceto pela cor dos cabelos e da pele da personagem; além disso, a gradação dos cabelos é bem mais proporcional ao rosto e ao corpo da menina. A inferência de sentimento não é propiciada pela expressão facial da menina, em um bocejo largo e braços alongados, acoplados a um cenário mais familiar.

A verbiagem da página é integrada à imagem em ambas as páginas dos livros; trata-se do início do estágio de Orientação da narrativa. Um narrador externo avalia o sentimento de afeto experimentado na sexta-feira pelas crianças da periferia onde vive Manhã e que estudam (*alegria*). O afeto é positivo, ativado de modo inscrito e graduado (*todas*). A oração é reproduzida a seguir:

> (1a) Manhã acordou cedo MAIS UMA VEZ, era sexta-feira, o dia de alegria para TODAS as crianças que estudavam.

O afeto evocado por *acordou cedo* amplificado (*mais uma vez*) na verbiagem não encontra ressonância em significado convergente na primeira imagem em ambos os livros.

No entanto, é relevante aqui comentar que a imagem da página anterior à primeira da edição de 2005 do livro, apenas com o retrato de Manhã em plano fechado e um detalhe do que parece uma janela por trás dela, parece ter o propósito de chamar atenção das leitoras (é essa a função do plano fechado em personagem que aparece descontextualizado, aproximar o personagem e propiciar reflexão) desde o início para a personagem, que poderia estar acordando ou chorando, com uma das mãos no rosto e outra nos olhos. Essas inferências são reforçadas na verbiagem da página seguinte, já examinada, pelo significado atitudinal evocado (*acordar cedo*). Nesse caso, há convergência do significado da imagem, inferido da página anterior, e do significado inscrito na verbiagem. Já na página equivalente do livro de 2014, a imagem da página anterior à primeira nesse livro mostra um cenário exterior, provavelmente da rua em que mora Manhã, retratando uma mulher, um gato e um cachorro (os animais aparecem mais tarde sempre na companhia de Manhã). Só conheceremos Manhã no cenário seguinte, em um espaço colorido de rosa, no momento em que ela acorda. Não há, portanto, convergência dos significados de imagem e verbiagem, no que se refere à inferência de sentimentos.

Por outro lado, a verbiagem instancia uma alegria de crianças não retratada na imagem. Nesse caso, a verbiagem multiplica o significado dessa fase da narrativa por representar outras crianças (significado ideacional), retratadas apenas posteriormente na escola, e por instanciar seu sentimento (*alegria*). Pode-se interpretar que é criado um significado divergente na interseção de imagem e verbiagem, em face do sentimento negativo sobre o acordar de Manhã e o afeto positivo de outras crianças no último dia de aula da semana. Manhã não seria, pois, parte do grupo das crianças alegres na sexta-feira.

Na página 2 do livro de 2005 (Quadro 1), Manhã é retratada em plano médio, de frente para as leitoras, em um cenário indistinto e escuro atrás, apenas com um detalhe na parte superior, que sugere uma janela. A expressão do rosto da menina e a expressão corporal (as mãos nos cabelos desalinhados) propiciam uma reação de afeto negativo das leitoras. Como já dito anteriormente, o estilo do desenho e a AMBIÊNCIA se repetem, o que ajuda a criar uma atmosfera de sentimento de tristeza e desânimo. A gradação para mais dos cabelos, da cabeça, da boca e do nariz na imagem pode ser interpretada como gatilho a propiciar a reação ao sentimento de infelicidade da menina.

Na página equivalente do livro de 2014, Manhã é retratada também em plano médio, mas de costas para as leitoras, com as mãos nos cabelos, em um cenário em que se pode ver uma janela, um espelho e uma pia, todos os objetos pequenos. Tijolos são retratados na parede de maneira um tanto desalinhada; ainda assim, pode-se reconhecer esse cenário como a parte da casa que seria o banheiro. Manhã está de frente para a pia, olhando-se no espelho, e podemos ver seu rosto nele refletido. O ilustrador não usa os recursos de GRADAÇÃO; com isso, o tamanho das partes do corpo da menina e dos seus cabelos é proporcional. A expressão facial parece neutra; seria difícil inferir o descontentamento de Manhã com os cabelos, ainda que ela esteja com as mãos na cabeça.

A verbiagem complementar à imagem está adjacente na página à direita da imagem em ambos os livros. No primeiro, o tamanho da fonte é grande, com peso, e a disposição dos parágrafos sugere certa irregularidade. No segundo, a fonte é menor, sem peso, e não se percebe a mesma irregularidade. O texto da página continua a Orientação da narrativa e está reproduzido a seguir:

> (1b) Manhã foi até as caixas de papelão, pegou a pequena calça jeans e vestiu. Procurou uma blusINHA e achou uma MEIO desbotada, mas servia. Saiu do pequeno cômodo feito de madeira e entrou no banheiro, ÚNICA parte da casa que era de alvenaria. Manhã olhou no pequeno espelho, viu seus cabelos soltos no ar, lembrou do creme de sua mãe, mas também lembrou das chineladas que ela lhe dava TODA VEZ que via o creme com menor volume no frasco. Passou a mão pelos fios ainda rebeldes no ar, e tentou abaixá-los, sabia que era em vão, mas TODA manhã fazia isso, pegou UM POUCO DE água com as pequenas mãos no chuveiro e passou na cabeça, os fios fixaram UM POUCO, em seguida pegou MAIS UM POUCO d'água e lavou o rosto, voltou ao quarto e pegou a sacola onde carregava seus cadernos.

Há uma sequência de atividades na verbiagem (*ir até as caixas, pegar a pequena calça, vestir, procurar uma blusinha, achar, sair do cômodo de madeira, entrar no banheiro de alvenaria, olhar no espelho, ver os cabelos, lembrar, tentar abaixar os cabelos, pegar água para passar neles, lavar o rosto, voltar ao quarto, pegar a sacola com cadernos*) e vários objetos (*caixas de papelão, calça jeans, cômodo feito de madeira, banheiro de alvenaria, creme da mãe, água do chuveiro, sacola com os cadernos*) que não estão representadas na imagem da edição de 2005. As avaliações do tamanho das roupas da menina e da rebeldia do seu cabelo podem ser interpretadas em relação às dificuldades que enfrenta; aquelas relativas ao tamanho dos objetos e ao material de construção da casa relacionam essas dificuldades à sua classe social. Há a propagação de sentimentos negativos de afeto e apreciação instanciados anteriormente sobre significados a princípio apenas ideacionais (*pequeno cômodo feito de madeira, único cômodo de alvenaria, pegar a água no chuveiro e passar na cabeça, os cabelos fixarem, os cabelos soltos no ar*) que se tornam *tokens* atitudinais. A verbiagem acopla mais significados ideacionais que a imagem. O resultado é o acoplamento também maior de significados atitudinais e de um número maior de significados de GRADAÇÃO para mais ou para menos, conforme recursos grafados na verbiagem em maiúsculas. Identifica-se, pois, uma multiplicação de significados afetivos intermodais que propiciam reações afetivas das leitoras prospectivas.

Não se pode dizer o mesmo em relação à página equivalente da edição de 2014 do livro. Ao menos duas das atividades da menina (*olhar no espelho, ver os cabelos*) e objetos do cenário (*parede de alvenaria, calça jeans, espelho*) são retratados; além disso, em substituição ao chuveiro, pode-se ver uma pia. Portanto, há certo acoplamento de significados ideacionais e também atitudinais graduados para menos, como a apreciação do espelho (*pequeno*) na imagem dessa edição do livro em comparação à primeira. Há, no entanto, nessa imagem uma representação em menor grau da rebeldia dos cabelos de Manhã, bem mais alinhados que no retrato da estória de 2005, o que permite sugerir que a avaliação do cabelo da personagem na estória de 2014 é menos calibrada na imagem que na verbiagem.

Na edição de 2005, o padrão de páginas duplas é quebrado, e Manhã aparece na página simples da esquerda e da direita de forma descontextualizada do cenário do quarto e do banheiro, não retratados; podemos ver a imagem de Manhã sorrindo, de corpo inteiro, em um espelho grande na página esquerda, e na direita podemos vê-la parcialmente em diagonal de costas com um espelho menor em frente a ela, refletindo o rosto sorridente de uma rainha com uma tiara (na última página observamos que Manhã não usa tiara). A AMBIÊNCIA é ativada nas duas por meio de cores menos saturadas representando certa vibrância; a predominância é da cor verde, não saturada, e, em termos de calor, sugere amenidade e calma. O conjunto das cores que vinha sendo usado gradativamente nas páginas anteriores ajuda a tornar a representação da estória mais familiar. A GRADAÇÃO de volume, um padrão das fases da Orientação analisadas anteriormente, incide aqui apenas sobre o tamanho das tranças da Manhã (a senhora da cantina da escola havia ensinado Manhã a fazer tranças enquanto contava a ela a história de suas ancestrais e seus penteados). O tipo de AMBIÊNCIA instanciado – poucas cores, menos saturadas e mais amenas – conjugado aos sorrisos das imagens nos espelhos e à ausência de GRADAÇÃO propicia o distanciamento e a reflexão por parte das leitoras em relação a um momento-chave da história, o da identificação positiva de Manhã ao se olhar no espelho e ver-se como uma das ancestrais, uma rainha.

Enquanto isso, a edição de 2014 tem uma página dupla equivalente às duas páginas simples da primeira edição. Manhã está retratada no anverso dessa página de lado, acompanhada de um cachorro e um gato em frente a um espelho em que a vemos de corpo inteiro. Ela está em uma parte da casa que se reconhece como quarto, com uma janela, uma cama em que seu pai dorme, uma lâmpada no teto, uma caixa de papelão com uma roupa dobrada e um espelho de corpo inteiro em que se pendura o gato. A AMBIÊNCIA é ativada com a predominância da cor usada no início da estória, incluindo tons de azul na cama, na janela e na caixa; todas as cores têm baixo grau de saturação, exceto o verde da roupa de Manhã, de saturação alta, destacado da cor do cenário desde o momento em que ela veste o vestido esmeralda, presente do professor Marcão, cuja camisa também é verde esmeralda. Esse padrão de AMBIÊNCIA se repete até a fase final da Resolução da narrativa. Nessa estória, a cor verde saturada, em rima visual com a cor da camisa do professor, sugere a transição da protagonista de um sentimento negativo para outro positivo, de identificação.

Enquanto no primeiro livro é o contraste entre opções aparentemente opostas de AMBIÊNCIA em uma mesma página – ambiente ativado com cor e ambiente negado com preto – que marca a transição das identidades, no segundo livro, o marcador da transformação da personagem é o contraste entre opções de vibrância (saturação alta do verde *versus* saturação baixa de outras cores), não necessariamente opostas quando se trata da escolha de mais de uma cor.

A verbiagem das páginas equivalentes de ambos os livros é reproduzida a seguir. No livro de 2005, (2a) e (2b) estão na página do verso, e (2c) está na página do anverso; enquanto, no livro de 2014, (2a), (2b) e (2c) estão no verso da página dupla.

> (2a) Manhã levantou às seis horas, naquela segunda-feira, era o pior dia para as crianças que estudavam.
> (2b) Foi até o quarto de sua mãe procurar uma roupa e achou ALGUMAS peças passadas e dobradas na caixa de papelão; afinal, com uma casa TÃO bonita, não podia haver roupas jogadas, também notou que havia um

LINDO espelho GRANDE no quarto, pegou o vestido, e, pela primeira vez, se viu de corpo inteiro.
(2c) Foi ao banheiro e não teve que molhar o cabelo, pois as tranças estavam do jeito que foram feitas. Olhou bem para o rosto no espelho e reconheceu os traços daquela rainha africana de que dona Ermelinda havia falado. Não tinha mais vergonha de seu nariz, não tinha mais vergonha de sua boca. Era assim que a rainha devia ser.

Várias ações (*levantar às seis, ir até o quarto, procurar roupa, achar roupas, notar o espelho, pegar o vestido, ir ao banheiro*), lugares (*quarto, banheiro*) e objetos (*roupas*), não retratados nas imagens das duas páginas do livro de 2005, estão representados nessas orações. O narrador faz avaliações de afeto negativo inscrito (*pior, vergonha*) e, predominantemente, de apreciação positiva inscrita (*bonita, lindo*) e positiva evocada (*passadas e dobradas*) ou negativa evocada (*roupas jogadas, molhar o cabelo*), que são, entretanto, negadas em contraste com as avaliações anteriores. O narrador apenas informa o horário em que Manhã acorda (*às seis horas*), o que contrasta com a apreciação da fase inicial da Orientação, pois seis horas parece não ser mais tão *cedo*. Os sentimentos positivos de apreciação das coisas culminam com as avaliações de si mesma feitas por Manhã, de afeto positivo evocado (*ver-se de corpo inteiro, reconhecer os traços da rainha africana*). Não se trata apenas de um espelho grande para ver o corpo todo, trata-se também de um espelho pequeno em que ela se vê linda pela primeira vez e se reconhece rainha. A GRADAÇÃO aumentada de FORÇA (*pior, lindo*) contribui para a construção do contraste entre o sentimento das demais crianças, negativo, e o de Manhã, positivo, naquele dia da semana. Também se estabelece o contraste com uma das fases da Orientação aqui analisadas, em que as demais crianças foram avaliadas com afeto positivo, e Manhã com afeto negativo em relação à sexta-feira. O texto de cada página tem fontes maiores e com maior peso. Estão dispostos de forma não linear na página da direita uma das orações – *e, pela primeira vez, se viu de corpo inteiro* – e os componentes de outra oração na página da esquerda – *os traços daquela rainha africana* –, sugerindo aqui a GRADAÇÃO da felicidade de Manhã, em imagens e verbiagem equilibradas nas páginas.

As ações (*levantar às seis, ir até o quarto, procurar roupa, achar roupas, notar o espelho, pegar o vestido, ir ao banheiro*) e o banheiro também não estão retratados na imagem da página equivalente do livro de 2014. No entanto, Manhã está contextualizada no cenário de um quarto. O tamanho e o peso das fontes usados no texto que ocupa uma parte menor do verso são os mesmos, exceto pela letra inicial da página e pela palavra *rainha*, em tamanho maior; o texto está disposto nessa parte da página de maneira uniforme. A imagem ocupa parte do verso e todo o anverso da página dupla, o que torna o seu peso maior que o da verbiagem.

No que diz respeito ao acoplamento, as verbiagens das páginas do livro de 2005 acoplam significados ideacionais não vinculados na imagem. Também acoplam mais significados interpessoais, os de afeto negativo, que, no entanto, são negados. As imagens sorridentes propiciam significados de afeto positivo. Há, portanto, a ressonância ou o acoplamento convergente de um significado interpessoal de afeto positivo na imagem e na verbiagem; há ainda uma multiplicação de significados interpessoais na interseção dos dois modos semióticos. Na verbiagem, graças a um maior acoplamento de significados ideacionais e, com eles, de significados de apreciação e GRADAÇÃO; nas imagens, graças principalmente à AMBIÊNCIA, pelo efeito de reconhecimento das leitoras da identificação positiva de Manhã. Na imagem do livro de 2014, não se pode dizer que a expressão facial de Manhã no espelho (sem sorrir) propicia o significado de afeto positivo. A ressonância ou o acoplamento convergente do significado interpessoal de afeto positivo na imagem e na verbiagem é menor, propiciada tão somente pela AMBIÊNCIA. A verbiagem tem um peso bem maior na construção desse significado.

Na última página dupla do livro de 2005, Manhã é retratada em plano médio, em um cenário externo que parece ser uma rua do bairro em que mora. Em espaço menor, superior, do anverso da página, está a verbiagem com a última oração destacando-se das demais no tamanho, no peso e na disposição irregular na página. A imagem ocupa todo o anverso da página, ultrapassando sua costura e projetando-se para parte do verso. Manhã está retratada de frente para as leitoras, entre o lado esquerdo da imagem, cheio de rosas e casas coloridas com o Sol ao fundo, e o lado direito, em que predominam o preto e tons de marrom, à frente da cor verde de casas mais acima na rua. Esses tons sugerem os efeitos da sombra nesse lado da rua. O colorido sugere o resultado das ações dos moradores do bairro com a transformação gradativa da menina. A AMBIÊNCIA instanciada na imagem privilegia o uso de mais cores no verso da folha, enquanto no anverso ela privilegia o uso da textura, usando o preto e tons de marrom nas casas e em latas que parecem de lixo na rua. Aqui se dá o que Painter, Martin e Unsworth[57] chamam de distribuição textual da AMBIÊNCIA, permitindo um contraste em potencial. Na composição da imagem, há uma divisão entre seções com AMBIÊNCIAS diferentes, com uma parte sombria e outra iluminada. De um lado, mantém-se a atmosfera da vida de Manhã – ainda na periferia de uma grande cidade – através da textura. De outro, cria-se um ambiente que ativa a vibrância, com cores mais e menos saturadas inscrevendo o nome do seu bairro, o Jardim das Rosas, cujo calor mistura cores quentes (vermelho e amarelo) com cores amenas (o verde do vestido da menina e das plantas, e o azul do céu); a representação com um número maior de cores do que o número usado nas sequências de imagens anteriores no livro se torna mais familiar às leitoras. O significado construído pelas cores, e, especialmente, o verde do vestido, propicia sentimentos de felicidade, confiança e esperança. Manhã não saiu de onde sempre esteve, mas se transformou a partir do momento em que foi presenteada com o vestido verde. Está mais feliz, confiante e esperançosa. A GRADAÇÃO ainda é usada nessa imagem em menor proporção que o padrão anterior; trata-se do volume da cabeça, dos traços e das tranças de Manhã. Lembremo-nos de que ela se identifica com uma rainha africana e tem agora orgulho de seu cabelo, sua boca e seu nariz.

Já no livro de 2014, a imagem ocupa verso e anverso da página, estando a verbiagem integrada na imagem do anverso, em tamanho menor. No verso são retratados, em plano aberto, Manhã, o cachorro e o gato em uma rua com casas e uma árvore à direita. Na janela e ao lado de uma das casas, há desenhos que parecem flores. A AMBIÊNCIA é ativada pela cor verde não saturada da rua e das casas; Manhã e os animais, retratados de costas para as leitoras e provavelmente de frente para um Sol não aparente na imagem, estão escurecidos, e não se distingue o verde do seu vestido e suas tranças coloridas. No anverso (com um pequeno deslocamento para o verso), ao fundo e em perspectiva em um espaço

57 Painter; Martin & Unsworth, 2013.

pequeno e superior, estão outras casas na cor verde. Predomina o preto e tons escuros nas casas à direita, com suas flores à janela e as pedras do calçamento da rua. O escuro nessa página sugere também o efeito da sombra nesse lado da rua.

A verbiagem compreende as últimas fases da Resolução da narrativa, reproduzidas a seguir.

> (2d) Pegou seu material no sofá, saiu e fechou a porta.
> (2e) Quando chegou à rua, não acreditou, TODAS as casas estavam pintadas, TUDO estava MUITO LINDO, organizado como nunca tinha visto, ela olhou para seu vestido, olhou para as casas, olhou para o céu, e viu que TUDO era daquela cor, até o amanhecer era esmeralda.

Em termos ideacionais, as ações (*pegar o material, sair, fechar a porta, olhar para o vestido, casas, céu*) e alguns objetos (*sofá, porta da casa de Manhã*) não estão representados nas imagens dos dois livros, enquanto o *material da escola* está retratado apenas no livro de 2014. Em compensação, várias coisas não retratadas na verbiagem fazem parte da imagem de 2005, mas não da imagem de 2014: o Sol, o pássaro branco voando e as latas de lixo da rua. As flores, não instanciadas na verbiagem, são retratadas em vermelho na imagem de 2005 e em verde-escuro na de 2014. No que diz respeito à ATITUDE, as avaliações são feitas pelo narrador e são de apreciação positiva evocada (*pintadas, organizado*) ou inscritas (*lindo*). As demais avaliações, embora aparentemente de apreciação positiva das coisas (*daquela cor, esmeralda*), propiciam a inferência de afeto positivo evocado. Como se trata agora de uma menina transformada pela alegria e pela esperança, seu sentimento de felicidade faz com que veja tudo diferente. A GRADAÇÃO é de aumento da intensidade da apreciação (*todas, tudo, muito, lindo*) e do afeto (*tudo*).

Na imagem de 2005, a calibragem dos significados de PATHOS (a expressão facial de Manhã sugere alegria, e seu olhar convida as leitoras a se alinharem com ela; as mãos no vestido sugerem o movimento leve de dança), de AMBIÊNCIA (cores saturadas, quentes e variadas) e de GRADAÇÃO (tamanho maior da cabeça, das tranças e do rosto da menina) é maior que a calibragem dos significados, da ATITUDE e da GRADAÇÃO na verbiagem. Há, portanto, convergência desses significados em um e outro modo semiótico e, ainda, a multiplicação de significados interpessoais, dado que a imagem propicia mais a inferência de afeto e o alinhamento das leitoras com a personagem. Não se pode dizer o mesmo em relação à imagem de 2014, em que a personagem está distante e de costas, em um cenário todo verde que a inclui. Há alguma convergência dos significados interpessoais da imagem e da verbiagem, e, em certa medida, em lugar da multiplicação desses significados em um dos modos, como na imagem de 2005, nessa edição pode-se sugerir que há certa divergência.

Discutindo as representações intermodais

Referi-me, no início deste trabalho, ao contraste explícito entre uma representação negativa da personagem nas imagens das páginas iniciais e outra positiva nas imagens da capa e das páginas finais do livro ilustrado por Igor Machado, não retratado nas imagens equivalentes do livro ilustrado por Rafael Antón. Esse contraste foi a fonte da minha indagação a respeito de quais recursos foram usados nessas imagens para construir a personagem de formas distintas em um e outro livro e de como esses recursos foram usados para alinhar as leitoras com as identidades ali construídas. Respondo a essas indagações retomando os estágios de Orientação e Resolução dos livros ilustrados analisados.

De modo geral a verbiagem acopla mais significados ideacionais que as imagens em ambos os livros, o que resulta em acoplamento maior também dos significados interpessoais afetivos e de apreciação evocados. No desenrolar das fases da Orientação na primeira edição do livro, os significados interpessoais da imagem e da verbiagem convergem, divergem ou se multiplicam para propiciar a identificação das leitoras do sentimento de tristeza da personagem. Simultaneamente, nessas fases, o sentimento de alegria das outras crianças é construído de modo inscrito apenas na verbiagem. No entanto, as imagens das ilustrações de Igor Machado, com menos significados ideacionais acoplados e sem ativar cores, ainda assim são capazes de propiciar reações afetivas das leitoras prospectivas por meio da textura e da expressão facial e corporal da personagem. Esses significados são graduados ora de forma convergente nos dois modos, ora na imagem, ora na verbiagem, a qual tende a usar mais recursos para graduar para mais ou menos as avaliações atitudinais.

Já no desenrolar das fases da Orientação do livro ilustrado por Rafael Antón, há menos convergência de significados afetivos, uma vez que não há expressão facial ou corporal da personagem e que a AMBIÊNCIA, embora ative em cada página uma cor predominante e praticamente apenas respingos de outras cores, constrói muito pouco vibrância, calor e familiaridade (poucas cores e de baixa saturação).

No desenrolar das fases da Resolução do livro ilustrado por Igor Machado, de um lado, a AMBIÊNCIA é ativada plenamente com o uso de cores mais ou menos saturadas; mais ou menos quentes, predominando essas últimas; e com uso de um número maior de cores, se comparado com as fases da Orientação, sem cor ou com a cor preta, e as fases não analisadas da Complicação, em que cada imagem instancia uma cor apenas. De outro, significados de ATITUDE positiva, inscritos ou evocados, são instanciados na verbiagem. A AMBIÊNCIA e o PATHOS da Resolução contrastam-se com os da Orientação e são cruciais para os efeitos de significados interpessoais positivos na representação da personagem na Resolução. Painter, Martin e Unsworth, conforme referido anteriormente, sugerem que esse sistema é aquele que potencialmente estabelece um laço (*bonding*) com as leitoras.[58] A construção das identidades e do alinhamento das leitoras através das imagens resulta do contraste entre a textura e a GRADAÇÃO maior de recursos usada na Orientação e entre as cores, a GRADAÇÃO menor de recursos e as expressões faciais e corporais distintas na Resolução. Na verbiagem, resulta do contraste entre o uso maior de recursos atitudinais negativos evocados e de recursos atitudinais positivos inscritos, ambos intensificados, na Orientação e na Resolução, respectivamente.

No desenrolar das fases da Resolução do livro ilustrado por Rafael Antón, de um lado, a AMBIÊNCIA – ativada desde a Orientação com o uso de uma cor em cada página, a qual se repete ou é substituída por outras, todas de saturação baixa, mais ou menos quentes, predominando essas últimas, e com uso de um número maior de cores – mantém-se nesse estágio do livro e nas fases não analisadas da Complicação. Nem a AMBIÊNCIA nem o PATHOS da Resolução contrastam-se com os da Orientação ou da Complicação. Para as opções de AMBIÊNCIA, há apenas o

---

58 Painter; Martin & Unsworth, 2013.

uso do verde na página, antes utilizado somente no vestido de Manhã e na camisa do professor. Retomando Painter, Martin e Unsworth, o potencial para estabelecer um laço com as leitoras é bem menor. Ao PATHOS não são integradas as opções de expressão facial e corporal que poderiam propiciar o alinhamento das leitoras com Manhã em sua trajetória de uma identidade negativa para positiva. Por outro lado, os significados de ATITUDE positiva, inscritos ou evocados, são instanciados na verbiagem desse estágio. O uso maior de recursos atitudinais negativos evocados e de recursos atitudinais positivos inscritos, ambos intensificados, na verbiagem da Orientação e da Resolução, é, portanto, em certa medida, divergente do uso dos recursos de PATHOS, AMBIÊNCIA e GRADAÇÃO das imagens desses estágios. Os marcadores do contraste entre as identidades e os sentimentos que elas propiciam são tênues ou mesmo inexistentes.

Retomando Magalhães e Novodvorski,[59] cujo enfoque foi sobre a capa do *Amanhecer Esmeralda* ilustrado por Igor Machado, resgato também a observação de que a imagem da capa desse livro é a última imagem da Resolução da narrativa (Manhã entre os dois lados da rua, o colorido e iluminado e o escuro, de frente para nós, sorridente e de verde). Na imagem está impresso o título do livro. A capa, pois, antecipa ou enquadra o tema da estória, a identificação positiva da personagem. Não sabemos ainda seu nome e podemos até inferir que Esmeralda é seu nome, com o jogo de palavras que o autor faz no título, sugerindo um aMANHecer da cor da esmeralda. Na leitura dos autores, baseada exclusivamente na capa, a autoestima da personagem é interpretada por meio da sua mediação entre dois cenários e a solidariedade por meio do envolvimento dela com as leitoras. Em comparação, a capa do livro ilustrado por Rafael Antón retrata Manhã em uma imagem que não faz parte dos episódios da narrativa visual da estória. A personagem veste uma calça jeans, está sentada no chão de frente para nós com um lápis na mão, um caderno de capa colorida entre as pernas e um gato ao lado, com a boca aberta como se pronunciasse uma palavra. Sua expressão facial não conota tristeza ou alegria, e o cenário, pintado e texturizado em tons de laranja, é indistinto. Nele, é possível ver operações de soma, números e a palavra "gatinho", o que sugere que a personagem frequenta a escola. Essa representação

---

59 Magalhães & Novodvorski, 2010.

não propicia qualquer relação com o tema da estória, expresso no título, impresso na extremidade direita da página.

No presente trabalho, a análise das fases iniciais da Orientação e finais da Resolução da narrativa e dos significados interpessoais intermodais, especialmente a AMBIÊNCIA e a ATITUDE, mostra como Igor Machado propicia nas imagens a inferência das representações contrastantes da identidade da protagonista na verbiagem e o alinhamento, por solidariedade, das leitoras. Mostra também como Rafael Antón, por outro lado, não propicia nas imagens o contraste expresso na verbiagem e um posicionamento mais empático e solidário por parte das leitoras.

Considerações finais

Neste trabalho, abordei a construção da identidade da personagem dos livros *Amanhecer Esmeralda*, a primeira edição ilustrada por Igor Machado e a segunda por Rafael Antón, de uma perspectiva sociossemiótica. Nessa linha, propus-me a estudar a construção da identidade da personagem nos dois livros, considerando os significados intermodais construídos na estória. Para atingir o propósito definido, usei os sistemas complementares de significados da imagem, PATHOS, AMBIÊNCIA e GRADAÇÃO, e da verbiagem, ATITUDE e GRADAÇÃO. Procurei mapeá-los em fases da Orientação e da Resolução da narrativa e rastrear como foram usados para construir significados convergentes, divergentes ou para multiplicar significados na interseção da imagem com a verbiagem.

Os resultados relatados e discutidos nas duas seções anteriores a estas considerações finais indicaram que a análise enfocada na intermodalidade tem muito a dizer sobre essas narrativas. Ainda há muito a fazer, entretanto. Este trabalho mostra, por exemplo, a necessidade de abordar mais detalhadamente os significados ideacionais dos dois modos para abranger recursos de representação das pessoas, das coisas e dos processos e verificar seu papel quando acoplados aos significados interpessoais nos dois modos. Mostra ainda que é necessário investigar questões contextuais que podem estar relacionadas à edição de um mesmo texto de um escritor, ilustrado por dois ilustradores distintos e editado por editoras diferentes em um hiato de nove anos (2005-2014). Por exemplo, como o diálogo entre as variáveis tempo, editoração e subjetividades dos ilustradores pode ser inferido das construções de estórias distintas para um mesmo texto. Finalmente, a contribuição do estudo está relacionada à expansão e à consolidação de pesquisas sobre textos bimodais como o livro ilustrado, cujo valor para o letramento, o discernimento e a sensibilização de leitoras jovens, ressaltado em Painter, Martin e Unsworth,[60] são temas relevantes na Linguística Aplicada Indisciplinar de Moita Lopes.[61]

Nessa paisagem "indisciplinada", a lente da sociossemiótica permitiu-me uma focalização multissemiótica da linguagem visual e verbal de uma narrativa sobre a construção da autoestima da personagem Manhã.

Referências

BELMIRO, C. A. "Um escritor, três ilustradores, quatro obras e muitas histórias para contar". Texto apresentado no XI Jogo do Livro e I Seminário Internacional Latino-Americano: mediações de leitura literária. Gpell/Ceale/UFMG, 2015.

BUENO, L. T. *Chapeuzinho vermelho e Caperucita Roja: uma investigação de reescritas com base na representação (visual) de atores sociais e na representação da ação social*. Belo Horizonte, Faculdade de Letras, UFMG, 2011 (Tese de doutorado).

FERRÉZ. *Amanhecer Esmeralda*. São Paulo, Objetiva, 2005.

______. *Amanhecer Esmeralda*. São Paulo, DSOP, 2014.

FUZER, C.; GERHARDT, C. C. & WEBER, S. "Etapas e fases da narrativa em *O Pequeno Polegar*: análise de gênero na perspectiva sistêmico-funcional". *Cadernos do IL*, 52: 162-181, 2016.

HALLIDAY, M. A. K. *Language as Social Semiotic*. London, Arnold, 1978.

HALLIDAY, M. A. K. & MATTHIESSEN, C. *Introduction to Functional Grammar*. London, Arnold, 2004.

HEBERLE, V. M. & CONSTANTY, V. "Meaning without words: analyzing the picture book *Bárbaro* through a social semiotic perspective". *Letras*, 26 (52): 89-110, 2016.

KRESS, G. & VAN LEEUWEN, T. *Reading images: the grammar of visual design*. 2. ed. London/New York, Routledge, 2006 [1996].

---

60 Painter; Martin & Unsworth, 2013.

61 Moita Lopes, 2006.

LABOV, W. & WALETZKY, J. "Narrative analysis: oral versions of personal experience". *In*: HELM, J. (ed.). *Essays on the Verbal and Visual Arts: proceedings of the 1966 Annual Spring Meeting of the American Ethnological Society*. Seattle, University of Washington Press, 1967.

MACKEN-HORARIK, M. "Appraisal and the special instructiveness of narrative". *Text & Talk*, 23 (2): 285-312, 2003.

MAGALHÃES, C. M. & NOVODVORSKI, A. "A semiótica visual e a questão da identidade racial: uma leitura sistêmico-funcional em duas capas de literatura infanto-juvenil brasileira". *In*: GHIO, E. & FERNANDEZ, M. A. (org.). *El discurso en español y portugués: estudios desde una perspectiva sistémico-funcional*. Santa Fe de la Vera Cruz, Universidad Nacional del Litoral, 2010.

MARTIN, J. R. "Intermodal reconciliation: mates in arms". *In*: UNSWORTH, L. (org.). *New literacies and the English curriculum: multimodal perspectives*. London/New York, Continuum, 2008.

MARTIN, J. R. & ROSE, D. *Working with discourse: meaning beyond the clause*. London/New York, Continuum, 2007.

_______. *Genre relations: mapping culture*. London/Oakville, Equinox Publishing Ltd., 2008.

MARTIN, J. R. & WHITE, P. R. R. *The language of evaluation: appraisal in English*. Basingstoke, Palgrave Macmillan, 2005.

MOITA LOPES, L. P. *Por uma linguística aplicada indisciplinar*. São Paulo, Parábola Editorial, 2006.

MOYA GUIJARRO, A. J. *A multimodal analysis of picture books for children*. Sheffield/Bristol, Equinox Publishing Ltd., 2014.

PAINTER, C. "Children's picture book narratives: reading sequences of images". *In*: MCCABE, A.; O'DONNELL, M. & WHITTAKER, R. (org.). *Advances in language and education*. London/New York, Continuum, 2007.

_______. "The role of colour in children's picture books: choices in ambience". *In*: UNSWORTH, L. (org.). *New literacies and the English curriculum: multimodal perspectives*. London/New York, Continuum, 2008.

PAINTER, C.; MARTIN, J. & UNSWORTH, L. *Reading visual narratives: image analysis in children's picture books*. Sheffield, Equinox Publishing Ltd., 2013.

PAULA, F. F. "Relações lógico-semânticas texto-imagem em narrativas infantis: uma análise orientada para os estudos da tradução no par linguístico inglês/português brasileiro". *Anais* do IV Simpósio Internacional sobre Análise do Discurso. Belo Horizonte, 2016.

ROTHERY, J. & STENGLIN, M. "Entertaining and instructing: exploring experience through story". *In*: CHRISTIE, F. & MARTIN, J. R. *Genre and institutions: social processes in the workplace and school*. London, Continuum, 1997.

SALDANHA, G. & KERSHAW, A. "Introduction: Global landscapes of translation". *Translation Studies*, 6 (2): 1-14, 2013.

SILVA, E. M. "Gêneros na teoria sistêmico-funcional". *D.E.L.T.A.*, 34 (1): 305-330, 2018.

SILVA, W. R. & ESPINDOLA, E. "Afinal, o que é gênero textual na linguística sistêmico-funcional?". *Revista da Anpoll*, 1 (34): 259-307, 2013.

UNSWORTH, L. "Towards a metalanguage for multiliteracies education: describing the meaning-making resources of language-image interaction". *English Teaching: Practice and Critique*, 5 (1): 55-76, 2006.

VAN LEEUWEN, T. *Discourse and practice: new tools for critical discourse analysis*. New York, Oxford University Press, 2008.

4

(Des)construções das categorias identitárias mulher "de verdade" e mulher feminista em página do Instagram

Inês Signorini
Fabiana Biondo

Ai, meu Deus, que saudades da Amélia
Aquilo sim é que era mulher
Às vezes passava fome ao meu lado
E achava bonito não ter o que comer
E quando me via contrariado
Dizia: meu filho, o que se há de fazer!
Amélia não tinha a menor vaidade
Amélia é que era mulher de verdade
Ataulfo Alves e Mário Lago, "Ai que saudades da Amélia"[1]

E eis que de repente ela resolve então mudar
Vira a mesa, assume o jogo
Faz questão de se cuidar (Uhu!)
Nem serva, nem objeto
Já não quer ser o outro
Hoje ela é um também
Pitty, "Desconstruindo Amélia"[2]

1 Alves & Lago, 1942.
2 Pitty, 2009.

Introdução

Este trabalho tem por objetivo verificar, em discussões publicadas na página *Quebrando o Tabu*, do Instagram, como e por que as categorias identitárias *mulher "de verdade"* e *mulher feminista* são (res)significadas pelos participantes em suas interações assíncronas como categorias que se excluem, isto é, mulher "de verdade" não seria uma categoria compatível com a de mulher feminista e vice-versa.

Esse é um contraste que, de fato, não é novo na tradição cultural brasileira, conforme ilustram os versos em epígrafe: o primeiro, escrito em 1942 e representativo do cancioneiro popular tradicional, e o segundo, escrito em 2009 e representativo das apropriações mais recentes dos feminismos contemporâneos pela chamada cultura *pop*. Mas, no caso da página *Quebrando o Tabu*, o que nos chamou atenção foi a frequência de ocorrências da expressão "mulher(es) de verdade" em discussões sobre feminismo envolvendo diferentes perfis, durante os meses de setembro e outubro de 2018, período de campanha eleitoral à presidência da República. A expressão apareceu 38 vezes em quatro discussões que envolviam ao menos um perfil apresentado como masculino e em três comentários isolados, sendo um feito por perfil apresentado como feminino,[3] um por perfil dado como masculino e um por perfil desativado e sem identificação de sexo. Em todas as ocorrências, verificamos a relação de contraposição excludente entre mulher "de verdade" e mulher feminista.

Conforme pretendemos mostrar por meio da análise de excertos dessas discussões, os perfis – tanto masculinos quanto femininos – que se mostram críticos ou contrários ao feminismo enquanto movimento/ativismo social, deslocam o foco da discussão para capacidades, comportamentos, atitudes e ações individuais, apagando, em consequência, o componente eminentemente sociopolítico da agenda e das formas de manifestação do movimento feminista ao longo de sua história. E esse deslocamento torna possível o reenquadramento das identidades reivindicadas ou performadas pelos participantes segundo

[3] Ao usar as expressões "perfil feminino" e "perfil masculino", estaremos sempre nos referindo ao sexo apresentado para o perfil, não necessariamente ao sexo/gênero de quem é responsável pelo perfil.

dois eixos principais. Um eixo positivo, de caráter moralizante e conservador: a mulher "de verdade", que, embora não corresponda mais ao estereótipo da "Amélia" da canção popular apresentada na epígrafe e do patriarcado tradicional, é uma cidadã que "vai à luta" por seus direitos individuais, mas permanece "recatada e do lar", a exemplo da jovem esposa do presidente em exercício na época.[4] E um eixo negativo, de caráter desmoralizante e "esquerdista": a mulher feminista, que se expõe em praça pública em performances coletivas que questionam papéis e representações socioculturalmente reservadas à mulher em diferentes contextos, como o do "lar", o do trabalho e também o da luta pela cidadania.

Orientaram a pesquisa os estudos sobre etnografia virtual/para internet de Hine,[5] sobre enquadramentos e (des)construção de identidades sociais,[6] estudos de gênero como performance,[7] além de estudos críticos sobre feminismos e sobre as relações entre gênero e linguagem.[8]

Metodologia

A questão proposta neste estudo surgiu de uma imersão em comunidades e páginas sobre temáticas feministas e afins da internet, iniciada em 2013 na rede social Facebook e, a partir de 2016, estendida para o Twitter, o Instagram e alguns *blogs* relacionados aos conteúdos dessas redes. Tal imersão tem sido orientada por princípios da Etnografia Virtual,[9] termo mais recentemente substituído por "etnografia para internet", conforme Hine,[10] a partir dos quais temos encontrado

---

4 Qualificação bastante comentada nas redes sociais: Linhares, 2016.

5 Hine, 2000; 2008; 2009; 2015.

6 Blommaert; Lu & Li, 2019; Druckman, 2011; Entman, 1993; 2007; Lachapelle; Montpetit & Gauvin, 2014.

7 Butler, 2003; 2018; Moita Lopes, 2006; 2010; Moita Lopes & Fabrício, 2007; 2018.

8 Ostermann, 2003; Hirata *et al.*, 2009.

9 Hine, 2000; 2008.

10 *Idem*, 2009; 2015. Reconhecidas as diferenças e as semelhanças entre a etnografia virtual, a etnografia digital, a netnografia, a webnografia, entre outras (a esse respeito, ver Fragoso; Recuero & Amaral, 2011), optamos pela primeira em função de sua maior sintonia com os estudos da linguagem/comunicação. Como dissemos, porém, atualmente se tem abandonado o uso dessa terminologia e preferido etnografia na/para a internet.

respaldo metodológico para compreensão das dinâmicas e dos modos de desenvolvimento de temas específicos, como o das construções identitárias, nesses espaços.

Com suas bases na etnografia tradicional, o termo "etnografia virtual" foi popularizado por Hine[11] com o objetivo de transferir o olhar etnográfico, antes restrito aos espaços físicos, também para os espaços da internet. Segundo Hine, trata-se de uma metodologia para investigação das interações em ambientes *online*, em sua intersecção com espaços *offline*, e dá destaque para a reconfiguração dos construtos de "lugar" e de "espaço", de forma a perderem suas limitações físicas e a se constituírem como um campo de relações, estabelecidas por meio de elementos sociais e culturais específicos e construídos via linguagem.[12]

Em estudos mais recentes, no entanto, Hine[13] pondera que o uso de terminologias que aludem a uma etnografia específica para os ambientes digitais, como a própria etnografia virtual, poderia estar colaborando para a separação entre o *online* e o *offline*, no lugar de demarcar uma relação de continuidade entre eles. Considerando a rápida evolução da internet nos anos subsequentes à publicação de sua obra precursora, a autora passa a evitar o uso da palavra "virtual" por compreender que a internet tem se tornado a cada dia mais "parte de nós", ou seja, a cada dia mais real. Para a autora, portanto, a internet não pode mais ser vista como uma "experiência ciberespacial transcendente", pois "não pensamos em 'ficar *online*' como uma forma discreta de experiência, mas nos encontramos *online* em uma extensão de outras formas incorporadas de ser e agir no mundo".[14]

Segundo Hine,[15] é a imersão do etnógrafo nos espaços-tempos da pesquisa que vai garantir uma compreensão mais envolvida do objeto investigado, uma visão do interior, orientada por uma proximidade que lhe permite rever constantemente suas interpretações em função das situações em que está imerso e que dispensa a dependência excessiva de informações de terceiros, já que suas deliberações estão o mais

11 Hine, 2000.

12 *Idem*, 2000; 2008.

13 *Idem*, 2009; 2015.

14 *Idem*, 2015, pp. 13-14.

15 *Idem*.

próximo possível das dinâmicas interacionais das quais participa. Segundo a autora, isso garante robustez aos *insights* e às conclusões do pesquisador.

Imergir em campos vulneráveis e complexos como os mediados pela internet, no entanto, exige revisão da ideia de "imersão prolongada", cara aos campos mais convencionais de imersão etnográfica, como bem pontua a autora. No caso de ambientes *online*, a questão talvez não seja estar o tempo todo vivendo em um mesmo campo, mas sim envolver-se constantemente em experiências mediadas e relacionadas às experiências *offline*.[16]

A participação do pesquisador, por sua vez, pode se dar como "*lurker*" – um leitor que não realiza postagens, um tipo de "observador cultural"[17] – ou postando mensagens, tal como os demais participantes. Segundo Hine,[18] alguns ambientes têm configurações de privacidade que exigem pedido de aceite para participação e, nesses casos, "é difícil para um etnógrafo se esconder sem ser notado". Já em alguns grupos de discussão, "pode ser normal ficar à espreita sem postar e, assim, permanecer invisível para outros participantes". Nesse último caso, tem-se um tipo especial de participação (*lurking*), pois a presença do observador não é uma informação disponível aos demais envolvidos e abre a possibilidade de interferir o mínimo possível no desenho das discussões.[19]

De todo modo, para Hine,[20] é o envolvimento constante do pesquisador nas experiências mediadas nos espaços-tempos da pesquisa, seja interagindo ou apenas observando, que confere maior legitimidade à exposição e à análise dos dados do estudo. Em pesquisas na internet, segundo a autora, essa imersão precisa somar-se a um cuidado metodológico na descrição do planejamento e da definição dos dados do estudo, bem como a uma análise envolvida da realidade sociocultural a ser investigada. Na sequência, delimitamos o desenho metodológico deste estudo.

---

16 *Idem*, p. 56.

17 *Idem*, 2000, p. 24, "*A cultural lurker*".

18 *Idem*, 2015, p. 57.

19 Braga, 2006; Hine, 2015.

20 Hine, 2015.

A página estudada e a definição dos dados

A página *Quebrando o Tabu* apresenta-se no Instagram como: "Empresa de mídia/notícias. Por um mundo mais bem-informado e menos careta". Em 3 de abril de 2019, possuía 2.239 publicações e 1,6 milhão de seguidores, seguia 296 outras páginas/perfis e apresentava um alto fluxo de publicações e discussões.

A marca foi criada pelo *social media* Guilherme Melles, no Facebook, no ano de 2011, para divulgar um documentário homônimo sobre a legalização da maconha, dirigido por Fernando Grostein de Andrade. Saltando de 11 mil a 5 milhões de curtidas em 2019, a página pertence a Guilherme e à Spray Filmes e é considerada uma das grandes influenciadoras no ativismo digital, tendo se estendido também para o Twitter, o YouTube e o Instagram. Em 2018, *Quebrando o Tabu* estreou também no canal por assinatura GNT e atualmente é considerada multiplataforma. Segundo seu idealizador, trata-se de uma "marca de mídia focada em direitos humanos".[21] No Instagram, entre trabalhos de curadoria digital e conteúdos exclusivos criados pela página, são apresentadas em média dez postagens diárias sobre feminismo, homofobia, preconceitos, racismo etc.[22]

Acompanhamos essa página como *lurkers* diariamente no período de agosto a novembro de 2018, e, para este estudo, foram considerados os registros de todas as publicações feitas do dia 1 de setembro ao dia 28 de outubro de 2018, de modo a cobrir as discussões precedentes ao primeiro e ao segundo turnos das eleições presidenciais de 2018 (realizadas em 7 e 28 de outubro, respectivamente). Nesse período, os moderadores da página postaram 431 publicações (*posts*), que renderam milhares de discussões. No Quadro 2, apresentamos assuntos mais frequentes nessas publicações, segundo categorizações retiradas dos próprios termos utilizados nos *posts* e comentários da página. Todo o levantamento dos dados foi feito manualmente, após a leitura de cada postagem e de seus comentários, ou seja, sem utilização de *softwares*.

---

21 Mahon, 2019.

22 Sayuri, 2016; Soares, 2016; Leitão, 2023.

Quadro 2. Assuntos mais frequentes em *posts* publicados pela página *Quebrando o Tabu* de 1 de setembro a 28 de outubro de 2018

Página *Quebrando o Tabu*		
2.239 publicações; 1,6 milhão de seguidores; 296 seguindo – em 3 de abril de 2019		
2018	***Posts***	**Temáticas abordadas**
1 a 30 de setembro	212	(discurso de) ódio às minorias; #elenão; aborto; adoção; armamento; assédio, violências e desrespeito contra mulheres; caso Marielle; colonização Brasil; cultura do estupro; depressão; descriminalização droga; desigualdade social; direitos humanos e resistência; ditadura militar/fascismo; diversidade; eleições 2018 (candidatos, partidos, ibope, propostas, discursos, corrupções etc.); empatia e respeito; engajamento/posicionamento político; entretenimento (filmes, documentários etc.); *fake news*; feminicídio; **feminismo**; fundamentos das opiniões políticas; gênero e LGBTQI+ e homofobia; gênero na escola; hipocrisia/falso moralismo; idosos; imigrantes; incêndio no Museu Nacional; intolerância; kit gay; machismo; maternidade e pensão; meio ambiente; mulher negra; mulheres na política e no mercado de trabalho; padrões de beleza e comportamento mulheres; padrões de família; pessoas com necessidades especiais; política na Venezuela; racismo e resistência/escravidão; religião (e política); violências policiais/intervenção militar; WhatsApp e eleições.
1 a 28 de outubro	219	(discurso de) ódio às minorias; #elenão; aborto; adoção; amor pelos animais; armamento; assassinato Moa Katendê; assédio, violências e desrespeito contra mulheres; caso Marielle; censura imprensa; comunismo; cultura do estupro; depressão; descriminalização drogas; desigualdade social; dia dos professores; direitos humanos e resistência; diversidade; doutrinação marxista nas escolas; educação filhos; educação no trânsito; eleições 2018 (candidatos, partidos, ibope, propostas, discursos, corrupções etc.); empatia e respeito; entretenimento (filmes, documentários etc.); *fake news*; **feminismo**; fundamentos das opiniões políticas; gênero e LGBTQI+ e homofobia; gênero na escola; hipocrisia/falso moralismo; kit gay; meio ambiente; mulher negra; mulheres com Bolsonaro (reação ao #elenão); padrões de família; pessoas com necessidades especiais; política na Venezuela; racismo e resistência/escravidão; religião (e política); tortura; violências policiais/intervenção militar.
TOTAL	431	

Fonte: autoria própria.

Para a constituição dos dados deste estudo, fizemos um novo recorte por temática, selecionando apenas os *posts* feitos nesse período que traziam explicitamente a questão do feminismo, embora outros *posts* relacionados a gênero e mulheres, por exemplo, conforme descrito no Quadro 2, também abordem questões direta ou indiretamente relacionadas a esse tema.

De um total de 14 *posts* sobre feminismo, excluímos 2 que focalizavam especificamente candidatos à presidência. Os dados de estudo compreendem, portanto, um total de 12 *posts* sobre feminismo publicados pelos moderadores da página no período mencionado com seus respectivos comentários. Apresentamos esses *posts* no Quadro 3, a seguir:

Quadro 3. Os 12 *posts* sobre feminismo publicados pela página *Quebrando o Tabu*, de 1 de setembro a 28 de outubro de 2018

Fonte: autoria própria.

No Quadro 4, estão descritos os números de curtidas e comentários gerados por cada um desses 12 *posts* no período da pesquisa:

Quadro 4. Levantamento do número de comentários gerados por *posts* sobre feminismo na página *Quebrando o Tabu*, de 1 de setembro a 28 de outubro de 2018

Posts sobre feminismo			
Post	**Data**	**Curtidas**	**Comentários**
Post 1	11/9/2018	237 mil	1.325
Post 2	13/9/2018	49,8 mil	553
Post 3	14/9/2018	40,6 mil	571
Post 4	30/9/2018	69,1 mil	608
Post 5	1/10/2018	82,3 mil	2.693
Post 6	1/10/2018	60,3 mil	1.249
Post 7	3/10/2018	54,4 mil	497
Post 8	6/10/2018	58,8 mil	404
Post 9	7/10/2018	46,3 mil	588
Post 10	9/10/2018	51,9 mil	559
Post 11	12/10/2018	52 mil	908
Post 12	13/10/2018	35 mil	1.123
TOTAL	–	837,5 mil	**11.078**

Fonte: autoria própria.

Tendo em vista os objetivos deste trabalho, buscamos, por meio da ferramenta "localizar", do Word, em todos os 11.078 comentários que compõem o *corpus* de análise, as ocorrências da expressão "mulher(es) de verdade" e identificamos aquelas em que a contraposição à mulher feminista, e mesmo ao movimento feminista, era foco de discussão. Conforme mencionamos na introdução, tal expressão ocorreu 38 vezes: em quatro discussões geradas a partir de quatro *posts* diferentes e em três comentários isolados, feitos a partir de outros três *posts*. Essas discussões sempre envolveram uma maioria de perfis femininos e ao menos um perfil masculino.

Por serem os mais representativos do modo como as categorias identitárias mulher "de verdade" e mulher feminista são (res)significadas pelos participantes no período investigado, selecionamos, para ilustrar nossas análises, interações relativas ao *Post* 1 e ao *Post* 11 do Quadro 3 e

Imagem 2. Esquemas gráficos do conjunto das interações geradas por cada *post*

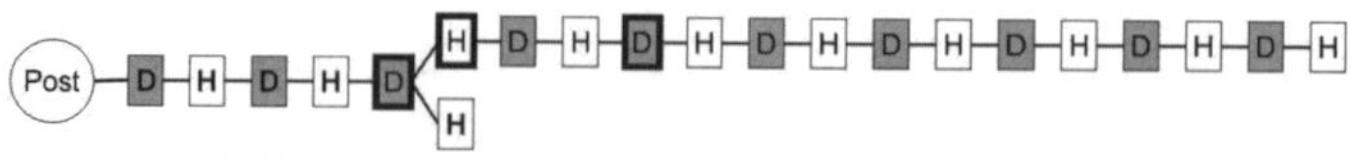

Post 1: Interação entre um perfil feminino e um perfil masculino

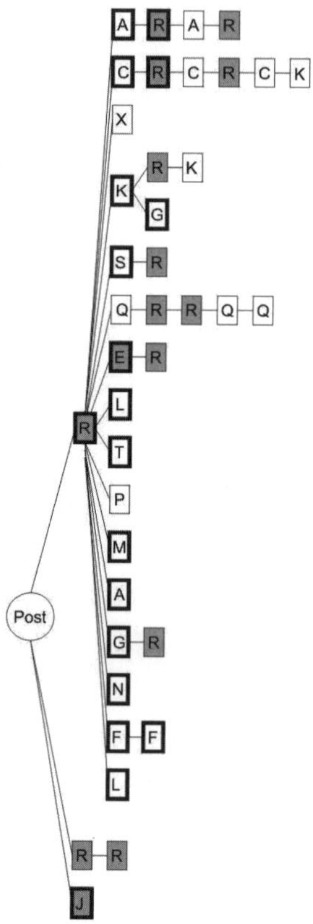

Post 11: Interação entre dois perfis masculinos e 16 perfis femininos

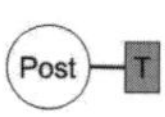

Post 6: Comentário de um perfil feminino

Legenda:

- Perfil masculino
- Perfil feminino
- Comentário em que aparece a expressão ''mulher(es) de verdades''

As letras correspondem à letra inicial do nome de cada participante

Fonte: autoria própria.

também um comentário isolado, relativo ao *Post* 6, do mesmo quadro. A fim de situar tais interações no fluxo gerado pelos *posts* citados, apresentamos, a seguir, os esquemas gráficos do conjunto das interações geradas por cada *post*. A elaboração desses esquemas, feita também manualmente, é baseada em estudos sobre redes sociais[23] e tem o intuito de dar visibilidade a "nós" (atores sociais) e "conexões" no fluxo interacional.

Portanto, os seguintes esquemas descrevem uma interação ocorrida entre dois participantes (1 perfil masculino e 1 perfil feminino) (*Post* 1); uma interação entre vários participantes (3 perfis masculinos e 16 femininos) (*Post* 11); um comentário isolado de perfil feminino (*Post* 6). Por uma questão de espaço, discutiremos, à luz da orientação teórica apresentada na seção a seguir, apenas os excertos mais representativos do conjunto das interações selecionadas.

Enquadramento, identidade e performance em interações *online*

As inter-relações entre *online* e *offline*, que viemos presenciando sobretudo a partir do século XXI, têm-nos feito compreender os cenários *online* como hábitats socioculturais, políticos e econômicos, sendo que as interações *online* desafiam modelos comuns de comunicação, pela complexidade, pouca previsibilidade e suspeição, como apontam Blommaert, Lu e Li.[24]

Segundo esses autores, as características dessas interações são as seguintes: a) são multimodais e geralmente calcadas em *scripts*; b) dão-se entre pessoas identificáveis apenas pelo que mostram em seus perfis; c) têm curadoria – as mensagens podem ser editadas, removidas ou reorganizadas; d) são tecnologicamente mediadas por algoritmos de aplicação, que permitem selecionar e formar "bolhas" de participantes; e) são arquiváveis – tanto por armazenamento pessoal, quanto por provedores de aplicativos de proprietários de redes, fabricantes de *hardware* e agências de segurança.

Dadas tais características, as interações *online* apresentam-se de modo bastante dependente, ainda segundo os autores, dos recursos expressivos da

23 Fragoso; Recuero & Amaral, 2011.

24 Blommaert; Lu & Li, 2019.

comunicação, da observação da natureza e da trajetória do fluxo interacional, o que dificulta a definição de modelos teóricos ideais. Por outro lado, continuam sendo observáveis enquanto ação social, de tal forma que os recursos linguísticos usados pelos participantes e suas ações podem funcionar como pistas para a compreensão dos aspectos socioculturais que estão em jogo.[25]

Duas questões principais são destacadas pelos autores diante dessa heurística das interações *online*: sua influência no *status* da subjetividade individual, realocada do sujeito para os eventos e as práticas sociais, ou do "self" para o "selfie", conforme os autores; sua relação com toda uma linhagem de estudos interacionistas, desde Goffman[26] e Blumer,[27] orientados pelo pragmaticismo e pela fenomenologia americanos e tradicionalmente preocupados em situar as interações por meio do conceito de enquadramento e pela noção de linguagem como prática, forma de agir no universo social.

Quanto à primeira questão, Blommaert, Lu e Li[28] afirmam a importância de os estudos de interações *online* assumirem uma perspectiva centrada na ação sobre a identidade. Na internet, ainda segundo os autores, os sujeitos são uma espécie de "avatar mediado tecnologicamente", e as pistas interacionais previstas pelas teorias de enquadramento mais tradicionais podem não estar presentes da mesma forma. Assim, como nunca sabemos *a priori* quem é o interlocutor, é necessário tomá-lo como um efeito da ação social concreta que se estabelece na interação *online*, de forma que a identidade, ainda mais do que em ambientes *offline*, será sempre uma construção. As categorias identitárias de gênero, sobre as quais nos apoiamos nesta pesquisa, partem dessa premissa.

Sobre o conceito de enquadramento

Apesar das conotações distintas em diferentes disciplinas, conforme salienta Entman,[29] a noção de enquadramento (*framing*) tem possibilitado descrever a força de uma dada perspectiva na comunicação, estruturando informações (discurso, enunciado, noticiário ou romance) e evidenciando relações de poder.[30]

---

25 *Idem*.

26 Goffman, 1966.

27 Blumer, 1969.

28 Blommaert; Lu & Li, 2019.

29 Entman, 1993.

30 *Idem*, 1993; 2007.

Para Entman, o enquadramento é um processo de seleção de alguns elementos da realidade percebida, de modo a se construir uma narrativa/texto/comunicação salientando e promovendo relações entre esses elementos e delimitando uma questão ou interpretação específica. Envolve, portanto, seleção e construção de relevância, conduzidas no sentido de evidenciar quem recebe o quê, como e quando.

É típico dos enquadramentos diagnosticar, avaliar e prescrever[31] na medida em que definem problemas com base em valores culturais comuns; diagnosticam as causas de tais problemas; fazem julgamentos morais e apresentam soluções vindas de determinados locais, instituições e autoridades, a depender do que se pretende mostrar como verdade, do que se pretende defender. Uma única sentença pode executar mais de uma dessas funções, e um enquadramento pode ou não incluir todas elas.[32]

Uma vez estabilizados em quadros (*frames*), a partir das seleções feitas entre um conjunto de objetos ou de ações alternativas, os enquadramentos atuam no sentido de moldar ou transformar interpretações e preferências de interactantes.[33] Ao selecionar elementos (omissão e inclusão) e salientar fragmentos de informação, o quadro ou a perspectiva de apreensão torna, ou não, dada questão mais perceptível para o público; se há maior saliência de uma informação, podem-se aumentar também as chances de que os demais envolvidos em uma comunicação percebam tal informação, de que ela se torne mais significativa ou memorável. Mas, de modo algum, isso pode ser garantido, como bem lembram Entman,[34] Druckman,[35] e Lachapelle, Montpetit e Gauvin.[36]

Isso porque, embora determinados elementos possam ser salientados em um enunciado, seja por serem nomeados, pela repetição ou mesmo pela associação a símbolos culturalmente familiares, os efeitos dessa saliência dependerão do sistema de crenças e valores de quem o lê, ouve ou vê. De fato, os valores, as crenças e as opiniões prévias dos sujeitos, manifestos por meio de categorias, *scripts* ou estereótipos, atuam imbricados com os

31 *Idem*.

32 Gamson, 1992; Entman, 1993; 2007.

33 Entman, 2007; Druckman, 2011.

34 Entman, 1993; 2007.

35 Druckman, 2011.

36 Lachapelle; Montpetit & Gauvin, 2014.

enquadramentos, guiando as percepções dos indivíduos e respondendo por uma maior ou menor aceitação de determinada questão e dos termos em que está colocada.[37]

É nesse sentido que os enquadramentos se relacionam diretamente com a cultura e as ideologias. Os participantes de uma interação julgam e enquadram, conscientemente ou não, guiados pelos quadros e esquemas socioculturais e ideológicos preexistentes, que estruturam seus sistemas de crenças.[38] Para Druckman[39] e Lachapelle, Montpetit e Gauvin,[40] os efeitos de enquadramento são sempre moderados por sua concordância com as visões políticas de mundo e pela mídia em que essas visões são veiculadas. E, como lembra Entman,[41] quando se trata de assunto social ou político, muitas vezes as pessoas não costumam procurar as informações subentendidas ou ausentes em um texto, mas sim se orientar pelas informações que são explicitadas. Dessa forma, o enquadramento pode ser fundamental no reconhecimento de identidades "de atores ou interesses" em competição.[42]

Mas os enquadramentos podem também promover (re)alinhamentos de identidades sociais em uma interação, o que nos remete à primeira questão apresentada por Blommaert, Lu e Li[43] a propósito das interações *online* – o caráter performativo das identidades nesse contexto. No caso deste estudo, interessam-nos mais particularmente as identidades de gênero relacionadas ao feminino, conforme descrito a seguir.

Sobre performance e identidade de gênero na tradição feminista

Como uma vertente do feminismo pós-moderno, ou de terceira onda,[44] os estudos performativos do gênero possibilitam um olhar para a questão da identidade relacionando-a à linguagem. Com base em

---

37 Entman, 2007; Lachapelle; Montpetit & Gauvin, 2014.

38 Entman, 1993, p. 53.

39 Druckman, 2011.

40 Lachapelle; Montpetit & Gauvin, 2014.

41 Entman, 1993.

42 *Idem*, p. 55.

43 Blommaert; Lu & Li, 2019.

44 Rago, 1998; Narvaz & Koller, 2006.

uma tradição ampla de teorias da performance que se popularizaram a partir dos anos 1970/1980 e deslocaram a questão da observação das diferenças na fala de homens e mulheres para a investigação dos modos como grupos de pessoas interagem e desempenham o gênero por meio da linguagem, os estudos performativos imbricaram as questões identitárias às das relações de poder na sociedade.[45]

Para Butler,[46] uma das teóricas mais influentes dessa vertente, a ideia de performatividade diz respeito, primordialmente, ao poder dos enunciados linguísticos de fazer alguma coisa acontecer, de trazer algo à existência. O conceito cunhado por J. L. Austin e ressignificado de várias maneiras, especialmente por Jacques Derrida, Pierre Bourdieu e Eve Sedgwick, esteve sempre ligado a esse poder da linguagem de criar situações e acionar efeitos, pois "a questão não é apenas que a linguagem atua, mas que atua de maneira poderosa".[47]

É com base nessa relação entre linguagem e poder, linguagem e performatividade, que Butler desorganiza a lógica ocidental de uma relação direta e objetiva entre sexo, gênero e comportamento social, ao afirmar que as identidades de gênero se estruturam na ação social, performativamente, pois as expressões de gênero não revelam uma identidade de gênero, mas antes a constroem.[48] Assim, segundo a autora, expressões de gênero são sempre inauguradas por um evento de linguagem, pela encenação de todo um conjunto de atributos e padrões específicos a um ou outro lado do binário homem/mulher e que são regulados por normas e ideologias sociais.

Em consequência, é também por meio de eventos de linguagem e de encenações de outros atributos e padrões que se pode ensaiar outras identidades sociais de gênero, em um processo "minucioso, sutil, sempre inacabado".[49] A visão performativa do gênero permite, portanto, desestabilizar padrões que costumam identificar a mulher (ou o homem) em nossa sociedade e observar como tais padrões estão estruturalmente hierarquizados com base no binarismo homem/mulher. Permite, pois,

45 Pennycook, 2006; Ostermann, 2003; Ostermann & Fontana, 2010.

46 Butler, 2003; 2018.

47 *Idem*, 2018, p. 35.

48 *Idem*, 2003; 2004; 2018.

49 Louro, 2008, p. 18.

desconstruir categorias identitárias preestabelecidas e tidas como estabilizadas, como as de "mulher", sexo e gênero.[50]

As características atribuídas às mulheres, nessa direção, passam a ser vistas não como essência, mas sim como efeitos de um dado modo de ação na/pela linguagem. Em outras palavras, não se trata de "ser" mulher, mas sim de se construir mulher em espaços-tempos culturalmente situados. Sem dúvida, esse é um princípio desestabilizador que tem gerado todo tipo de perplexidade numa sociedade historicamente construída a partir de estereótipos e certezas sobre gênero em geral e sobre gênero feminino em particular, como no caso do Brasil. E, com o fato de se tratar de uma sociedade marginalmente inserida nas discussões fundamentais dos feminismos desde a chamada primeira onda, a perplexidade tem-se traduzido pela mobilização de princípios de senso comum e da experiência individual em confronto com ressonâncias fragmentadas e contraditórias dos discursos produzidos por esses movimentos, conforme mostram nossas análises apresentadas a seguir.

Análise dos dados

Nos *posts* e respectivos comentários sobre feminismo produzidos na página *Quebrando o Tabu*, identificamos um modo frequente de (re)construção identitária da categoria mulher – mulher "de verdade" – em interações entre perfis masculinos e femininos prioritariamente, mas também entre perfis femininos. Em função do enquadramento dado à questão ou à afirmativa proposta através de palavras, imagem e/ou vídeo, ocorrem simultaneamente reações de alinhamento e de desalinhamento a essa (re)construção identitária, conforme ilustram os exemplos a seguir.

Esses exemplos foram extraídos de discussões geradas por *posts* propostos pela página, conforme descrito na seção 2 deste capítulo. Por questão de espaço, omitimos comentários, ou partes de comentários, que repetem o que já havia sido dito, ou não acrescentam informações, questões ou reenquadramentos ao eixo da discussão. Tais omissões

50 Butler, 2003; Louro, 2008; Moita Lopes, 2006; 2010; Moita Lopes & Fabrício, 2007; 2018.

estão sinalizadas na transcrição por [...]. Substituímos os nomes de todos/as os/as envolvidos/as e transcrevemos os comentários da forma como foram publicados.

Exemplo 1: Publicação feita pelo moderador da página *Quebrando o Tabu* em 11/9/2018 (*Post* 1)

Imagem 3. "Porque [*sic.*] muita gente entende a palavra 'feminismo' como uma coisa ruim?"

Fonte: *Quebrando o Tabu* (Instagram).

Transcrição do vídeo:

Chimamanda: – Então as mulheres pensam que o feminismo é...
Trevor Noah: – Por que tanta gente vê a palavra feminismo como algo negativo?
Chimamanda: – Ah... Porque... eu penso que o feminismo vem há muito tempo sendo associado com versões extremas do movimento. Então as pessoas pensam que o feminismo é... uma mulher louca que bate em homens e não se depila. Não é? Tudo isso são estereótipos negativos que estão vinculados ao feminismo, e as pessoas não querem ser associadas a isso. Tem pessoas que falam pra mim: "Por que você fala que é feminista? Por que não fala que é humanista ou igualitária?". Mas é isso o que o feminismo é. Feminismo é sobre justiça para todos, mas você tem que nomear o problema. E o problema é que mulheres têm sido excluídas. Então precisamos chamar do que realmente é.

Nesse *post*, a imagem da conhecida escritora e ativista nigeriana e o nome do programa de TV americano conduzido pelo sul-africano Noah, em que se deu a entrevista videogravada, são colocados em segundo plano em função do título destacado em branco: "Então as pessoas pensam que o feminismo é...". Esse título já seleciona um aspecto específico do tema – o dos significados atribuídos ao feminismo pelas pessoas comuns – para orientar o visionamento do vídeo e a compreensão do que está posto em debate na página.

Mas a pergunta proposta aos seguidores da página – "Porque [*sic*.] muita gente entende a palavra 'feminismo' como uma coisa ruim?", retomando a tradução legendada da pergunta do entrevistador – muda esse suposto enquadramento inicial, na medida em que reduz o foco de interesse aos significados negativos atribuídos ao termo por "tanta gente". De algum modo, portanto, e a exemplo do que em geral ocorre na publicação dos demais *posts* analisados, o enquadramento realizado pelo moderador da página já remete à polarização de opiniões sobre feminismo – negativo x positivo – em evidência à época. Na entrevista, Chimamanda responde à questão, mas passa imediatamente aos sentidos positivos, que, segundo ela, são os mais importantes e que nortearam a escrita de seu livro lançado à época, principal objeto da entrevista como um todo.

No recorte da discussão na página, ocorrida em setembro de 2018 e transcrita a seguir por meio de alinhamentos e desalinhamentos com o vídeo e/ou com a pergunta do moderador, o tema do feminismo se desdobra em subtemas inter-relacionados: segundo Danilo, feminismo é o mesmo que doutrinação/popularização da esquerda (ou de partido de esquerda) e mulher feminina ou mulher "de verdade" não é o mesmo que mulher feminista. Segundo Helena, feminismo se contrapõe fundamentalmente a machismo.

Comentários:

1. **Danilo:** Feminismo é uma das alternativa para popularizar a esquerda, então não confundam ser feminista ou ser feminina, ter direitos iguais creio que todas mulher quer só que os movimentos feministas servem pra doutrinar a massa de idéias esquerdistas atualmente
2. **Helena:** @danilo lá vem o aprendiz de macho dizer o que é feminismo
3. **Danilo:** @helena aprendiz de macho kkkkk tem que ser mulher pra saber o que é o feminismo é? Kkkkk

4. **Helena:** @danilo pra saber o que é não, mas pra só quem sente na pele o que é machismo sabe a importância do feminismo. E não é macho que vai entender de fato o que feminismo é
5. **Danilo:** @helena para com a porra do vitimismo que tá feio pra crlh, *mulheres de verdade* são as que buscam direitos não as que ficam mostrando tetas na rua e defendendo partido
6. **Helena:** @danilo não existe esta de *mulher de verdade*. Eu busco meus direitos, inclusive de mostrar minhas tetas se quiser. Eu trabalho pra mim mesma, sou graduada, rumo a segunda graduação, sou estudada, tenho uma relação maravilhosa com alguém que me respeita, me amo e sou uma mulher do caralho. Quem tá de mimimi aqui é você, saia das fraldas antes de falar com um mulherão que nem eu. Pivete que mal lê um livro
[...]
7. **Helena:** @danilo começamos falando de seios. E você sabe o tamanho do movimento feminista? Sabe a quantidade de vertentes? Sabe que os protestos que está mencionando não representa o movimento na sua totalidade? [...] Enquanto feminismo lutou e luta a favor de salários melhores, luta contra a violência contra a mulher, a favor da autonomia dos seus corpos, ao acesso à educação sexual, luta pelo amparo às mães, luta pela não sexualização das mulheres negras, pela inclusão das mulheres trans, pelo respeito às mulheres lésbicas. Enfim, a luta é muito maior e já tivemos grandes avanços ao longo da história. Então, bebê. Vai ler um pouquinho, estudar o movimento, aprender a usar argumentos que vai além do seu pintinho pequeno, saia da fralda e aí um dia a tia pode falar com você de novo. Boa noite :)
[...]
8. **Danilo:** @helena verdade como eu disse essas eram *mulheres de verdade*, mas agora o que as feministas defendem?
9. **Helena:** @danilo já te dei alguns exemplos das lutas feministas, volte e leia ou pesquise. O Google taí pra de informar melhor antes de falar besteira, não serve só pra ficar vendo porno e batendo punheta não.
10. **Danilo:** @helena porque não responde já que sabe?
11. **Helena:** @danilo amado, eu já respondi kkkkkkkl vc leu??
12. **Danilo:** @helena não entendo essa tal de inclusão das mulheres trans, tal se refere a homens querendo virar mulher?
13. **Helena:** @danilo são mulheres trans, não homens querendo virar mulher. Já ouviu falar sobre o que é transexualidade?
14. **Danilo:** @helena enfim isso não me enteressa mas acho que você pode ter até uma boa opinião mas não defenda esses movimentos feministas por que tem único objetivo de popularizar a esquerda como disse
15. **Helena:** @danilo mais uma vez você dando uma de machinho querendo me ensinar se feminismo é bom ou não. Sério, moleque. Se toca, você não tem nada pra ensinar, tem muito é que aprender. Não sabe nada de feminismo e nem sobre a esquerda. Sou feminista e de esquerda com muito orgulho
[...]

É interessante observar logo de início que, ao associar feminismo e doutrinação/popularização da esquerda, Danilo seleciona, no que diz Chimamanda e o *post*, apenas a concordância de que há, de fato, estereótipos negativos associados ao feminismo, o que faz com que o termo seja evitado, mesmo por quem está de acordo com a questão da igualdade de direitos. Justiça para todos e inclusão, apontadas como demandas cruciais do feminismo pela entrevistada, não são aspectos selecionados: "ter direitos iguais creio que todas mulher quer só que os movimentos feministas servem pra doutrinar a massa de idéias esquerdistas atualmente" (comentário 1).

E, diante da pluralidade das "lutas" e das "vertentes" dos feminismos mencionadas por Helena (comentário 7), ele insiste na redução à luta individual pela igualdade de direitos, desconsiderando também o essencial do que diz Chimamanda sobre o que é o feminismo hoje e associando a identidade "mulher de verdade" às "feministas" de antigamente, não às de hoje: "verdade como eu disse essas eram mulheres de verdade, mas agora o que as feministas defendem?" (comentário 8).

Para dar coerência ao fato de "concordar" com a luta individual pela igualdade de direitos e discordar de todo o resto – "enfim isso [inclusão de gêneros não binários] não me enteressa [*sic.*] mas acho que você pode ter até uma boa opinião mas não defenda esses movimentos feministas por que tem único objetivo de popularizar a esquerda" (comentário 14) –, Danilo mantém apenas o enquadramento negativo da questão (o que, de certa forma, alinha-se com o enquadramento dado pelo moderador da página ao selecionar apenas esse aspecto na pergunta inicial do *post*) e estabelece a dicotomia entre mulheres que buscam "direitos iguais" e as que doutrinam/popularizam a esquerda em manifestações coletivas e públicas. Retoma e salienta, então, os estereótipos negativos mencionados por Chimamanda, alinhando-se apenas a eles e omitindo/apagando os aspectos positivos mencionados pela entrevistada. As primeiras mulheres que menciona são, segundo ele, mulheres "de verdade", mulheres femininas; as segundas são mulheres feministas: "mulheres de verdade são as que buscam direitos não as que ficam mostrando tetas na rua e defendendo partido" (comentário 5).

Outro aspecto interessante do recorte anterior é que, embora Helena se desalinhe à construção identitária dessa categoria de mulheres – "não existe esta de mulher de verdade" (comentário 6) –, sua participação dá--se sobretudo em função da apreensão de Danilo como representante do machismo que é preciso combater, por um lado: "aprendiz de macho" (comentário 2), "macho" (comentário 4); "[o Google] não serve só pra ficar vendo porno [*sic.*] e batendo punheta não" (comentário 9); e, por outro lado, como um interlocutor desqualificado ou não válido: "saia das fraldas antes de falar com um mulherão que nem eu. Pivete que mal lê um livro" (comentário 6); "Entao [*sic.*], bebê. Vai ler um pouquinho, estudar o movimento, aprender a usar argumentos que vai além do seu pintinho pequeno, saia da fralda e aí um dia a tia pode falar com você de novo" (comentário 7); "moleque. Se toca, você não tem nada pra ensinar, tem muito é que aprender" (comentário 15). Helena, portanto, não chega a enquadrar a questão de modo a salientar os aspectos positivos do feminismo, tais quais os mencionados por Chimamanda ou outros capazes de ampliar possibilidades de pensar os feminismos, pois se mantém no âmbito dos comportamentos e das atitudes individuais daqueles que se opõem aos movimentos feministas.

Um terceiro aspecto relacionado aos anteriores é a não tematização, nos comentários transcritos, da dimensão propriamente política da definição de feminismo trazida por Chimamanda. Assim como Danilo reduz essa dimensão à da propaganda ideológico-partidária (em conformidade com os discursos em circulação nas redes no período de eleições, que tinham por característica geral enquadrar toda e qualquer questão de direitos humanos e de minorias a partir da polarização partidária direita-esquerda), Helena dá por evidente a relação do feminismo com a esquerda, performando sua identidade dessa forma e fechando a discussão: "Sou feminista e de esquerda com muito orgulho" (comentário 15). A questão pendente é, justamente, de que esquerda se está falando, já que a polarização em curso na época tirava de foco toda discussão que fosse além dos direitos individuais em benefício da ideia de justiça e inclusão social de todos, inclusive das mulheres, como querem os movimentos feministas mais recentes.[51]

Um efeito mais geral desses três aspectos na apreensão do fluxo interacional é o de uma espécie de diálogo de surdos, em que crenças,

---

51 Walby, 2011.

opiniões e valores prévios dos interactantes são retratados em categorias (em geral organizadas por meio de enquadramentos polarizados, como se observa na construção identitária de mulher "de verdade" em oposição à mulher feminista, em foco aqui), representações e *scripts* estereotipados e sempre repetidos – como as cenas do ativismo feminista dos anos 1960/1970 nas intervenções de Danilo e as representações do macho infantilizado e ignorante nas intervenções de Helena.

No Exemplo 2, a seguir, verifica-se o mesmo efeito de circularidade nas intervenções de perfis masculinos, neutralizada em parte pelas réplicas de um maior número de perfis femininos.

Exemplo 2: Publicação feita pelo moderador da página *Quebrando o Tabu* em 12/10/2018 (*Post* 11)

Imagem 4. "– Você não acha que isso de feminismo não joga homem contra mulher? – Ai, eu não aguento mais explicar isso... feminismo NÃO É SER CONTRA HOMENS"

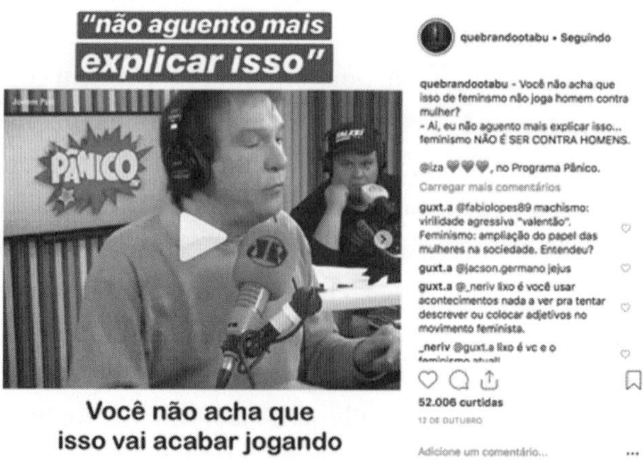

Fonte: *Quebrando o Tabu* (Instagram).

Transcrição do vídeo:

Emílio Surita: – Você não acha que isso vai acabar jogando homem contra mulher?
Iza: – Não, porque... [interrompida]
Emílio Surita: – Você acha que não?

Iza: – Eu não aguento mais explicar isso. Feminismo não é ser contra homens. Feminismo é você lutar não só pelos direitos, mas por deveres iguais também. É isso. E desde quando falar de uma coisa tão séria como assédio pode colocar um homem contra uma mulher. Eu acho que... [interrompida]
Emílio Surita: – Eu sei, o que eu estou dizendo é o seguinte: eu tô dizendo as *hashtags*. A vida real a gente sabe, a gente sabe olhar pra uma pessoa e saber se ela é legal ou não é. Na rede social, eu digo, essa. Porque você na internet, você se sente poderoso, você no anonimato.
Iza: – É.
Emílio Surita: – E você está no comando. Então ali, você tem tudo pra falar a verdade que você acha, mas às vezes extrapola.
Iza: – Eu acho que tem pessoas que usam bem as redes sociais, e tem pessoas que nunca deveriam ter redes sociais. De qualquer forma, a gente pode até achar que a gente está repetitivos, e estamos. A gente acaba falando muito as mesmas coisas, principalmente nas redes sociais, que ficam se retroalimentando: aquilo que você gosta de ver, você vê várias vezes ao longo do dia. Você fica recebendo mais aquele conteúdo ao longo do dia. Mas o que eu acho importante é que se fale. A gente precisa falar.

Nesse *post*, a imagem em primeiro plano é a de um microfone de uma emissora de rádio bem conhecida em São Paulo. No plano seguinte, a imagem de um dos personagens do programa televisivo de grande audiência ligado a essa emissora, o apresentador Emílio Surita; e ao fundo, em destaque, o nome do programa. Acima e abaixo da imagem estão fragmentos de falas extraídas da discussão videogravada desse personagem com uma jovem negra, a cantora brasileira Iza. Conforme se pode ver na transcrição da discussão, o dêitico ("isso") nesses dois fragmentos de fala tem como referente o tema feminismo nas redes sociais – e não no rádio ou na TV, como poderia sugerir a composição da imagem. Mas a pergunta proposta aos seguidores da página é mais genérica: "Você não acha que isso de feminismo não joga homem contra mulher?".

De fato, enquanto, na discussão mostrada no vídeo, passa-se do esclarecimento do que seja feminismo por Iza – não se trata de "lutar contra homens" e sim de "lutar não só pelos direitos, mas por deveres iguais também" – para a importância de se continuar falando do tema "nas *hashtags*", no destaque inicial dado ao *post* pelo moderador, o enquadramento é o da antiga questão da "guerra dos sexos", já que são salientados apenas aspectos negativos a respeito do feminismo – nesse caso, a famosa acusação de senso comum sobre o movimento ser contra homens, ou de colocar as mulheres contra os homens. Nem o *post* nem a discussão na página retomam nenhum dos dois aspectos positivos mencionados por Iza – os quais escolhem omitir, portanto. Da mesma forma, são ignoradas as menções feitas no vídeo às "extrapolações" dos usuários e à circularidade dos temas nas redes, por exemplo. Em foco está, novamente, a contraposição identitária entre mulheres "de verdade" e mulheres feministas definindo o tom da discussão em sua relação com o enquadramento negativo dos feminismos. É o que ilustram os excertos da discussão transcritos a seguir.

Comentários:

1. **Roberto:** Estou esperando vocês fazerem ainda a postagem das mulheres mais bem votadas nessas eleições. Ou não vão fazer porque elas são de direita!? *Mulher de verdade* não necessita ir pra rua despir-se ou fazer gestos ou cenas ridículas, basta ter um cérebro. *Mulher de verdade* são essas ganhadoras, as mais bem votadas da história.
2. **Andressa:** @roberto o meu anjo, já que você tem uma página porque você não publica? "*Mulher de verdade*" e quem é você para falar quem é ou não é *mulher de verdade*? Hahahahahha me poupe e se poupe. Apaga que da tempo!
3. **Roberto:** @andressa Só sei que quem vai pra rua mostrar os peitos, na minha concepção não é *mulher de verdade*. Lembrando que minha página é de humor e não de política, se não já teria postado

[...]

4. **Roberto:** @sara Essa página Quebrando o Tabu é direcionada a isso. Minhas Musas?? Musas da sociedade, musas que sobressaíram, não precisaram ir pra rua mostrar o corpo, gritar, brigar porque as outras pessoas não aceitam sua posição, elas só precisaram de um cérebro e força de vontade e o resultado foi essa grande conquista
5. **Camila:** @roberto rapaz toma tipo, *mulher de verdade* é a mulher fazendo Oq quiser, e sinceramente seja homem ou seja mulher pessoas péssimas foram eleitas, eh um tipo de ser humano indefensável
6. **Roberto:** @camila Pessoas péssimas foram eleitas? Nossa, pensei que você prezava ou defendia as mulheres, a hipocrisia reina nesse seu mundinho. *Mulheres de verdade* não são essas que fazem oq quiser, são essas que batalham todos os dias, trabalham, são felizes e não precisam ir para as ruas passar vergonha como certos grupinhos
7. **Xena:** @roberto bm to esperando falar delas, por que elas sim são uma inspiração.
8. **Karla:** @roberto Quem é vc para dizer quem é ou não *mulher de verdade*?
9. **Roberto:** @karla Só sei que quem vai pra rua mostrar os peitos, defecar e urina em propriedades públicas não é *mulher de verdade*, *mulher de verdade* tem cérebro né

[...]
10. **Roberto:** @sara Só sei que mostrar os peitos como forma de protesto não agrega em nada na sociedade, *mulher de verdade* são aquelas que lutam, que vão atrás, que conquistam, que usam seu cérebro e não seu corpo como forma de protesto, *mulher de verdade* são todas as mãe brasileiras, são todas as mulheres que trabalham, que conquistam oq almejam, e são é claros as mais bem votadas dessa eleição, que até agora não ouvimos nada delas aqui nessa página retroceda
11. **Sabrina:** @roberto "*mulher de verdade*" então quer dizer que mulheres que saem na rua se despindo, fazendo gestos ou cenas ridículas, são mulheres de mentira?
12. **Roberto:** @sabrina Mulheres sem caráter, me diz, oq isso agrega na sociedade!? Além de passarem vergonha!? Não precisa disso pra conquistas valores na sociedade
[...]
13. **Tatiane:** @roberto toda mulher é *mulher de verdade*. Beijo.
[...]
14. **Fernanda:** @roberto e o que é *mulher de verdade*? A que lava, passa e conzinha? Quem é você pra fala o que é *mulher de verdade*? [...] se ela quer sair pela o problema é dela se quer sair de shorts e etc., sua obrigação é o respeito e apenas, ver mulher pelada no pornô pode, ver mina de biquíni e falar que ele é gostosa pode, agora ver uma mina de shorts você vem falar merda, você vai fazer protesto conservador ora cara sem camisa e de bermuda? Não né pse...
15. **Alice:** @roberto *Mulher de verdade* é do sexo feminino e não tem pinto. Simples.
16. **Fernanda:** @roberto *mulher de verdade* é quem se sente assim, agora o cara que eu respondi se achou no direito de falar oq é "*mulher de verdade*" isso não existe.
17. **João:** Feminismo é urinar em igreja, quebrar imagens, se vestir de jejus travesti, enfiar crucifixo no rabo, suvaco peludo. *Mulher de verdade* nao tem sindrome de vira lara e faz a diferença.

Nesse excerto, dois perfis apresentados como masculinos – Roberto e João – reiteram a contraposição excludente entre mulher "de verdade" e mulher feminista, mobilizando os mesmos *scripts* e imagens estereotipadas do feminismo verificados no exemplo anterior: "Mulher de verdade não necessita ir pra rua despir-se ou fazer gestos ou cenas ridículas" (comentário 1); "Só sei que quem vai pra rua mostrar os peitos, na minha concepção não é mulher de verdade" (comentário 3); "Só sei que quem vai pra rua mostrar os peitos, defecar e urina [*sic.*] em propriedades públicas não é mulher de verdade" (comentário 9); "Só sei que mostrar os peitos como forma de protesto não agrega em nada na sociedade" (comentário 10); "Não precisa disso pra conquistas valores na sociedade (comentário 12); "Feminismo é urinar em igreja, quebrar imagens, se vestir de jejus travesti, enfiar crucifixo no rabo, suvaco [*sic.*] peludo. Mulher de verdade nao [*sic.*] tem sindrome [*sic.*] de vira lara [*sic.*] e faz a diferença" (comentário 17).

Mas o interesse desse exemplo está na redução da contraposição excludente entre mulheres "de verdade" e feministas a uma contraposição mais antiga na tradição judaico-cristã entre corpo e espírito, manifesta na série de dicotomias explicitadas por Roberto e João entre corpo e cérebro (comentários 1, 4, 9 e 10), corpo e força de vontade (comentários 4 e 17), corpo e caráter (comentário 12). As associações entre corpo e pudor/vergonha (comentários 3, 4, 6 e 12) e corpo e transgressão (comentários 9, 12 e 17) também remetem a essa mesma tradição: o corpo associado ao pecado, à perdição; o espírito associado à redenção do pecado, à salvação. As feministas são associadas ao primeiro; e as mulheres "de verdade", ao segundo.

Dão concretude às dicotomias e associações apontadas as referências de Roberto (e também de Xena, no comentário 7) a personagens em evidência no cenário político da época – "mulheres mais bem votadas nessas eleições"; "ganhadoras, as mais bem votadas da história" (comentário 1); "Musas da sociedade, musas que sobressaíram, não precisaram ir pra rua mostrar o corpo, gritar, brigar porque as outras pessoas não aceitam sua posição, elas só precisaram de um cérebro e força de vontade e o resultado foi essa grande conquista" (comentário 4) –, assim como as referências de Roberto e João a quadros e esquemas socioculturais e ideológicos relacionados à meritocracia e à maternidade – "mulher de verdade são todas as mãe brasileiras, são todas as mulheres que trabalham, que conquistam oq [*sic.*] almejam" (comentário 10); "Mulher de verdade nao [*sic.*] tem sindrome [*sic.*] de vira lara [*sic.*] e faz a diferença" (comentário 17).

Tais referências são contestadas por perfis femininos: "pessoas péssimas foram eleitas, eh [*sic.*] um tipo de ser humano indefensável" (comentário 5); "e o que é mulher de verdade? A que lava, passa e conzinha [*sic.*]?" (comentário 14). Mas o enquadramento mais frequente nas réplicas femininas é o da (não) legitimidade do interlocutor –

Roberto, no caso. Tanto para definir a categoria mulher "de verdade", segundo os quadros e esquemas apontados anteriormente – "Quem é você pra fala o que é mulher de verdade?" (comentário 14); "o cara que eu respondi se achou no direito de falar oq [*sic.*] é 'mulher de verdade' isso não existe" (comentário 16) –, quanto para "diagnosticar, avaliar e prescrever", nos termos de Entman,[52] com base nessa mesma definição – "quem é você para falar quem é ou não é mulher de verdade?" (comentário 2); "Quem é vc [*sic.*] para dizer quem é ou não mulher de verdade?" (comentário 8). Mais uma vez, são apagados/omitidos aspectos positivos dos feminismos, que poderiam reconstruir categorias identitárias para além da contraposição mencionada, e salientados apenas aspectos negativos do movimento – mesmo que para negá-los, criticá-los, associá-los a questões pessoais. O que, de algum modo, é provocado pelo próprio *post*, dado seu enquadramento, conforme mencionamos anteriormente. No fim das contas, parece que o que está em questão é que "cada um é cada um" e só pode falar por si – o que apaga, uma vez mais, o caráter eminentemente político dos feminismos e enquadra a ordem dos papéis e das identidades via saliência do tradicional binarismo homem/mulher, acionado inclusive na polêmica que inaugura o *post* ("– Você não acha que isso de feminismo não joga homem contra mulher? – Ai, eu não aguento mais explicar isso... FEMINISMO NÃO É SER CONTRA HOMENS").

Propostas de ressignificação da categoria mulher "de verdade" aparecem nas réplicas de perfis femininos. Três delas são tentativas de desconstrução da capacidade operacional da noção introduzida por Roberto para diferenciar e classificar as mulheres – "toda mulher é mulher de verdade" (comentário 13); "mulher de verdade é a mulher fazendo Oq [*sic.*] quiser" (comentário 5); "mulher de verdade é quem se sente assim" (comentário 16). A primeira esvazia toda dicotomia entre mulher e mulher "de verdade"; a segunda desloca o foco da diferença e enquadra a questão no âmbito da autonomia e da liberdade; a terceira aponta para o caráter performativo e subjetivo do gênero; todas elas ressoando concepções identitárias discutidas pelos feminismos. Menos genérica e, portanto, de menor alcance é a terceira redefinição proposta – "Mulher de verdade é do

52 Entman, 1993; 2007.

sexo feminino e não tem pinto. Simples" (comentário 15). Ao correlacionar gênero e sexo femininos, exclui pessoas trans a não binárias abrangidas pela concepção performativa de gênero. Tais propostas, porém, não produziram reações de alinhamento ou desalinhamento que alterassem de forma significativa o andamento da discussão, particularmente a argumentação circular dos perfis masculinos focalizados nesse exemplo: "Mulheres de verdade não são essas que fazem oq [*sic.*] quiser, são essas que batalham todos os dias, trabalham, são felizes e não precisam ir para as ruas passar vergonha como certos grupinhos" (comentário 6).

Mas perfis femininos que se posicionam como não alinhados aos princípios e métodos do ativismo feminista também reproduzem o mesmo enquadramento dado à questão pelos perfis masculinos focalizados nos dois exemplos anteriores, às vezes até com grande veemência. O comentário transcrito a seguir é representativo disso.

Exemplo 3: Comentário a *post* publicado pelo moderador da página *Quebrando o Tabu* em 1/10/2018 (referente ao *Post* 6 do Quadro 3).

> **Talita:** O que é e o que representa o feminismo de hoje? Só pra eu entender! Um bando de mulheres (sem qualquer instrução e/ou profissão) peladas na rua, atentando contra o pudor e faltando ao respeito com os cidadãos de bem, em busca apenas fervo e mídia, e ainda dizem que querem respeito e direitos (quando nem mesmo elas se respeitam)?! Ah, por favor! Acontece que essas atitudes "femininas" de hoje não colocam comida na boca de ninguém, tá! Muito menos garantem direitos. Mulher de verdade, vai à luta, trabalha duro, é digna, se valoriza, se respeita em primeiro lugar, e conquista o que é dela! Mulher de verdade luta tanto quanto ou até mais que muitos homens por aí, e faz por merecer as conquistas de seu direitos...essas mulheres (ASSIM COMO EU) nunca precisaram, nem precisam desse "feminismo" de hoje que muitos defendem por aí.

No *post* que dá origem a esse comentário, o enquadre é também a polêmica sobre ser a favor ou contra o feminismo. Na imagem do *post*, o seguinte diálogo está posto em escrita grafocêntrica: "'Eu sou contra o feminismo' – Mas vc acha que homens são superiores às mulheres? – Não! – Vc acha que as mulheres devem ter os mesmos direitos dos homens? – Sim! – Miga, vc é feminista". Ao postar essa imagem, o moderador traz a seguinte frase inicial: "Sim, e seja bem-vinda".

É interessante observar, no comentário selecionado, tanto a reprodução da contraposição excludente entre mulher "de verdade" e mulher feminista através da mobilização de representações e *scripts* estereotipados, já apontados nos dois exemplos anteriores, quanto o enquadramento do ativismo feminista como transgressão da lei e violação da ordem pública (vagabundagem, atentado ao pudor). Nessa perspectiva, o feminismo é visto como uma ameaça ao "cidadão de bem" (respeito e dignidade), e não apenas como uma manifestação ridícula e desavergonhada de um grupo de indivíduos (ignorantes) que querem chamar atenção: "Um bando de mulheres (sem qualquer instrução e/ou profissão) peladas na rua, atentando contra o pudor e faltando ao respeito com os cidadãos de bem, em busca apenas fervo e mídia".

Também são acionadas, no exemplo, as agendas econômica ("essas atitudes 'femininas' de hoje não colocam comida na boca de ninguém") e política ("Muito menos garantem direitos") apenas para ratificar o enquadramento principal dado à questão – mulher "de verdade" é uma construção identitária estabelecida, na discussão, a partir de valores morais relacionados à meritocracia e ao livre mercado ("Mulher de verdade, vai à luta, trabalha duro, é digna, se valoriza, se respeita em primeiro lugar, e conquista o que é dela!") –, valores esses que, conforme tal enquadramento, mulheres feministas não possuem (e deveriam – ao menos se quisessem ser consideradas mulheres "de verdade").

Como no caso dos exemplos anteriores, permanecem fora do horizonte da discussão questões caras ao feminismo desde o século XX, como a das relações entre performatividade de gênero e luta política pelo controle do corpo e das representações ligadas ao feminino, assim como a dimensão coletiva dos impactos desse movimento na agenda social e política contemporânea. O que, na verdade, permanece apagado mesmo no *post* apresentado na página e no comentário inicial do moderador, que reproduz a ordem vigente da "livre concorrência" entre indivíduos/identidades. O fato de os feminismos serem muitos, diversos e não unânimes em seus discursos e métodos é um agravante a ser considerado, pois não há propriamente uma doutrina ou um método a ser discutido ou ensinado, como parece acreditar grande parte, senão a maioria, dos interactantes nas redes.

Considerações finais

Considerando o conjunto dos dados de análise aqui focalizados, o que mais chama atenção é tanto a falta de conhecimento sobre temas específicos dos feminismos quanto a dinâmica da desinformação pela repetição, própria das redes, e pela circularidade das razões e dos argumentos, própria dos chamados diálogos de surdos. Nesse sentido, os perfis masculinos e femininos não alinhados às reivindicações feministas ainda controlam boa parte da dinâmica interacional de que participam, na medida em que dificilmente são ignorados e, mesmo quando são ridicularizados ou desqualificados, acabam pautando os termos da discussão, como ilustram os exemplos da seção anterior.

A contraposição excludente entre mulher "de verdade" e mulher feminista é um artifício instituído e reiterado por esses perfis para a redução dos debates fomentados pelos feminismos a mais uma encenação simplória da luta entre o bem o mal, o pecado e a virtude, a lei e o crime, a ordem e o caos. E, em função desse enquadre binário e dicotômico, vão sendo classificados princípios, ações e atitudes que de alguma forma colocam em xeque matrizes socioculturais e ideológicas que sustentam o *status quo*.

Nesse sentido, a dissociação entre sexo e identidade de gênero por uma visão performativa das identidades e o questionamento sistemático dos dispositivos de controle da mulher e do corpo feminino, tanto no espaço público quanto no privado, são, de fato, grandes perturbações de natureza política e ideológica trazidas pelos movimentos feministas e que grande parte dos seguidores da página *Quebrando o Tabu* ainda não enfrentaram de forma mais qualificada em suas discussões, conforme mostraram os enquadramentos binaristas e simplórios analisados – o que não significa que não as enfrentem em seu dia a dia fora das redes sociais.

A respeito desse não enfrentamento, ou desse enfrentamento encenado de forma pouco produtiva, cumpre salientar o papel do moderador da página nos enquadramentos dados às questões lançadas à discussão, conforme apontado na seção anterior. Mais empenhado em produzir reações (palavras, sinais ou *clicks*), conforme um princípio bem conhecido do *marketing* nas redes, reduz sua atuação à de provocar, com base em quadros e esquemas socioculturais e ideológicos preexistentes, como os relacionados à "guerra dos sexos", tema de uma telenovela de grande sucesso no Brasil dos anos 1980,[53] reencenada nos anos 2010[54] e ainda disponível na internet.[55]

Referências

ALVES, A. & LAGO, M. "Ai, que saudades da Amélia", 1942. Disponível em <https://www.letras.mus.br/mario-lago/377002/>. Acesso em 26/8/2023.

BLOMMAERT, J.; LU, Y. & LI, K. "From the self to the selfie". *Tilburg papers in Culture Studies*, 222, 2019. Disponível em <https://research.tilburguniversity.edu/en/publications/from-the-self-to-the-selfie>. Acesso em 26/8/2023.

BLUMER, H. *Symbolic interactionism: perspective and method.* Berkeley, University of California Press, 1969.

BRAGA, A. "Técnica etnográfica aplicada à comunicação online: uma discussão metodológica". *UNIrevista*, 1 (3): 1-11, 2006.

BUTLER, J. *Problemas de gênero: feminismo e subversão da identidade.* Rio de Janeiro, Civilização Brasileira, 2003.

_______. *Undoing gender.* New York/London, Routledge, 2004.

_______. *Corpos em aliança e a política das ruas: notas para uma teoria performativa de assembleia.* Rio de Janeiro, Civilização Brasileira, 2018.

DRUCKMAN, J. N. "What's it all about? Framing in political science". *In*: KEREN, G. *Perspectives on framing.* New York, Psychology Press, 2011.

ENTMAN, R. M. "Framing: toward clarification of a fractured paradigm". *Journal of Communication*, 43 (4): 51-58, 1993.

_______. "Framing bias: media in the distribution of power". *Journal of communication*, 57 (1): 163-173, 2007.

FRAGOSO, S.; RECUERO, R. & AMARAL, A. *Métodos de pesquisa para internet.* Porto Alegre, Sulina, 2011.

GAMSON, W. A. *Talking politics.* Cambridge, Cambridge University Press, 1992.

GLOBOPLAY. *Guerra dos Sexos.* Disponível em <https://globoplay.globo.com/guerra-dos-sexos/t/vBHY2Yg8jH/>. Acesso em 26/8/2023.

53 Cf. Wikipédia, "Guerra dos Sexos".

54 Cf. *Idem*, "Guerra dos Sexos (2012)".

55 Cf. Globoplay.

GOFFMAN, E. *Behavior in public places: notes on the social organization of gatherings*. New York, Free Press, 1966.

HINE, C. *Virtual ethnography*. Los Angeles/London/New Delhi, Sage Publications, 2000.

______. "Ethnographies of online communities and social media: modes, varieties, affordances". *In*: FIELDING, N. G.; LEE, R. M. & BLANK, G. *The Sage handbook of online research methods*. Los Angeles/London/New Delhi/Singapore/Washington/Melbourne, Sage Publications, 2008.

______. "How can qualitative internet researchers define the boundaries of their project?". *In*: MARKHAM, A. N. & BAYM, N. K. (ed.). *Internet inquiry: conversations about method*. Los Angeles/London/New Delhi/Singapore, Sage, 2009.

______. *Ethnography for the internet: embedded, embodied and everyday*. London, Bloomsbury Publishing, 2015.

HIRATA, H. *et al.* (org.). *Dicionário crítico do feminismo*. São Paulo, Editora Unesp, 2009.

LACHAPELLE, E.; MONTPETIT, É. & GAUVIN, J. P. "Public perceptions of expert credibility on policy issues: the role of expert framing and political worldviews". *Policy Studies Journal*, 42 (4): 674-697, 2014.

LEITÃO, G. "Fenômeno na internet, 'Quebrando o tabu' chega à TV". *O Globo*, 2023. Disponível em <https://oglobo.globo.com/cultura/revista-da-tv/fenomeno-na-internet-quebrando-tabu-chega-tv-22970720>. Acesso em 26/8/2023.

LINHARES, J. "Marcela Temer: bela, recatada e 'do lar'". *Revista Veja*, 2016. Disponível em <https://veja.abril.com.br/brasil/marcela-temer-bela-recatada-e-do-lar/>. Acesso em 26/8/2023.

LOURO, G. L. "Gênero e sexualidade: pedagogias contemporâneas". *Pro-Posições*, 19 (2): 17-23, 2008.

MAHON, K. "Os caminhos do sucesso do projeto Quebrando o Tabu". *Comunique-se*, 2019. Disponível em <https://portal.comunique-se.com.br/os-caminhos-do-sucesso-do-projeto-quebrando-o-tabu/>. Acesso em 26/8/2023.

MOITA LOPES, L. P. "Linguística aplicada e vida contemporânea: problematização dos construtos que têm orientado a pesquisa". *In*: MOITA LOPES, L. P. (org.). *Por uma linguística aplicada indisciplinar*. São Paulo, Parábola Editorial, 2006.

______. "Os novos letramentos digitais como lugares de construção de ativismo político sobre sexualidade e gênero". *Trabalhos em Linguística Aplicada*, 49 (2): 393-417, 2010.

MOITA LOPES, L. P. & FABRÍCIO, B. F. "'Se eu fosse mulher...': performances de gênero e sexualidade em Como gostais". *In*: MOITA LOPES, L. P. (org.). *Performances*. Rio de Janeiro, Contracapa, 2007.

______. "Viagem textual pelo sul global: ideologias linguísticas queer e metapragmáticas translocais". *Linguagem em (Dis)curso*, 18 (3): 769-784, 2018.

NARVAZ, M. G. & KOLLER, S. H. "Metodologias feministas e estudos de gênero: articulando pesquisa, clínica e política". *Psicologia em estudo*, 11 (3): 647--654, 2006.

OSTERMANN, A. C. "Localizing power and solidarity: pronoun alternation at an all-female police station and a feminist crisis intervention center in Brazil". *Language in Society*, 32 (3): 351-381, 2003.

OSTERMANN, A. C. & FONTANA, B. "Linguagem. Gênero. Sexualidade: uma introdução". *In*: OSTERMANN, A. C. & FONTANA, B. (org.). *Linguagem, gênero, sexualidade: clássicos traduzidos*. São Paulo, Parábola Editorial, 2010.

PENNYCOOK, A. "Uma linguística aplicada transgressiva". *In*: MOITA LOPES, L. P. (org.). *Por uma linguística aplicada indisciplinar*. São Paulo, Parábola Editorial, 2006.

PITTY. "Desconstruindo Amélia", 2009. Disponível em <https://www.letras.mus.br/pitty/1524312/>. Acesso em 26/8/2023.

RAGO, M. "Epistemologia feminista: gênero e história". *In*: PEDRO, J. & GROSSI, M. (org.). *Masculino, feminino, plural*. Florianópolis, Mulheres, 1998.

SAYURI, J. "O quebrador de tabus". *Revista Trip*, 2016. Disponível em <https://revistatrip.uol.com.br/trip/entrevista-com-guilherme-m-criador-da-fanpage-quebrando-tabu>. Acesso em 26/8/2023.

SOARES, I. A. "Quebrando o Tabu e a importância da curadoria digital". *Medium*, 2016. Disponível em <https://medium.com/@isadoraarmanisoares/quebrando-o-tabu-e-a-import%C3%A2ncia-da-curadoria-digital-8f3f4557279b>. Acesso em 26/8/2023.

WALBY, S. *The future of feminism*. Polity Press, Cambridge, 2011.

WIKIPÉDIA. "Guerra dos Sexos". Disponível em <https://pt.wikipedia.org/wiki/Guerra_dos_Sexos>. Acesso em 26/8/2023.

______. "Guerra dos Sexos (2012)". Disponível em <https://pt.wikipedia.org/wiki/Guerra_dos_Sexos_(2012)>. Acesso em 26/8/2023.

5

Reflexões indisciplinadas sobre epistemologia em linguística

José Luiz Fiorin

Para Luiz Paulo, parceiro de muitas enunciações.

Luiz Paulo da Moita Lopes pensa, assim como outros pesquisadores das ciências sociais e humanidades, sobre a necessidade de "reinventar a vida social, o que inclui a reinvenção de formas de produzir conhecimento".[1] Ao fazer essa reflexão, propõe uma Linguística Aplicada híbrida ou mestiça, em que haja uma "permeabilidade crescente entre fronteiras" disciplinares, que utilize "perspectivas de várias áreas do conhecimento com a finalidade de integrá-las".[2] Essa proposta é uma proposição que nega a lógica disciplinar sobre a qual estão baseados nosso fazer científico e nosso ensino. Essa negação é expressa pelo termo *indisciplinar.*

Além disso, essa nova Linguística Aplicada explodirá a relação entre teoria e prática, pondo em questão o pressuposto da neutralidade científica e recusando as abstrações separadas da vida social.[3] Esse fazer científico incorporará as vozes do Sul. Aí está implícita a questão do sujeito social, cuja história não pode ser apagada. Esse sujeito tem uma "natureza fragmentada, heterogênea, contraditória, fluida".[4] Nessa Linguística Aplicada, os novos pilares são a ética e o poder. No entanto, Moita Lopes recusa o relativismo ético que considera iguais todas as normas e todos os valores. Sua escolha baseia-se "na exclusão dos significados que causem sofrimento humano ou significados que façam mal aos outros".[5]

---

1 Moita Lopes, 2006a, p. 85.
2 *Idem*, p. 98
3 *Idem*, pp. 100-101.
4 *Idem*, p. 102.
5 *Idem*, p. 103.

Como se vê, a reflexão de Moita Lopes é epistemologicamente poderosa e eticamente intensa. Ela incita-nos a repensar a epistemologia de nosso fazer científico. Por isso, pretendo repensar alguns fundamentos epistemológicos da chamada Linguística Teórica, embora não na mesma intensidade com que Luiz Paulo pensa a Linguística Aplicada.

Saussure, em seu *Curso de linguística geral*,[6] estabeleceu alguns princípios que serviram de base para a constituição da linguística moderna:

1. embora possa haver uma linguística da fala, a linguística propriamente dita é aquela cujo único objeto é a língua;
2. a língua é forma e não substância;
3. na língua há apenas diferenças;
4. há um ponto de vista sincrônico e um diacrônico na linguística: é sincrônico tudo o que se relaciona com o aspecto estático dessa ciência, diacrônico tudo o que diz respeito à evolução;
5. o estudo sincrônico é estrutural, o diacrônico, não.

A partir dessas posições, o estruturalismo buscou definir objetos autônomos e discretos, reconhecer e construir formas e representações estáveis. A estabilidade é, então, erigida como princípio de cientificidade. É verdade que aqui e ali surgiram críticas a esses postulados. No entanto, nenhuma punha em questão o princípio da estabilidade.

A língua, objeto dinâmico, transforma-se em um modelo estático, pois se buscam invariantes, que constituem o sistema, e relegam-se as variantes ao extrassistêmico. Esse modelo coloca a estabilidade como elemento central da ciência da linguagem. Mesmo modelos linguísticos que se pretendiam pós-estruturalistas ou antiestruturalistas não abandonaram o que poderíamos chamar a *episteme* da estabilidade. São estáveis a sincronia, o paradigma, a coerência, a norma, o sentido primeiro, a denotação etc. As teorias do desvio, ao trabalhar com o que fora marginalizado pela teoria saussuriana, reconhecem ainda a idealidade estável de uma norma. As gramáticas universais, sejam elas de princípios e parâmetros ou filosóficas, dando continuidade a uma tradição que vem da Idade Média, seguem tendo esse conceito no centro de sua teoria.

---

6 Saussure, 1969.

A estabilização do objeto produziu resultados consideráveis para a ciência da linguagem, pois permitiu entender os princípios que regem o sistema. No entanto, os modelos estáticos sobreorganizam o objeto e, por conseguinte, mascaram uma propriedade essencial da linguagem, seu dinamismo interno, pois eliminam de seu campo de estudo tudo o que seria do domínio da inconstância, da indecisão, da concorrência. A linguagem é uma relação de equilíbrio precário derivado de forças estabilizadoras e desestabilizadoras. Com efeito, uma das fontes do dinamismo do sistema é a atração do extrassistêmico para a órbita dos sistemas e a expulsão do sistêmico para o domínio do extrassistêmico.[7] Por outro lado, sabemos que, por exemplo, a língua *standard* ou as estruturas mitológicas são "redes de força tecidas por variantes socioculturais"; que a coesão e a coerência se erigem sobre um fundo de dispersão e incoerência.[8] Na verdade, a questão é que as relações de equilíbrio entre as forças coesivas e as forças dispersivas são intrinsecamente significantes.

A tendência da linguística para a estabilidade não é nova; não surge com a linguística moderna. A filologia, ao buscar o estabelecimento do texto definitivo ou de referência, e a hermenêutica, ao tentar detectar o verdadeiro sentido do texto, operam já no interior dessa *episteme*.

No entanto, uma das tendências da ciência contemporânea é o estudo das instabilidades. Na linguística, depois do império quase absoluto do sistema e da competência, aparecem novos objetos ou revitalizam-se os antigos: a mudança linguística, a variação linguística e, principalmente, o uso linguístico. Todos esses objetos tiveram que levar em conta a instabilidade. Enquanto as teorias anteriores insistiam no fato de que o que tinha valor significante era o que Fontanille[9] denomina as figuras da estabilidade (categorias, elementos discretos, diferenças, descontinuidades, invariantes universais ou culturais etc.), certas tendências mais recentes preocupam-se com os efeitos de sentido da instabilidade (a variação, a identidade, a continuidade etc.).

Buscar a instabilidade significa pensar a linguagem como *enérgeia* (força criadora) e não como *érgon* (produto). Marina Yaguello diz que

---

7 Lotman, 1981, p. 75.

8 Fontanille, 1992.

9 *Idem.*

dois princípios presidem à linguagem: o da realidade e o do prazer.[10] Na fase do balbucio, a linguagem é pura música, puro prazer. No entanto, com o aprendizado do código, com o aparecimento da noção de erro, o princípio da realidade suplanta o do prazer. Apesar disso, a linguagem continua sendo para nós gozo. Amamos os jogos de palavras, sejam os que colocam em jogo sons, sejam os que operam com sentidos. Assim, a linguagem é, ao mesmo tempo, da ordem da necessidade e da do prazer: comunicar-se é da ordem da necessidade; fazer poesia é do domínio do prazer. A linguagem é um jogo. Ao considerá-la um jogo, pensamos em duas direções semânticas aparentemente contraditórias: de um lado, os conceitos de gratuidade, de liberdade, de instabilidade; de outro, as ideias de ordem, de regra, de convenção, de estabilidade.[11]

Afirmar que a linguagem é um jogo quer dizer que ela é submetida a coerções, a regras; é uma estrutura, mas se podem tomar liberdades com ela. Se não se pudessem violar suas coerções, suas regras, sua estrutura, ela seria uma linguagem formal e artificial. A distinção entre linguagem natural e artificial é que esta não admite o jogo. Não se podem construir metáforas com as linguagens artificiais.[12] O jogo é a ousadia; é "a revolta contra o clichê, a redundância, o estereótipo, tudo o que faz que as palavras funcionem como automatismo". Portanto, a violação das regras é a luta da significação intensa contra a insignificância.[13]

Foram as teorias do discurso que deram a maior contribuição para o entendimento da instabilidade, porque, sendo o discurso da ordem do acontecimento, é o lugar da instabilidade. Como mostra Fontanille, quando se pensa a enunciação apenas como apropriação individual do sistema, concebe-se a língua como algo preexistente ao ato enunciativo, como algo independente dele, como algo autônomo que nada deve a ele. No entanto, se é verdade que a enunciação se vale de formas estereotipadas, de esquemas canônicos e de normas, também cria novos modos de dizer. É uma práxis que, ao trabalhar a língua, não só a emprega, mas também a constitui, num jogo de estabilidades e de instabilidades. Ela desestabiliza a língua e os usos, desfaz diferenças, cria outras, reinventa o universo de

10 Yaguello, 1981.

11 *Idem*, pp. 30-32.

12 *Ibidem*.

13 *Idem*, p. 33.

sentido, rompe certas coerções sintagmáticas, reconstrói paradigmas, faz e desfaz.[14] Muitas semânticas, ao buscar arquétipos e protótipos, enfatizaram a descontinuidade, a estabilidade, os tipos, deixando de lado os processos que conduzem a eles e os minam.[15]

É preciso fazer uma ressalva muito importante. Instável não é desorganizado, caótico, sem qualquer princípio de ordem. Isso seria não significante. Instável é o que não é fixo, o que não é permanente e, sobretudo, o que muda de lugar. O discurso mostra que certas formas que o sistema apresenta como absolutamente estáveis, dadas certas condições, mudam de lugar, adquirem novos valores, geram novos significados, enfim, engendram o que os que trabalham com discurso aprenderam a chamar de efeitos de sentido. Essa instabilidade não é aleatória, mas resultante de certos fenômenos.

Todas as linguagens oscilam entre os polos da instabilidade e da estabilidade. A história da literatura mostra que as formas artísticas se aproximam ora de um polo ora de outro. Ora seguem modelos rígidos e formas fixas, ora revelam um dinamismo muito grande, uma liberdade total, pois, quando a instabilidade gera o risco da incompreensão, ocorre a estabilização e, quando esta produz uma ossificação, acontece um processo de instabilização. Tudo o que um sistema considerava extrassistêmico e, portanto, inexistente é atraído para a órbita do sistema.[16] O que o parnasianismo via como não poesia (cf., por exemplo, "Profissão de fé", de Bilac) se torna poesia no modernismo. Às descontinuidades de um sistema opõem-se as continuidades e ambivalências de outro.

O discurso artístico, mais que qualquer outro, constrói-se na instabilidade, mesmo nos períodos em que se aproxima do polo da estabilidade. Como demonstrou Kolmogorov,[17] a poesia é impossível nas linguagens artificiais, porque elas não têm sinônimos, são absolutamente estáveis, não têm variação. A poesia está do lado do princípio do prazer e não da realidade, do esbanjamento e não da economia, do dinamismo e não da estabilidade.

Temos jogos de sons e de sentido na linguagem. Os primeiros instabilizam o princípio da arbitrariedade do signo, erigido como princípio fundamental

---

14 Fontanille, 1992.

15 *Idem.*

16 Lotman, 1981, pp. 82-84.

17 Kolmogorov, 1998 [1963] *apud* Lotman 1981, p. 85.

da linguística da estabilidade. Em oposição a ele, a repetição de sons iguais ou a acumulação dos mesmos traços fônicos numa dada extensão linguística põem em xeque a arbitrariedade do signo. O material sonoro contribui para produzir significação, o plano da expressão é colocado em função do conteúdo. Em outras palavras, os elementos da cadeia sonora recriam, de algum modo, o significado presente no plano do conteúdo. Esses jogos são a aliteração, a assonância, a rima, o ritmo etc.

A assonância do /a/, vogal central baixa, nos versos que seguem do poema "A lavadeira", de Cassiano Ricardo, recriam, no plano da expressão, o conteúdo de brancura, que remete à ideia de pureza e de salvação:

> E minha alma, salva,
> ficará mais alva
> do que a estrela d'alva![18]

A assonância do /i/, vogal anterior alta, no poema "Amarelo", de Guilherme de Almeida, sugere o amarelo de ouro do cantar do pássaro:

> Na gaiola de ouro
> um canário pálido trila um pio fino
> frio como um fio de ouro. [19]

A aliteração do /t/, consoante oclusiva linguodental surda, no primeiro capítulo do romance *A bagaceira*, de José Américo de Almeida, indica a dificuldade de os retirantes moverem as pernas:

> Era o êxodo da seca de 1898. Uma ressurreição de cemitérios antigos – esqueletos redivivos, com o aspecto terroso e o fedor das covas podres. Os fantasmas estropiados como que iam dançando, *de tão trôpegos e trêmulos*, num passo arrastado de quem leva as pernas, em vez de ser levado por elas.[20]

A rima *horta/porta*, no seguinte provérbio português, intensifica o sentido, ao aproximar semanticamente palavras que terminam do mesmo modo: "Tanto rouba quem vai à horta como quem fica à porta".

---

[18] Ricardo, 1964, p. 57.

[19] G. Almeida, 1955, p. 148.

[20] J. Almeida, 2008, p. 98.

Os jogos com o sentido são os tropos (a conotação); as figuras não trópicas, como repetições; as explorações de sinônimos; a aproximação inesperada de palavras e assim por diante.

Uma subversão do sentido é a metáfora. As metáforas e as metonímias, uma vez construídas, podem criar, respectivamente, um plano de leitura metafórico ou metonímico para o texto, e, assim, outros termos vão ganhando também um sentido metafórico e metonímico. Uma metáfora ou uma metonímia permitem ler metafórica ou metonimicamente um texto inteiro. Veja a seguir o poema "Lua cheia", de Cassiano Ricardo.

> Boião de leite
> que a noite leva
> com mãos de treva,
> pra não sei quem beber.
> E que, embora levado
> muito devagarinho,
> vai derramando pingos brancos
> pelo caminho.[21]

A expressão *boião de leite* não pode, no contexto, significar "vaso bojudo, de boca larga, cheio de leite", porque quem o carrega é a noite. Deve significar "lua cheia". Trata-se de uma metáfora, porque, entre os dois significados, existem traços de intersecção: a forma arredondada e a cor branca. Construída essa metáfora, o texto inteiro deve ser lido metaforicamente: *a noite leva com mão de treva* significa o "avanço da noite"; *embora levado muito devagarinho* quer dizer "avanço vagaroso da lua no céu"; *derramando* significa "fazendo aparecer"; *pingos brancos* quer dizer "estrelas"; *caminho* significa "trajetória seguida pela lua em seu movimento no céu". Todos os termos lidos metaforicamente também mantêm uma semelhança de sentidos entre o primeiro e o criado no texto: por exemplo, entre o sentido original de *pingo*, que é "gota", e o sentido construído no texto, ou seja "estrela", há dois traços em comum: tamanho pequeno e formato de glóbulo.

Analisemos o soneto "É a vaidade, Fábio", de Gregório de Matos:

---

21 Ricardo, 1957, p. 135.

É a vaidade, Fábio, nesta vida,
Rosa, que da manhã lisonjeada,
Púrpuras mil, com ambição dourada,
Airosa rompe, arrasta presumida.

É planta, que de abril favorecida,
Por mares de soberba desatada,
Florida galeota empavesada,
Sulca ufana, navega destemida.

É nau enfim, que em breve ligeireza,
Com presunção de Fênix generosa,
Galhardias apresta, alentos preza:

Mas ser planta, ser rosa, nau vistosa,
De que importa, se aguarda sem defesa
Penha a nau, ferro a planta, tarde a rosa?[22]

Nesse texto, o poeta vai explicar a Fábio o que é a vaidade. No primeiro quarteto, afirma que ela é *rosa*; no segundo, que é *planta*; no primeiro terceto, que é *nau*. Essas três palavras significam, no soneto, "vaidade". Para que o leitor entenda por que *rosa*, *planta* e *nau* têm esse sentido no texto, o poeta vai explicar a relação que estabelece entre o significado de cada um desses termos e o do vocábulo *vaidade*.

No primeiro quarteto, diz que a vaidade é rosa, mas não qualquer uma. É aquela lisonjeada pela manhã, ou seja, a rosa recém-aberta e que, portanto, está em todo o seu esplendor. O que o poeta quer dizer, então, é que a vaidade é a beleza aparente, que se exibe, brilha e seduz (*Púrpuras mil, com ambição dourada/Airosa rompe, arrasta presumida*). No segundo quarteto, o poeta afirma que a vaidade é planta, mas em pleno esplendor da primavera, já que é *de abril favorecida* (abril é o mês em que, no Hemisfério Norte, a primavera está em seu apogeu). A vaidade é, então, esplendor (*planta de abril favorecida*) e ornamentos (*florida galeota empavesada*) que se exibem pela vida (*por mares de soberba desatada*) com orgulho (*sulca ufana*) e arrojo (*navega destemida*). No primeiro terceto, ao dizer que a vaidade é *nau*, o poeta mostra que o ser humano vaidoso é aquele que, apesar de ter a presunção da perpetuidade (*Fênix generosa*),

22 Matos, 1973, pp. 73-74.

valoriza os brilhos exteriores (*galhardias apresta*) e momentâneos (*alentos preza*). A relação que se estabelece entre os significados das palavras *rosa, planta, nau* e do termo *vaidade* é que existem traços comuns de sentido entre eles, é que há uma relação de intersecção entre seus significados: o homem vaidoso exibe suas belezas, como a rosa recém-aberta; mostra apenas seus esplendores, como a planta na primavera; valoriza o que é exterior e momentâneo, embora tenha a presunção de perpetuidade, como a nau. Trata-se, então, de três metáforas para denominar a vaidade.

No último terceto, o termo *penha* (= penhasco, rochedo) significa o "naufrágio" do navio. Como *penha* pode ter esse sentido? O penhasco é a causa do naufrágio, que é seu efeito. Dá-se à causa o significado do efeito. Entre esses dois sentidos, há uma relação de contiguidade (ou seja, de união, proximidade, adjacência, vizinhança e, por conseguinte, de coexistência, de interdependência, de implicação), isto é, um efeito aparece unido, relacionado a uma causa. O vocábulo *ferro* significa o "corte" da planta. Aqui a alteração do significado se faz em duas etapas. Ferro é o material de que é feito o machado; *ferro* quer, pois, dizer "machado". No caso, o material de que um objeto é feito está designando o próprio objeto. Entre os dois significados há uma relação de contiguidade. Em seguida, *machado* passa a significar "corte". Utiliza-se, portanto, o instrumento com que uma ação é feita para designar a ação. Entre a ação e o instrumento, há também uma relação de contiguidade, pois o segundo está proximamente relacionado à primeira. A palavra *tarde* significa o "fenecer", o "murchar" da rosa. Usa-se, pois, o momento pelo evento que nele ocorre. Entre os dois significados, há uma relação de contiguidade, pois o evento está intrinsecamente unido a um dado momento. Esses três elementos são metonímias. No entanto, como *nau, planta* e *rosa* não estão usadas no seu sentido próprio no soneto, mas são metáforas, significando o "homem vaidoso", os significados "naufrágio", "corte" e "fenecimento", contaminados pelo valor semântico das três metáforas contíguas, passam a significar "morte". Entre os significados "naufrágio", "corte" e "fenecimento", de um lado, e "morte", de outro, há uma relação de semelhança, ou de intersecção, já que todos contêm o traço semântico /acabamento/, /fim/. As três metonímias metaforizam-se. O que o poeta pergunta, pois, no segundo terceto, é: de que vale ser vaidoso, se a morte é inexorável (*se aguarda sem defesa/Penha a nau, ferro a planta, tarde a rosa*)? O soneto trata, então, com um brilhante jogo de metáforas e metonímias, bem como de metonímias que se metaforizam, de temas muito caros ao barroco: o caráter passageiro da vida e a inevitabilidade da morte.

A combinação inesperada de palavras ou expressões destina-se a instabilizar os significados, manifestando um novo sentido, que resulta exatamente da junção de palavras que, em princípio, não se combinam. Por exemplo, em *O Estado de S. Paulo*, de 31/3/1994, apareceu a seguinte frase: "Palmeiras perde *o jogo e a cabeça* na Argentina".[23]

Observe-se a combinação que faz Drummond no poema *O amor bate na aorta*:

> Cardíaco e melancólico,
> o amor ronca na horta
> entre pés de laranjeira
> *entre uvas meio verdes*
> *e desejos já maduros*.[24]

Nesta passagem de *Grande sertão: veredas*, de Guimarães Rosa, enfileiram-se vocábulos designativos do demônio para mostrar sua onipresença e, portanto, sua importância para Riobaldo:

> E as ideias instruídas do senhor me fornecem paz. Principalmente a confirmação, que me deu de que o Tal não existe; pois é não? O Arrenegado, o Cão, o Cramulhão, o Indivíduo, o Galhardo, o Pé-de-Pato, o Sujo, o Homem, o Tisnado, o Coxo, o Temba, o Azarape, o Coisa-Ruim, o Mafarro, o Pé-Preto, o Canho, o Duba-Dubá, o Rapaz, o Tristonho, o Não-sei-que-diga, O-que--nunca-se-ri, o Sem-Gracejos... Pois, não existe! E se não existe, como é que se pode se contratar pacto com ele?[25]

No entanto, o exemplo mais interessante é o tropo conhecido com o nome de enálage, do grego *enallagé*, que significa "troca, permutação, transposição", que é o uso de uma categoria gramatical por outra (um número por outro, um gênero por outro, uma pessoa por outra, um tempo

---

23 A frase publicada em *O Estado de S. Paulo* é recontextualizada no *blog* Aio Educação. Cf. Educação..., 1994.

24 Andrade, 1983, p. 105.

25 Rosa, 1986, p. 37.

por outro, um modo por outro, uma voz por outra, uma classe por outra etc.). A enálage mostra que não há categorias fixas no sistema. Tudo o que parece muito estável pode ser instabilizado. A frase que segue foi dita por Pelé, numa entrevista, usando a terceira pessoa pela primeira, o que lhe permite dividir-se em Edson e Pelé: "Até o Edson, que conhece o Pelé desde criança, ficou impressionado com os números".[26]

No trecho que segue, retirado do capítulo 11 de *Olhai os lírios do campo*, de Érico Veríssimo, o presente do indicativo tem o valor de presente do futuro, para marcar a certeza da ocorrência do fato:

> Os olhos de Filipe brilharam.
> – A caminho das nuvens – declarou ele, com a sua voz cheia e retumbante. – Dentro de um ano vocês *estão* bebendo uma taça de champanhe na soteia do Edifício mais alto da América do Sul. Esse será o dia mais feliz da minha vida![27]

No provérbio que segue, o indicativo é usado no lugar do subjuntivo para indicar a verdade da afirmação de que uma pílula não tem bom gosto. Ao mesmo tempo, o pretérito mais-que-perfeito *dourara* com o valor do futuro do pretérito *douraria* corrobora a veracidade da asseveração proverbial: "Se pílula bem *soubera*, não se dourara por fora".

Nos versos que seguem, retirados da estrofe 11 do canto X de *Os Lusíadas*, de Camões, usa-se a voz ativa *destruir* pela passiva *ser destruído*, como comprova a existência do agente da passiva *do Samorim potente*. O uso da ativa no lugar da passiva intensifica a ação.

> Sofrerá suas cidades e lugares,
> Com ferro, incêndios, ira e crueldade,
> Ver destruir do Samorim potente,
> Que tais ódios terá co'a nova gente.
> (Ele sofrerá ver serem destruídos pelo Samorim potente, com ferro, incêndio, ira e crueldade, suas cidades e lugares).[28]

Poder-se-ia continuar exemplificando com o uso de um gênero pelo outro, de um número pelo outro, de uma classe de palavras por outra

---

26 *Veja*, 2/5/2012, p. 80.

27 Veríssimo, 1995, pp. 119-120.

28 Camões, 1931, p. 261.

e assim por diante. Vê-se que se pode instabilizar qualquer elemento do sistema. A língua é construção de base social e variável. A realidade do uso da língua é fluida, heterogênea e menos padronizada do que fazem crer os gramáticos. Ao levar em conta as instabilidades, perdem a primazia a regularidade, a consistência, o sistema, e ganham vulto o incomum, o insólito, o infrequente, o "errado". Moita Lopes defende que "o acaso e o incomum devem ser mais prestigiados do que o que é regular, consistente e sistemático",[29] o que significa que o que deve guiar a crítica à epistemologia da ciência não são as grandes narrativas, que sistematizam e estabilizam a vida em sociedade, mas os pequenos acontecimentos, que são instáveis e têm profundas implicações sociais. Isso acarreta repensar os ideais de um sujeito social homogêneo, porque ele é constituído de "atravessamentos identitários, construídos no discurso".[30]

Por isso, além das instabilidades linguísticas, uma epistemologia dos estudos do discurso deve levar em conta que a linguagem é prática social. Isso quer dizer que, ao usar a linguagem, o enunciador cria identidades que fogem de qualquer essencialismo, pois são criadas no discurso e, portanto, são mutáveis.

A ideia de identidade compreende três componentes: o caráter, que é o conjunto de características "psíquicas" reveladas pelo enunciador; o corpo, que é o feixe de atributos físicos que o enunciador apresenta; o tom, a dimensão vocal do enunciador construída pelo discurso, mesmo o discurso escrito.

A identidade não é aquilo que o enunciador diz de si mesmo, não é a identidade descrita por ele, mas é aquela que o enunciador constrói ao produzir seu discurso. Como se apreende essa identidade numa totalidade discursiva estabelecida para fins de análise? Ela é percebida no estilo do discurso. No entanto, o que é estilo?

A estilística com que estamos habituados concebe o estilo como o desvio de uma norma, seja ela extratextual, quando é concebida como a norma linguística[31] ou como o código da prosa, em que o grau zero de poeticidade é atribuído à linguagem da prosa científica,

---

29 Moita Lopes, 2006b, p. 32.

30 *Idem*, p. 22.

31 Por exemplo, Bruneau, 1975.

informativa,[32] seja ela intratextual, quando é vista como o conjunto de padrões linguísticos imperantes no texto.[33] Essa concepção do estilo como desvio deve ser afastada, pois ela implica que há textos com estilo e textos sem estilo. Para nós, todos os textos têm estilo, pois ele é que constrói a identidade do enunciador.

A palavra *estilo* tem uma utilização bastante ampla. Usa-se esse termo para falar de um escritor (o estilo de Guimarães Rosa, de Aluísio Azevedo, de Pepetela, de Machado de Assis), de uma "escola" artística (o estilo barroco, o estilo romântico, o estilo dos impressionistas), de um criador qualquer (o estilo de Pierre Cardin, o estilo de Eliseu Visconti, o estilo de Rodin), de uma época (o estilo dos anos 1920), de um tipo de linguagem (o estilo jurídico, o estilo diplomático), de uma atividade humana qualquer (o estilo de governar da Dilma). Qual é o sentido de base dessa palavra, que propicia esses diferentes usos?

Estilo é o conjunto de traços particulares que define desde as coisas mais banais até as mais altas criações artísticas. É a reunião de propriedades que determina a singularidade de alguma coisa, ou, em termos mais exatos, é a totalidade de traços recorrentes do plano do conteúdo ou da expressão por meio dos quais se caracteriza um autor, uma época etc. O termo *estilo* alude, então, a um fato diferencial: diferença de um autor em relação a outro, de um pintor em relação a outro, de uma época em relação a outra, de um enunciador em relação a outro etc. Há, no estilo, como em todos os fatos discursivos, um aspecto ligado à produção do texto e um relacionado à sua interpretação. Isso significa que o estilo toma forma na interação entre produção e interpretação, ou seja, numa prática enunciativa, o que quer dizer que é um fato da ordem do acontecimento e não da estrutura. Sendo controlado pela instância da enunciação, o estilo aparece nas formas discursivas e nas formas textuais. Assim, estilo é um conjunto global de traços recorrentes do plano do conteúdo (formas discursivas) e do plano da expressão (formas textuais) que produzem um efeito de sentido de identidade. É nesse sentido que se pode entender hoje a afirmação de Buffon de que "o estilo é o homem [*sic.*]".[34]

---

32 Por exemplo, Cohen, 1974.

33 Por exemplo, Riffaterre, 1973.

34 Buffon, s/d, pp. 23-24.

Exemplifiquemos o que são esses traços recorrentes. São características do plano do conteúdo, por exemplo, a reiteração de certos temas (os temas da *efemeridade da vida* e da *inexorabilidade da morte* repetem-se na poesia barroca; o tema do *carpe diem* é uma recorrência na poesia de Ricardo Reis, um dos heterônimos de Fernando Pessoa). A descrição de objetos decorativos é característica do parnasianismo. Diz Alfredo Bosi que "o parnasiano típico acabará deleitando-se na nomeação de vasos e leques chineses, flautas gregas, taças de coral, ídolos de gesso em túmulos de mármore".[35] As figuras relacionadas à vida pastoril são reiteradas na poesia árcade. A ênfase nos comportamentos instintivos do homem e sua comparação com os animais são constantes no romance naturalista. São características do plano da expressão, por exemplo, as formas de organizar as palavras no texto ou determinadas construções. Assim, vemos que a antítese é uma constante da sermonística de Vieira. A busca exacerbada da musicalidade da linguagem, com a criação de aliterações etc., é uma constante na poesia simbolista; as rimas perfeitas e ricas e a métrica impecável são definidoras do parnasianismo. O que determina um estilo é o conjunto de traços reiterados e não uma característica isolada.

Os imitadores, os que parodiam, os falsificadores em pintura, os *covers* etc. "copiam" exatamente esse conjunto de traços, o estilo daquele que é imitado, falsificado etc. Por outro lado, é esse conjunto de características que permite dizer, quando lemos um texto ou vemos um quadro cujo autor não conhecemos: "parece Vieira", "soa a Mia Couto", "é um Monet".

No entanto, essa identidade, é importante mais uma vez destacar, é construída pelo discurso. Não se afirma que o enunciador em carne e osso tenha essa identidade, mas que ele a constrói numa situação de interação. Caso contrário, estar-se-ia pensando numa identidade essencializada e não numa identidade fluida, mutável. Essa concepção está de acordo com a proposta de Moita Lopes, em suas reflexões epistemológicas, de que não se pode aceitar qualquer essencialização. Para ele, o sujeito das práticas sociais não é homogêneo, mas é exposto "a uma multiplicidade de projetos identitários, como também à percepção da heterogeneidade identitária existindo em um mesmo ser social".[36]

35 Bosi, 1975, p. 248.

36 Moita Lopes, 2006a, p. 94.

Embora se pudessem analisar as redações de um/a aluno/a de uma escola pública qualquer, exemplificar-se-á essa identidade, construída pelo estilo, num escritor, cujo estilo pode ser aclarado pelos inúmeros estudos feitos sobre sua obra. O enunciador é Ricardo Reis, um dos heterônimos de Fernando Pessoa. Não se vai discutir aqui a questão da heteronímia na obra do poeta português nem o papel que Ricardo Reis ocupa em sua poesia. Trata-se apenas de analisar a construção de uma identidade pelo discurso.

As duas referências poéticas desse heterônimo são Horácio e Epicuro.[37] Na poesia de Ricardo Reis, dois *topoi* da poética clássica têm importância central: o da efemeridade (*carpe diem*) e o da eternidade (*exegi monumentum*). Esses dois motivos tiveram um lugar especial na poesia de Horácio, cuja composição poética em forma de odes Reis imitou.

O *tópos* do *carpe diem* está associado aos temas da fugacidade do tempo e da inexorabilidade da morte:

As rosas amo dos jardins de Adônis,
Essas volucres amo, Lídia, rosas,
Que em o dia em que nascem,
Em esse dia morrem.
A luz para elas é eterna, porque
Nascem nascido já o sol, e acabam
Antes que Apolo deixe
O seu curso visível,
Assim façamos nossa vida *um dia*
Inscientes, Lídia, voluntariamente,
Que há noite antes e após
O pouco que duramos.[38]

O *fado* opera sobre o homem, a natureza e mesmo os deuses:

Igual é o fado, quer o procuremos,
Quer o speremos. Sorte
Hoje, Destino sempre, e nesta ou nessa
Forma alheio e invencível.[39]

---

[37] Pessoa, 1959, p. 26.

[38] *Idem*, p. 30.

[39] *Idem*, p. 73.

Nem outro jeito os deuses, sobre quem
O eterno fado pesa.[40]

Se a vida é guiada pelo *fado* e se a morte é inevitável, a única atitude adequada é a ataraxia.[41] Por isso, as paixões presentes na poesia de Reis são a calma, a serenidade, a tranquilidade,[42] obtidas por um distanciamento da realidade ("Mas Epicuro melhor/Me fala, com sua cariciosa voz terrestre/Tendo para os deuses uma atitude também de deus/Sereno e vendo a vida/À distância a que está")[43] e por uma moderação nos desejos e nos prazeres e consequente desconfiança dos estados patêmicos fortes[44] e da Fortuna.[45] É tudo isso que conduz ao gozo do momento.[46] Há todo um elogio da vida no campo, longe de qualquer bulício dos homens e das cidades,[47] alheio a qualquer valor pelo qual os seres humanos lutam. O poeta preza os prazeres simples: a taça de vinho, o amor, o circundar-se de rosa.[48]

Prefiro rosa, meu amor, à pátria,
E antes magnólias amo
Que a glória e a virtude.[49]

Ao motivo da efemeridade contrapõe-se o da eternidade, o *tópos* do *exegi monumentum*. A grandeza do poeta reside no fato de que ele constrói uma obra que desafia o tempo, que é duradoura:

Seguro assento na coluna firme
Dos versos em que fico,
Nem temo o influxo inúmero futuro
Dos tempos e do olvido;
Que a mente, quando, fixa, em si contempla

40 *Idem*, p. 37.
41 *Idem*, pp. 11-13, 51-55.
42 *Idem*, pp. 21, 156.
43 *Idem*, p. 26.
44 *Idem*, pp. 22, 115.
45 *Idem*, pp. 10, 81.
46 *Idem*, pp. 23, 24-25, 80.
47 *Idem*, pp. 38, 58-59.
48 *Idem*, p. 80.
49 *Idem*, p. 56.

Os reflexos do mundo,
Deles se plasma torna, e à arte o mundo
Cria, que não a mente.
Assim na placa o externo instante grava
Seu ser, durando nela.[50]

Por isso, ela está fora dos embates ideológicos do seu tempo, refugiando-se nos valores "perenes" do passado, e está afastada das vicissitudes da História.

A figurativização também é horaciana: por exemplo, a comparação das quadras da vida com as estações do ano;[51] suas companheiras, Lídia, Neera e Cloé, são também acompanhantes do poeta na obra de Horácio; a referência constante à mitologia grega (Parcas, Plutão, Pã, Ceres, Apolo, óbolo de Caronte). Em suma, sua poesia é povoada de referências à Grécia.

A esse conteúdo corresponde uma construção linguística própria da poesia clássica. O poeta escreve odes. Seus versos são metrificados. Sua frase tem, com muita frequência, a solenidade do aforismo: "Colhido, o fruto deperece; e cai nunca sendo colhido".[52] Sua sintaxe é, digamos, latinizada: há torneios e jogos com palavras gramaticais; usam-se abundantemente hipérbatos e sínquises; opera-se com uma ordem mais livre das palavras ("Na areia o mar com ondas três o apaga";[53] "Em ti como nos outros creio deuses mais velhos").[54] Há mesmo um decalque da sintaxe grega, que é a colocação de um genitivo entre um artigo e o substantivo que ele determina: "E o de marfim peão mais avançado".[55] Usa-se o gerúndio com o valor de particípio presente: "sussurro gemebundo".[56]

O léxico é erudito e até mesmo preciosista: imarcescível, estígio, núbil, mondadeira, deidades, estio, heptápila, ogígia, invito, deperece, múrmura, ínfera, leiva, ínvio, averno, inscientes e assim por diante. O poeta vale-se de uma série de arcaísmos: *per* por *por*; *refusar* por *recusar*, *néscio* com o sentido de *insciente* etc. Usa-se um vocabulário fortemente latinizado

50 *Idem*, p. 67.
51 *Idem*, p. 30.
52 *Idem*, p. 73.
53 *Idem*, p. 45.
54 *Idem*, p. 62.
55 *Idem*, p. 53.
56 *Idem*, p. 79.

(Jove, divos) e até em formas verbais latinas: particípio futuro, como *morituros*; particípios presentes, como *insciente*, *recumbente*.

Pessoa, em carta sobre a gênese dos heterônimos, diz que o português de Ricardo Reis era de um purismo que ele considerava exagerado.[57] Confirma-se isso, por exemplo, na recusa à contração da preposição *em* com o artigo ou o demonstrativo: "Que em o dia em que nascem,/Em esse dia morrem".[58]

Ricardo Reis, com sua poesia de estilo clássico, apresenta-se como uma pessoa civilizada, requintada, refinada, erudita, levemente pedante, disciplinada, passadista, austera. É o próprio Pessoa quem afirma: "... pus em Ricardo Reis toda a minha disciplina mental, vestida da música que lhe é própria".[59] Ricardo Reis é um homem de maneiras elegantes e gestos contidos. Sua voz é baixa, como mostram alguns versos seus:

> À lareira, cansados não da obra
> Mas porque a hora é a hora dos cansaços,
> Não puxemos a voz
> Acima de um segredo.[60]

Atualmente, estamos em um momento de mudança da forma de fazer ciência. Estamos passando de um fazer científico regido pela triagem para um fazer investigativo governado pela mistura. Fala-se em interdisciplinaridade, pluridisciplinaridade, multidisciplinaridade, transdisciplinaridade e mesmo indisciplinaridade. Hoje, esses termos são universais positivos do discurso, enquanto a especialização é vista como algo fora de moda, relacionada a um pensamento autoritário. Por outro lado, estamos num tempo do elogio das margens, do descentramento, da alteridade, da heterogeneidade, do dialogismo, vivemos num tempo de mestiçagens e de imigrações, de recusa da pureza. Esse ar do tempo leva a pôr em questão as divisões disciplinares, as fronteiras rígidas entre os campos do saber, como fez, com agudeza, Moita Lopes em suas reflexões sobre a epistemologia da Linguística Aplicada. Nelas, ele propõe uma Linguística Aplicada Indisciplinar, que coloca em questão seu estatuto

---

57 *Idem*, 2005, p. 98.

58 *Idem*, 1959, p. 30.

59 *Idem*, 2005, p. 94.

60 *Idem*, 1959, p. 33.

disciplinar e também incorpora as vozes do Sul.[61] Ao mesmo tempo, o desenvolvimento da ciência, impulsionado por essa episteme do que foi chamado a pós-modernidade, leva os pesquisadores a começar a pensar em problemas que estão situados na fronteira das disciplinas e que, durante muito tempo, foram deixados de lado, por exemplo, na linguística, as instabilidades e as identidades criadas pelo discurso. Neste texto, estudaram-se essas duas questões que eram deixadas de lado pela epistemologia tradicional da linguística teórica. Instabilidades e identidades manifestam-se na materialidade da linguagem. Por isso, precisam ser teorizadas a partir de minuciosa análise linguística dos textos, pois é o discurso que torna fluido o que o sistema linguístico apresenta como estável, fixo, imutável.

Referências

ALMEIDA, G. *Tôda a poesia*, tomo IV. São Paulo, Livraria Martins Editora, 1955.

ALMEIDA, J. A. *A bagaceira*. Rio de Janeiro, José Olympio, 2008.

ANDRADE, C. D. *Poesia e prosa*. Rio de Janeiro, Nova Aguilar, 1983.

BOSI, A. *História concisa da literatura brasileira*. São Paulo, Cultrix, 1975.

BRUNEAU, C. "Stylistique apliquée: une science de ramassage". *In*: GUIRAUD, P. & KUENTZ, P. *La stylistique: lectures*. Paris, Klincksieck, 1975.

BUFFON, G. L. L. *Discours sur le style*. Paris, Librairie A. Hatier, s/d.

CAMÕES, L. *Os Lusíadas*. Lisboa, Imprensa Nacional, 1931.

COHEN, J. *Estrutura da linguagem poética*. São Paulo, Cultrix/Edusp, 1974.

EDUCAÇÃO, A. "Palmeiras perde jogo e cabeça na Argentina". *O Estado de S. Paulo*, 1994. Disponível em <https://www.aio.com.br/questions/content/palmeiras-perde-jogo-e-cabeca-na-argentina-o-estado-de-s-paulo-31-03-94-a-al>. Acesso em 25/3/2022.

FONTANILLE, J. *Les figures de l'instabilité*. Paris, Edição do Autor, 1992.

KOLMOGOROV, A. N. "On Tables of Random Numbers". *Theoretical Computer Science*, 207 (2): 387-395, 1998 [1963].

LOTMAN, I. *et al. Ensaios de semiótica soviética*. Lisboa, Livros Horizonte, 1981.

61 Moita Lopes, 2006a.

MATOS, G. "É a vaidade, Fábio". *In*: CANDIDO, A. & CASTELLO, J. A. *Presença da literatura brasileira*. São Paulo, Difusão Europeia do Livro, 1973.

MOITA LOPES, L. P. "Linguística aplicada e vida contemporânea: problematização dos construtos que têm orientado a pesquisa". *In*: MOITA LOPES, L. P. (org.). *Por uma linguística aplicada indisciplinar*. São Paulo, Parábola Editorial, 2006a.

______. "Uma linguística aplicada mestiça e ideológica. Interrogando o campo como linguista aplicado". *In*: MOITA LOPES, L. P. (org.). *Por uma linguística aplicada indisciplinar*. São Paulo, Parábola Editorial, 2006b.

PESSOA, F. *Odes de Ricardo Reis*. 3. ed. Lisboa, Ática, 1959 [1946].

______. *Obra em prosa*. Rio de Janeiro, Nova Aguilar, 2005.

RICARDO, C. *Poesias completas*. Rio de Janeiro, José Olympio, 1957.

______. *Antologia poética*. Rio de Janeiro, Ed. do Autor, 1964.

RIFFATERRE, M. *Estilística estrutural*. São Paulo, Cultrix, 1973.

ROSA, J. G. *Grande sertão: veredas*. 20. ed. Rio de Janeiro, Nova Fronteira, 1986 [1956].

SAUSSURE, F. *Curso de linguística geral*. São Paulo, Cultrix/Edusp, 1969.

VERÍSSIMO, E. *Olhai os lírios do campo*. São Paulo, Globo, 1995.

YAGUELLO, M. *Alice au pays du langage. Pour comprendre la linguistique*. Paris, Éditions du Seuil, 1981.

6

A disciplina chamada Linguística Aplicada e as contribuições de Luiz Paulo da Moita Lopes[1]

Kanavillil Rajagopalan

Linguística Aplicada e seus (des)caminhos

Não chega a ser nenhuma novidade para a grande maioria de pesquisadores que atuam hoje em dia na disciplina acadêmica denominada Linguística Aplicada (LA) que o próprio nome do campo lembra algo que historiadores/as costumam dizer a respeito do assim denominado "Sacro Império Romano": a verdade um tanto inusitada de que ele não era nem sacro, nem império, nem tampouco romano. De modo análogo, não é nenhum exagero dizer que a área de pesquisa que se convencionou chamar de LA não é nem linguística, nem aplicada e, graças à insistência de pesquisadores como Luiz Paulo da Moita Lopes, tampouco pode ser considerada uma disciplina acadêmica no pleno rigor desse termo. Já se foi o tempo em que se defendia a ideia de que as pesquisas em LA deviam pautar seus esforços nos avanços alcançados por sua prima mais "nobre", *i.e.* a "Linguística Teórica" ou "Linguística Geral", e, assim, estar submissa às descobertas feitas por ela, que, desde sua inauguração, se vangloria de ser teórica por excelência e por vocação e, portanto, cientificamente "neutra" e teimosamente desatrelada de interesses "setoriais" e "paroquiais".

Também não existe mais a ilusão de que linguistas aplicados/as apenas se preocupem com a aplicação de teorias advindas de disciplinas consagradas. Essa ilusão se dissipa se por "aplicar" entendermos algo como nada mais nada menos que pôr em prática teorias concebidas independentemente de qualquer preocupação com o mundo onde vivem

1 Sou grato ao CNPq pela concessão da bolsa de pesquisa n. 302981/2014-4.

os/as mortais terráqueos/as, ou, dito de outra forma, se por "aplicar" quisermos insinuar algo como "contentar-se em tocar o segundo violino", deixando a cargo de outras pessoas a tarefa de conduzir a orquestra. Graças à audácia e à ousadia de pesquisadores/as como Moita Lopes, que não se furta de sua responsabilidade e honestidade intelectual ao chamar a atenção de seus colegas para o fato de que o rei esteve nu o tempo todo enganando os/as incautos/as, hoje também há um consenso de que o campo de pesquisa que chamamos de LA nem sequer se constitui como uma disciplina no sentido convencional e consagrado do termo, isto é, um campo de pesquisa rigorosamente vigiado em relação ao que pode e não pode ser abordado e pesquisado dentro dos seus limites. Nesse sentido, Fabrício[2] se dirige a quem reluta em enfrentar as consequências dessa guinada, procurando abrigo debaixo das estabilidades que as disciplinas bem assentadas proporcionam. Faço minhas as palavras da autora quando ela argumenta que

> [...] não devemos ver a multiplicidade de construtos presentes em uma LA híbrida e inter/transdisciplinar com temor pelo risco de perda das especificidades da área ou de sua essência. Aprendemos na cultura a olhar com desconfiança para as misturas, os cruzamentos, as metamorfoses e a diversidade; em razão disso, a pluralidade de referências costuma nos desconcertar. "Desaprender" a noção de negatividade atribuída à mestiçagem e apostar na fluidez e nos entre-espaços como um modo privilegiado de construção de conhecimento sobre a vida contemporânea é, assim, um grande desafio.

Dou toda a razão também a Rojo quando ela afirma que

> [...] a área de LA, no processo de constituição de sua identidade recente, só poderá esboçar resposta "própria" enquanto campo transdisciplinar, tomando as *privações sofridas* pelos sujeitos, comunidades e grupos em nossa sociedade para fundar seu(s) objeto(s) de investigação e, principalmente, buscando configurações teórico-metodológicas próprias, não só da linguística inaugural, mas também das outras disciplinas de referência (psicologia, sociologia, estética), porque rearticuladas de um ponto de vista "próprio", colocado pelo problema a resolver.[3]

---

2 Fabrício, 2006, pp. 45-46.

3 Rojo, 2006, p. 273.

Afinal, como bem aponta Silva:[4] "Fronteiras disciplinares são sempre de fato opacas. Delimitações de disciplinas muito dificilmente se isentarão de projetos políticos e econômicos que terminam por guiar projetos epistêmicos". E o autor termina lançando o seguinte desafio:

> [...] e se pensarmos na linguagem não como algo que se investiga somente nos departamentos de linguística ou de linguística aplicada mas como um problema mais amplo que por sinal gerou a "virada linguística" nas ciências humanas? E se alargarmos nossos horizontes e medirmos as escolhas epistêmicas da LA não contra o pano de fundo da linguística disciplinar mas sim da esfera mais ampla do pensamento sobre a linguagem em outras searas, acadêmicas e não acadêmicas?

A observação de Silva é inteiramente procedente. O que ela nos lembra é que a Linguística não tem nenhum monopólio sobre o pensar acerca da linguagem. Ela interessa a muita gente, de diferentes áreas de especialidade, que detém o direito de abordar o fenômeno da linguagem com o olhar que mais lhe convier. O olhar do/a linguista é apenas uma das visadas sobre a linguagem. À medida que o/a linguista aplicado/a foi percebendo isso, o seu paulatino e progressivo distanciamento da sua "disciplina-mãe" foi se tornando inevitável.

Em razão de sua preocupação constante no sentido de auxiliar na tarefa de resolver problemas do mundo real que envolvem a linguagem, em especial aqueles problemas relacionados a parcelas minoritárias ou minorizadas da população, o/a linguista aplicado/a se sente obrigado/a a meter a foice em searas alheias à procura de conceitos e categorias que possam ajudar a entender os fenômenos sob a sua mira no momento.

Linguística Aplicada e o calvário rumo a sua emancipação

Jovens pesquisadores que ingressam hoje nesse campo de pesquisa que, por falta de um termo melhor, ainda continua a ser denominado como LA, dificilmente fazem ideia das dificuldades encontradas por colegas que os/as precederam em sua caminhada rumo à tão almejada

---

4 Silva, 2015, pp. 370-371.

emancipação. Seu calvário consistiu em três etapas que correspondem a cada um dos três termos que compõem o nome dado ao campo de pesquisa: Linguística, Aplicação e Disciplina. A seguir discorro sobre cada uma das etapas separadamente.

Desvencilhando-se da sombra da prima teórica

Retomando algo que esmiucei em maiores detalhes em outras oportunidades,[5] gostaria de lembrar que, na fase de luta por reconhecimento como algo digno de ser pensado e pesquisado com seriedade e independência, os/as pioneiros/as no campo da pesquisa que, na sua versão na era moderna[6], veio a ser chamado de "Linguística Aplicada", ficaram contentes em aceitar o nome da sua área de pesquisa como nomeadamente atrelada e subordinada a sua prima (ou, como alguns insistiam em dizer, "disciplina-mãe"). Nessa hierarquia, a Linguística, tida como mais "nobre", havia já se estabelecido como uma disciplina respeitável na academia, chegando a ser motivo de inveja e cobiça – ainda que por um curto período, em especial nos EUA – das demais disciplinas "humanas" em sua circunvizinhança. Na verdade, esses/as primeiros/as aventureiros/as no campo não só ficaram contentes em aceitar o termo que claramente sinalizava sua subordinação e subalternidade, mas conscientemente o abraçavam pelo prestígio científico que tal decisão estratégica trazia. Quando Corder, tido como o "pai" da nova "disciplina", ou melhor, "subdisciplina", na Grã-Bretanha (de quem tive a honra de ser aluno no curso de pós-graduação na Universidade de Edimburgo na década de 1970), alardeou taxativamente com todas as palavras que ela "era apenas uma consumidora, não produtora de teorias",[7] estava fazendo duas coisas ao mesmo tempo: por um lado, aceitava o papel de segundo violinista e,

5 Rajagopalan, 2004; 2013a; 2013b.

6 A história da LA é, embora relativamente curta do ponto de vista "oficial" do termo (pois o fato é que alguns dos estudos tidos como pioneiros no campo de Linguística dita teórica – como o Ashtadhayi, de Panini – tinham como meta fins eminentemente de ordem aplicada), também bastante tortuosa. O caminho de autoemancipação desse campo de pesquisa atravessou diversos estágios desde a sua total e incondicional subserviência declarada nas décadas de 1960 e 1970, passando por clamores para multi, inter e transdisciplinaridade, até a declaração da independência plena (Baynham; Deignan & White, 2004).

7 Corder, 1973, p. 10.

por outro, aproveitava a onda de enorme prestígio que a prima nobre gozava na academia da época.

Repensar essa posição estrategicamente assumida ocorreu ao longo do tempo. Isso se deu à medida que pesquisadores/as foram percebendo que uma disciplina obcecada por seu próprio umbigo, ou seja, que insistia em vislumbrar seu objeto de pesquisa, a saber, a língua(gem) sem ter a mínima preocupação com seu funcionamento, sua origem, seu contexto social e sua historicidade, não podia ditar as regras sobre como pensar as relações daquele objeto de pesquisa "higienicamente depurado" com o mundo real onde transcorrem as atividades do dia a dia. Em livro de 2004, publicado algumas décadas depois da obra clássica de Corder citada anteriormente, Baynham, Deignan e White sinalizam essa mudança na direção dos ventos com as seguintes palavras:

> Em nossa opinião, o linguista aplicado é hoje um produtor de teorias tanto quanto consumidor, subvertendo dessa forma a distinção binária entre conhecimento linguístico teórico e aplicado que desperta tantos debates improdutivos entre linguistas [teóricos] e linguistas aplicados.[8]

Já Van Lier[9] havia notado anteriormente uma tendência por parte de certos/as pesquisadores/as no campo da LA que, levados/as pelo encanto da Teoria (e pelo prestígio que o termo gozava no imaginário popular – oriundo, como descrevi alhures,[10] de algo que podemos chamar de "praga socrática"),[11] haviam efetivamente se desviado do seu caminho para se aventurar na teoria, abandonando qualquer preocupação com a prática.

---

8 Baynham; Deignan & White, 2004, p. 2.

9 Van Lier, 1994.

10 Rajagopalan, 2003.

11 "Praga socrática" é a expressão que usei em meu texto "The philosophy of Applied Linguistics", publicado na *Handbook of Applied Linguistics* (Rajagopalan, 2004). Nele, abordei a questão do apego à teoria em detrimento das aplicações na esfera prática (algo amplamente observável entre os/as intelectuais) e o atribuí a algo que se observa nos diálogos platônicos da Grécia Antiga à maneira como o personagem de Sócrates é apresentado neles. Num enredo bastante familiar e constante nesses diálogos, Sócrates é apresentado como alguém em sua ânsia de demonstrar que até mesmo um leigo pouco preparado para reflexões filosóficas sabe, no fundo, de certas questões filosóficas, embora frequentemente não saiba que sabe (seu famoso método maiêutico). Ao ser pressionado a definir, digamos, "piedade", a resposta que se fornecer ao pai da filosofia ocidental é já exemplo de uma pessoa que ele considera piedosa. A resposta, porém, não satisfaz o mestre que insiste em que só se sabe o que é piedade se se puder defini-la, não arrolando exemplos do conceito a ser explanado.

Van Lier reclamou que "a 'linguística' no termo 'linguística aplicada' havia se partido rumo à teoria [pura] (e assim, num certo sentido, distanciou-se da Linguística Aplicada, deixando para a pedagogia a questão de se preocupar com o lado prático das coisas)".[12]

Voltando ao argumento de Baynham, Deignan e White,[13] que advogam pela posição de que a LA não deve deixar a teoria aos cuidados de outrem (no caso, linguistas, que se dizem teóricos/as e admitem não ter nenhum interesse em questões práticas) nem pode passar a concentrar sua atenção toda na teoria ao ponto de se esquecer da prática, é preciso chamar atenção para a suma importância dessa questão para que não sobre mais nenhuma dúvida a respeito.

É muito surpreendente que ainda haja quem demonstre incertezas e dúvidas a respeito de dois pontos importantes: (a) a LA abdicar de sua posição como executora de teorias forjadas em searas alheias, ou (b) ousar declarar sua autonomia em relação à Linguística Teórica e partir para criar suas próprias teorias mais em consonância com as exigências das realidades com as quais ela tenciona trabalhar, ou seja, a viabilidade de uma LA que prescinda dos ensinamentos da Linguística enquanto a ciência encarregada de desvendar os mistérios e enigmas da linguagem humana. A questão que vem à tona nesses debates é: como é possível trabalhar qualquer coisa da ordem prática que diz respeito à linguagem sem nos munirmos, de antemão, de uma sólida teoria sobre o que é a língua, para começo de conversa?

Antes de procurar responder à pergunta posta, é preciso que percebamos que ela é a mesma que surge em debates similares em contextos totalmente díspares, que nada têm a ver com o estudo da linguagem.[14] Por exemplo, alguém pode perguntar: como é possível fazer uma discussão séria, produtiva e consequente sobre a conveniência de um país investir ou não em energia atômica para fins bélicos sem primeiro consultar um/a físico/a nuclear? A ideia subjacente a essa pergunta é a de que, afinal de contas, quem entende de bomba atômica melhor que ninguém é o/a físico/a nuclear e, portanto, qualquer discussão a respeito deve se pautar em sua opinião bem ponderada,

12 Van Lier, 1994, p. 203.

13 Baynham; Deignan & White, 2004.

14 Cf. Rajagopalan, 2013b.

e, mais ainda, qualquer decisão definitiva a respeito do tema deve ser tomada concedendo-lhe a última palavra. Embora pareça procedente, tal raciocínio é falho num aspecto crucial. O/A físico/a é, sem sombra de dúvida, o/a perito/a reconhecido/a no assunto. Mas ninguém está discutindo bomba atômica enquanto um artefato, uma invenção que tem em sua base os *insights* da física nuclear. O que está em pauta é a desejabilidade de uma nação investir ou não na bomba atômica para se precaver contra seus/suas inimigos/as, reais ou imaginários/as. E, nesse assunto – algo que é de ordem eminentemente POLÍTICA, não científica –, o/a físico/a nuclear não tem nenhum direito à opinião privilegiada; sua opinião vale tanto quanto a de qualquer outra pessoa, desde que seja um/a cidadão/ã em pleno exercício de seus direitos e suas obrigações.

Uma situação análoga àquela verificada no parágrafo anterior também se obtém no caso de ensino de línguas ou qualquer outra atividade que envolve a língua(gem). O/A linguista – o/a autoproclamado/a perito/a no tema – não tem nenhuma razão quando reivindica voz privilegiada em debates sobre essas questões práticas. Sua opinião vale tanto quanto a de qualquer outra pessoa. Isso porque assuntos como ensino de língua(s) são – ou, se não são, deveriam ser – tratados antes e, sobretudo, como sendo da ordem política. Eles são da ordem política antes de ser qualquer outra coisa porque interessa ao Estado como seus/suas futuros/as cidadãos/ãs vão exercer seus papéis como participantes ativos/as de um Estado de direito. A título de exemplo: vejamos o caso do ensino de língua(s) estrangeira(s). Antes de se preocupar com a metodologia a ser empregada a fim de alcançar os melhores resultados, compete ao Estado determinar POR QUE ensiná-las em primeiro lugar. O que o Estado tem a ganhar gastando rios de dinheiro ensinando seus/suas cidadãos/ãs a competência desejada de uma ou mais língua(s) estrangeira(s)?

Desvendando a natureza da "aplicação"

A palavra "aplicada" acoplada ao termo "linguística" – que, ao que parece, chama atenção para a especificidade distinta e diferenciada das pesquisas conduzidas na área – também tem se revelado uma armadilha. Ela nos conduz, ademais, à impressão inevitável de que se trata apenas de uma atividade intermediadora entre teoria(s) concebida(s) numa torre de marfim, isenta(s) e imune(s) dos problemas esporádicos e intrincados encontrados na vida como ela é vivenciada, e o mundo lá fora, cheio de imprevistos e peculiaridades a cada momento. Sem querer endossar essa posição de subserviência e subalternidade da LA, Widdowson acabou tropeçando e escorregando quando sugeriu que "[a] linguística necessita ser interpretada"[15] já que ela "demanda a mediação de um intérprete para que sua utilidade em potencial possa ser realizada".[16] Em sua visão, o processo pelo qual tal mediação poderia ser alcançada seria por via de "adaptação", que consistiria na "seleção de *insights* de uma vasta gama de estudos teóricos e descritivos da língua(gem), despindo-os da sua 'roupagem' formal quando essa se revela demasiadamente incômoda".[17] Embora, repito, suas intenções fossem, ao que parece, nobres, o que Widdowson efetivamente acabou endossando foi a imagem da LA como uma área de investigação que serve, na melhor das hipóteses, de ponte entre a alta teoria e o mundo das práticas – algo como preparar alimentos especialmente concebidos para crianças pequenas que não têm capacidade de mastigar ou digerir a comida própria para adultos/as! Como chegou a asseverar Spolsky: "O termo 'linguística aplicada' não é, nem de longe, algo feliz. Por um lado, ele peca por não sugerir que a linguística está sendo aplicada; por outro lado, ele sugere um nível de praticalidade que carece da dignidade da 'linguística pura'".[18]

Dez anos à frente, Brumfit foi ainda mais contundente e direto ao ponto central quando proclamou que,

> [...] se a LA for considerada *meramente* a aplicação da linguística a qualquer coisa à qual ela se presta para ser aplicada, ela não seria nada mais do que um espelho para os linguistas olharem seus próprios reflexos, pois as únicas questões que os linguistas estão equipados para confrontar são questões linguísticas, não questões aplicadas.[19]

Muita água já passou debaixo da ponte desde aqueles tempos em que os/as linguistas aplicados/as se propuseram à tarefa de definir

15 Widdowson, 1979, p. 215.

16 *Idem*, p. 217.

17 *Ibidem*.

18 Spolsky, 1970, p. 145.

19 Brumfit, 1980, p. 161.

sua vocação de forma autônoma em relação à Linguística Teórica. Mas, até hoje, os resquícios daquela preocupação e da indefinição que gerou permanecem, sobretudo, no imaginário de quem não participou diretamente no desenvolvimento do campo. Assim, na introdução ao seu livro *Por uma linguística aplicada indisciplinar*, Moita Lopes refere-se à "discussão, agora já envelhecida, sobre a diferença entre aplicação de linguística e linguística aplicada".[20] Contudo, jamais podemos nos dar ao luxo de esquecer que tais discussões não se encontram definitivamente superadas, principalmente entre quem encara a situação do lado de fora, na qualidade de observadores/as e não participantes efetivos/as. Assim, a palavra "aplicada" continua a atordoar os/as pesquisadores/as do campo da LA e, a menos que se encontre algo para substituí-la, cada pesquisador/a terá de carregar a cruz para sempre.

Enquanto não se encontra um termo que se livre de vez da carga negativa, é preciso não perder de vista o fato de suma importância, enfatizado por Rocha e Daher, de que a Linguística Aplicada responde a demandas sociais. Em suas próprias palavras:

> Um traço característico das pesquisas na área é o interesse por problemas de diferentes ordens: ensino de línguas, tradução, confecção de dicionários, singularidades das relações de serviço (atendimento em guichê, relação entre profissionais e clientes), ações diversas de peritagem na empresa, na justiça etc. Há de se reconhecer, a esse respeito, a existência de problemas sociais que requerem uma solução, e a hipótese que se faz é que a linguística aplicada tem sua parcela de contribuição a oferecer.[21]

Desbravando as amarras do termo "disciplina"

Quando Moita Lopes lançou o livro *Por uma linguística aplicada indisciplinar*,[22] a discussão em torno da adequação do termo "Linguística Aplicada" como rótulo para se referir ao conjunto de trabalhos que se fazia nesse campo já havia, por assim dizer, se esgotado entre os/as próprios/as pesquisadores/as, apesar das inúmeras tentativas de retificar a situação, recorrendo-se a termos como "multidisciplinar", "interdisciplinar",

---

20 Moita Lopes, 2006a, p. 14.

21 Rocha & Daher, 2015, p. 114.

22 Moita Lopes, 2006a.

"transdisciplinar" e por aí vai. A discussão em torno das "filigranas" de associações e implicações de cada termo havia chegado a uma exaustão, dando a impressão de que meros retoques na nomenclatura em si e por si sós não resultariam em mudanças consequentes.

Cada um deles enfatizava um aspecto do fenômeno, a saber, (1) o fato de as pesquisas mobilizarem saberes advindos de uma multiplicidade de disciplinas, ao invés de uma única (notadamente, a Linguística), (2) o lugar das pesquisas, mais bem descrito como o interstício entre tais disciplinas consagradas, ou ainda, (3) a necessidade de se passar por cima das fronteiras rigidamente vigiadas daquelas disciplinas, transgredindo--as quando preciso.[23] Como acertadamente salienta Archanjo,

> [...] partindo da busca pela legitimação de uma disciplina nos primeiros anos da LA no Brasil, precedida por discussões de mesma natureza na Europa e na América do Norte, situamo-nos, hoje, diante de um campo de estudos consolidado e representado por uma sólida tradição de pesquisa. Com uma identidade construída por transformações, essa história também nos conta que nesse percurso fomos levados a transitar por caminhos que cotejaram diversas relações disciplinares: a LA foi, ao longo de seu percurso, multi-, pluri-, inter-, e transdisciplinar.[24]

Ela prossegue afirmando que essas relações

> [...] não apenas denotam o modo como se define o objeto de estudo linguístico, mas, sobretudo, o modo como se cria inteligibilidade sobre os problemas de linguagem que emergem dos diferentes objetos de estudo e que se colocam como possibilidades de reflexão, uma vez ampliadas as fronteiras disciplinares do campo de estudos da LA.[25]

O termo "disciplina" evoca um espaço para atuação do sujeito com pouca margem de manobra, espaço esse que é fortemente cercado e zelosamente vigiado contra a possível pretensão de quaisquer tentativas de transgressão. Dessa forma, podemos aventar que falar em transgressão já é questionar o estatuto da disciplinaridade nesse sentido de um campo de saber – que o transforma em um

23 Rajagopalan, 2004; 2006a, p. 410; Pennycook, 2006.

24 Archanjo, 2011, p. 626.

25 *Ibidem.*

campo de confinamento ou concentração. Foucault estava aludindo precisamente a essa analogia quando, em sua obra *Vigiar e Punir*,[26] pergunta retoricamente se haveria mais que uma mera coincidência lexicográfica na escolha da mesma palavra, "disciplina", para se referir tanto ao que se pratica num cárcere ou numa instituição de ensino quanto aos saberes em disciplinas. Segundo o filósofo, as disciplinas acadêmicas assemelham-se às celas separadas em que cada prisioneiro é confinado e na qual é obrigado a permanecer, obedecendo às regras impostas pelo sistema. Nas palavras do próprio Foucault: "Esses métodos [que] permitem [e] realizam a sujeição constante de suas forças e lhes impõem uma relação de docilidade-utilidade são o que podemos chamar as 'disciplinas'. Mas as disciplinas se tornaram no decorrer dos séculos XVII e XVIII fórmulas gerais de dominação".[27]

É contra esse esforço de aprisionamento do/a pesquisador/a pela instituição (nomeadamente, a academia) que Moita Lopes se insurge quando lança seu livro *Por uma linguística aplicada indisciplinar*. O título do livro deve ser interpretado não como uma descrição sucinta do tom que marca os textos reunidos, mas um verdadeiro grito de guerra. O título se constitui em uma exortação a colegas pesquisadores/as, docentes e discentes para arregaçar as mangas e romper com as barreiras impostas em seu caminho.

A julgar pela recepção que o livro teve nos seus primeiros momentos de circulação em meios acadêmicos, não faltaram murmúrios nos bastidores sinalizando o descontentamento por parte de quem se sentiu atingido/a pela ousadia de alguém, entre eles/as, que teve a coragem, a ousadia, de chamar atenção para a nudez do imperador. Mas, no meu modo de entender, foi justamente essa a reação que Luiz Paulo quis provocar. Ele desejava despertar a consciência da comunidade científica da qual faz parte sobre as questões éticas e políticas que sempre rondavam os projetos de pesquisa de cada um/a, mas que, por comodismo ou desleixo, rotineira e convenientemente foram relegadas para um segundo plano. Citando-o: "O projeto que vejo como parte de uma agenda ética de investigação para LA envolve

26 Foucault, 1987.

27 *Idem*, p. 118.

crucialmente um processo de renarração ou redescrição da vida social como se apresenta, o que está diretamente relacionado à necessidade de compreendê-la".[28]

A maior prova de que aquele chamamento vem repercutindo nos corredores da academia brasileira é a "INdisciplinaridade radical" pleiteada por Fabrício[29] ao cabo de uma reflexão sobre a forma como aquilo que ela chama de "episteme colonial" tem imobilizado novas possibilidade de abordar as velhas certezas ultrapassadas já há muito tempo. Diz ela:

> A produção de fronteiras normativas em relação a línguas, gêneros, sexualidades, raças e classes sociais, bem como às práticas de governo e exclusão que essas barreiras ensejam, é nossa velha conhecida. Por isso, não podemos ir além delas ou transgredi-las, sem nos ocupar de uma reflexão crítica radical da modernidade e das crenças por ela forjadas na sustentação do ideal herderiano "uma nação, um povo, uma língua". Crenças arraigadas sobre monolinguismo, pureza linguística, limites territoriais precisos, comunidades coesas, sujeitos soberanos e corporeidades idealizadas precisam ser revisitadas sob o risco de, se não o fizermos, não conseguirmos dar um passo à frente dos limites já demarcados.[30]

Não é de estranhar o fato de Hutton[31] ter chamado a linguística de uma disciplina presa no século XIX. Ela encarna o espírito que sintetizava aquele século – o tal do *Zeitgeist*. Afinal, não foi nesse período que os conceitos de nação, estado, povo e, como se não bastassem, outros conceitos auxiliares como hino e bandeira nacional e por aí vai foram todos consolidados e mobilizados um a serviço do outro?

Acontece que hoje os tempos são outros. Graças ao processo de globalização em marcha, todos aqueles conceitos, outrora tidos como sólidos e imunes a qualquer ameaça, foram se desfazendo como um castelo de areia. Indubitavelmente, há resistências cada vez mais evidentes e ensurdecedoras advindas de setores conservadores, mas isso apenas reforça a inevitabilidade de mudanças, assim como sua irreversibilidade.

---

28 Moita Lopes, 2006b, p. 90.

29 Fabrício, 2017.

30 *Idem*, pp. 607-608.

31 Hutton, 1996.

Uma Linguística Aplicada crítica

A postura esboçada por Moita Lopes acena para a tomada de uma atitude crítica em relação à própria atividade de conduzir pesquisas. Ela nos convoca para nos engajarmos cada vez mais com a vida social na qual nos encontramos envoltos/as, porém da qual, durante muito tempo, fomos encorajados/as a nos distanciar em nome da tão decantada "neutralidade" do/a cientista. O espírito científico, diziam os/as autoproclamados/as vigilantes da academia, acarreta a obrigação de não simpatizarmos com a causa dos sujeitos das nossas pesquisas, por mais deplorável e merecedora de um gesto interventor que ela possa se revelar. Caso contrário, estaríamos violando o princípio sagrado da pesquisa objetiva, que é livrar-se de qualquer tentação no sentido de reagir emocionalmente diante da realidade constatada.

Trata-se de uma atitude decididamente crítica diante da maneira como nos comportamos em nossas pesquisas. Ela não tenciona apenas constatar e descrever fielmente a realidade que se observa para, a partir daí, explicar as coisas, para fornecer uma racionalização de por que as coisas vieram a ser como elas são. E nada mais! Como se, fazendo uma descrição acurada, seguida por uma explicação engenhosa, pesquisadores/as e intelectuais pudessem se dar por satisfeitos/as em ter cumprido sua missão. Não caberia a eles/as recomendar como as coisas podem ser, muito menos intervir na realidade apurada. A atitude crítica se coloca derradeiramente contra tal postura de distanciamento autoimposto pelo/a pesquisador/a em relação ao bem-estar dos sujeitos que se voluntariam para serem "cobaias" de sua curiosidade investigativa – como se qualquer tentação para intervir na realidade calamitosa em que eles/as vivem e nas constantes injustiças a que há muito foram submetidos/as prenunciasse a quebra do código da isenção total que se supõe ser a marca inquestionável da cientificidade de sua pesquisa.

A seguir, elencaremos alguns temas pontuais que clamam por nossa atenção especial e, no meu entender, precisam ser discutidos antes de propor qualquer forma de ação que vá além da descrição da realidade que cerca o/a pesquisador/a. Evidentemente, exige-se de nós uma postura mais ousada e menos compromissada com a tradição, que só nos ergue empecilhos no caminho de qualquer empreitada rumo a uma intervenção proposital no estado das coisas encontrado.

A conceituação de "língua" como objeto de estudo

Um grande entrave no caminho de qualquer esforço de linguistas aplicados/as de se engajar em causas populares e militar em prol daqueles/as que mais necessitam dos frutos de sua pesquisa está em que, mais frequentemente do que se pensa, eles/as escolhem operar com o conceito de língua, herdado de sua prima mais bem reconhecida, a saber, a Linguística Teórica, ou como os/as britânicos/as preferem chamá-la, Linguística Geral.

A Linguística Teórica tem, via de regra, uma longa tradição de pensar a língua isoladamente de tudo o que está em sua cercania, ainda que reconheça, muitas vezes, "da boca para fora", que tais fatores sejam de suma importância. Ferdinand de Saussure, tido como o "pai" da Disciplina, começou a teorizar a língua, executando uma série de recortes em nome de identificar um objeto que se prestasse a um exame científico. A história foi relegada a um segundo plano ao eleger como foco de suas atenções a sincronia em detrimento da diacronia. O contexto imediato do objeto foi posto para fora da análise ao insistir na totalidade, no fechamento (*clôture*) e no autoconfinamento desse contexto imediato para levar adiante sua proposta de encarar a língua como algo inteiramente estruturado, composto de sistemas independentes em diferentes níveis, cada um completo e impermeável às influências do lado de fora.

Linguagem e sociedade

O descaso mais notório no que tange à forma como linguistas se acostumaram a conceituar a linguagem humana se relaciona à sociedade. É verdade que, com Saussure e a inauguração da Linguística Moderna, a língua passou a ser considerada um fato social – marcando a quebra de uma longa tradição de encará-la como se fosse um organismo vivo com sua historicidade. Porém, além de tirar o foco da história da língua para reconhecer sua natureza social, pouco se mudou de fato na maneira como linguistas abordavam o fenômeno da língua. Sem sombra de dúvida, é também verdade que, anos mais tarde, no campo da chamada Sociolinguística, Labov[32] reconheceu o lugar da sociedade no estudo da linguagem ao chamar atenção para a variação linguística. Entretanto, observa-se uma forte tendência de começar com uma conceituação de língua como um objeto abstrato, como algo autônomo em primeiro lugar, e só então trazer considerações a respeito do papel da sociedade, em especial, na explicação de variação linguística. Em 2006,[33] coloquei a questão nas seguintes palavras: "A sociedade é vista como nada mais que um pano de fundo contra o qual o indivíduo é escolhido para ser focalizado. O 'contexto social' é, então, equiparado ao 'contexto extralinguístico' [...] dando pouca atenção ao papel fundamental da sociedade na constituição de uma língua".

Moita Lopes[34] refere-se ao interesse, tanto da Sociolinguística Variacionista como da Linguística Aplicada, em estudar "[a]s relações entre linguagem e classe social, gênero, sexualidade, raça etc.", porém termina com o seguinte desabafo:

> As tradições, todavia, nunca se encontram e conversam. Quando uma entra, a outra dá "bom dia", trocam abraços – felizmente sempre carinhosos (alguns dos meus amigos na academia brasileira são variacionistas!) –, mas é sempre como se entrasse a água e saísse o óleo. Mas será que não é isso mesmo?

Acredito que o autor constatou corretamente a falta de diálogo entre as duas orientações, mas, no meu modo de entender, subestimou a razão da ausência de aproximação entre elas. A Sociolinguística é Linguística em seu ponto de partida e insiste, pelo menos em sua vertente quantitativa, em permanecer subalterna a ela. Agora, nada contra a Linguística; pelo contrário. Minha insistência está em que, enquanto estiver presa à Linguística, a Sociolinguística não terá como enfrentar o social, a não ser como fator secundário, trazido a título de reflexão posterior ou tardia. Acontece que, para enfrentar de cara as discriminações e injustiças a que diariamente são submetidas as

32 Labov, 2006.

33 Rajagopalan, 2006b, p. 34.

34 Moita Lopes, 2013, p. 227.

pessoas com base em classe social, gênero, sexualidade, raça etc., precisamos de um conceito de linguagem como algo ESSENCIAL e INDISSOCIAVELMENTE social.

É aí que se observa uma importante diferença entre a Sociolinguística e a Sociologia da Linguagem. Hudson[35] acenou para a diferença definindo-as como, respectivamente, "estudo de linguagem em relação à sociedade" e "estudo da sociedade em relação à linguagem", enfatizando o deslocamento do foco das atenções de uma para outra. Melhor ainda, a meu ver, Fishman, na introdução ao seu livro,[36] havia chegado a propor o termo "Linguística Sociológica" ou "Sociologia Linguística" (tanto faz, no seu entender) chamando atenção para a recusa da primazia a qualquer uma das áreas do saber em relação à outra. No fundo, acredito eu, o que ele estava pleiteando era um amálgama das duas disciplinas, fundindo os postulados das duas, aparando as arestas.

Em meio aos postulados quase irreconciliáveis entre as duas disciplinas, está o lugar do indivíduo na linguagem. Enquanto a Linguística desenvolveu todo o seu arcabouço em torno do indivíduo e de sua dotação biológica da propensão para a linguagem (ou seja, a competência linguística), a Sociologia aposta no fato de que esse indivíduo só pode existir no interior de uma sociedade. Ou seja, um "indivíduo associal" seria um conceito teratológico (na verdade, algo da ordem de um "círculo quadrado" no mundo real!) e certamente não pode ser postulado no centro das atenções quando o assunto é a linguagem.

Alguns desdobramentos de nos concentrarmos no papel da sociedade em linguagem

Como frisei em outras ocasiões,[37] a escolha entre o indivíduo e a sociedade, na hora de decidir onde localizar e situar a linguagem, não é ideologicamente neutra; pelo contrário, é uma escolha repleta de conotações ideológicas e políticas. Convém lembrar o famoso pronunciamento de Margaret Thatcher, então primeira-ministra da Grã-Bretanha, que, na reunião anual de 1987 do Partido Conservador,

35 Hudson, 1996.

36 Fishman, 1968.

37 Rajagopalan, 2006b; 2010.

declarou com todas as letras: "Não existe sociedade. Há homens e mulheres individuais, e existem famílias".

Trata-se de uma postura que sintetiza a forma mais individualista de encarar o mundo e o papel do indivíduo na sociedade. Segundo essa visão, quinta-essência de filosofias conservadoras, o que importa é o indivíduo (e, em segundo lugar, seus familiares imediatos). A sociedade serve apenas e tão somente para o bem-estar do indivíduo, que, por sua vez, não deve nada à sociedade. Nessa perspectiva, a sociedade necessita ser controlada e constantemente vigiada para que não se sobreponha aos interesses do indivíduo.

É evidente, portanto, que a opção por uma perspectiva sobre a língua(gem) como fenômeno inalienavelmente social é a precondição para que se possa pensar numa intervenção proposital nela, que é, no fim das contas, a marca registrada de uma abordagem crítica. Qualquer intervenção na linguagem só é possível quando ela for concebida como um produto cultural, socialmente construído, e não como algo da ordem da natureza - dado que a natureza desconhece qualquer ética -, portanto, é, *a fortiori*, política.[38] Ou seja, uma Linguística Aplicada que tem a pretensão de ser crítica a respeito do estado de coisas sobre o qual ela se debruça jamais pode se furtar a adotar uma abordagem que abrigue como pedra angular o conceito de linguagem como fenômeno social.

Luiz Paulo e seu ativismo

Acredito que, no cenário da Linguística Aplicada, o professor e pesquisador Luiz Paulo da Moita Lopes teve, ao longo de todos estes anos, um papel de suma importância, tanto no desenvolvimento do campo quanto no seu reconhecimento enquanto uma área de investigação muito relevante para o país, assim como, no meu modo de entender, um papel de grande destaque na empreitada de dar-lhe uma orientação fortemente crítica no sentido mais autêntico desse termo. Ao trazer à tona temas pouco explorados na vertente "*mainstream*", ele abraçou causas muitas vezes negligenciadas, transformando-se

---

38 Cf. Rajagopalan, 2003, p. 15.

num ativista e – por quê não? – num militante em prol de milhares de pessoas que são privadas do seu direito à plena cidadania. Como o próprio Moita Lopes chegou a apontar:

> Ao contrário do que frequentemente acontece em outras partes do mundo, no Brasil, a pesquisa em LA tem se espraiado para uma série de contextos diferentes da sala de aula de LE [Língua Estrangeira]: de sala de aula para LM [Língua Materna] para as empresas, para as clínicas de saúde, para a delegacia de mulheres etc., ainda que predominem aspectos referentes à educação. E a questão de pesquisa, em uma variedade de contextos de usos da linguagem, passou a ser iluminada e construída interdisciplinarmente.[39]

E nessa mudança de rumos e prioridades, nessa verdadeira guinada de orientação que a área de pesquisa denominada "Linguística Aplicada" deu, Luiz Paulo tem um papel preponderante como primeiro violinista. É o grande legado que o colega deixa para quem está se aventurando nesse campo de pesquisa que conhecemos como Linguística Aplicada.

Referências

ARCHANJO, R. "Linguística aplicada: uma identidade construída nos CBLA". *Revista Brasileira de Linguística Aplicada*, 11 (3): 609-632, 2011.

BAYNHAM, M.; DEIGNAN, A. & WHITE, G. (org.). *Applied linguistics at the interface*. London/Oakville, Equinox Publishing, 2004.

BRUMFIT, C. J. "Being interdisciplinary – some problems facing applied linguistics". *Applied Linguistics*, 1 (2): 158-164, 1980.

CORDER, S. P. *Introducing applied linguistics*. Harmondsworth, Penguin, 1973.

FABRÍCIO, B. F. "Linguística aplicada como espaço de 'desaprendizagem': redescrições em curso". *In*: MOITA LOPES, L. P. (org.). *Por uma linguística aplicada indisciplinar*. São Paulo, Parábola Editorial, 2006.

______. "Linguística aplicada e visão de linguagem: por uma INdisciplinaridade radical". *Revista Brasileira de Linguística Aplicada*, 17 (4): 599-607, 2017.

FISHMAN, J. A. (org.). *Readings in the sociology of language*. Paris, Mouton, 1968.

39 Moita Lopes, 2006a, p. 19.

FOUCAULT, M. *Vigiar e punir: nascimento da prisão*. 20. ed. Trad. Raquel Ramalhete. Petrópolis, Vozes, 1987 [1975].

HUDSON, R. A. *Sociolinguistics*. Cambridge, Cambridge University Press, 1996.

HUTTON, C. "Law lessons for linguists? Accountability and acts of professional classification". *Language and Communication*, 16 (3): 205-214, 1996.

LABOV, W. *The social stratification of English in New York City*. 2. ed. Cambridge, Cambridge University Press, 2006 [1966].

MOITA LOPES, L. P. (org.). *Por uma linguística aplicada indisciplinar*. São Paulo, Parábola Editorial, 2006a.

______. "Linguística aplicada e vida contemporânea: problematização dos construtos que têm orientado a pesquisa". *In*: MOITA LOPES, L. P. (org.). *Por uma linguística aplicada indisciplinar*. São Paulo, Parábola Editorial, 2006b.

______. "Gênero, sexualidade, raça em contextos de letramentos escolares". *In*: MOITA LOPES, L. P. (org.). *Linguística aplicada na modernidade recente: festschrift para Antonieta Alba Celani*. São Paulo, Parábola Editorial, 2013.

PENNYCOOK, A. "Uma linguística aplicada transgressiva". *In*: MOITA LOPES, L. P. (org.). *Por uma linguística aplicada indisciplinar*. São Paulo, Parábola Editorial, 2006.

RAJAGOPALAN, K. "Linguagem e ética: algumas considerações gerais". *Por uma linguística crítica: linguagem, identidade e a questão ética*. São Paulo, Editorial Parábola, 2003.

______. "The philosophy of applied linguistics". *In*: DAVIES, A. & ELDER, C. (ed.). *Handbook of applied linguistics*. New York, Blackwell, 2004.

______. *Applied linguistics in Latin America*. Amsterdam, John Benjamins, 2006a.

______. "Social aspects of pragmatics". *In*: BROWN, K. (org.). *Encyclopedia of language and linguistics*, vol. 11. 2. ed. London, Elsevier, 2006b.

______. "Linguagem, identidade nacional e a importância da perspectiva geopolítica". *In*: NÚÑES, Â.; PADOIN, M. M. & OLIVEIRA, T. C. M. (org.). *Dilemas e diálogos platinos: relações e práticas socioculturais*. Pelotas, UFGD/UFPeL, 2010.

______. "Política linguística: do que é que se trata, afinal?". *In*: NICOLAIDES, C. *et al.* (org.). *Política e políticas linguísticas*. Campinas, Pontes, 2013a.

______. "O ensino de línguas como parte da macro-política linguística". *In*: GERHARDT, A. F.; AMORIM, M. & CARVALHO, Á. M. (org.). *Linguística aplicada e ensino: língua e literatura*. Campinas, Pontes, 2013b.

ROCHA, D. & DAHER, D. C. "Afinal, como funciona a linguística aplicada e o que pode ela se tornar?". *D.E.L.T.A.*, 31 (1): 105-141, 2015.

ROJO, R. H. R. "Fazer linguística aplicada em perspectiva sócio-histórica: privação sofrida e leveza de pensamento". *In*: MOITA LOPES, L. P. (org.). *Por uma linguística aplicada indisciplinar.* São Paulo, Parábola Editorial, 2006.

SILVA, D. N. "'A propósito de linguística aplicada' 30 anos depois: quatro truísmos correntes e quatro desafios". *D.E.L.T.A.*, 31 (esp.): 349-376, 2015.

SPOLSKY, B. "Linguistics and language pedagogy: applications or implications?". *In*: ALATIS, J. E. (ed.). *Linguistics and the teaching of standard English to speakers of other languages or dialects.* Washington, Georgetown University Press, 1970.

VAN LIER, L. "Educational linguistics: field and project". *In*: ALATIS, J. E. (ed.). *Georgetown University round table on language and linguistics.* Washington, Georgetown University Press, 1994.

WIDDOWSON, H. G. *Explorations in applied linguistics.* Oxford, Oxford University Press, 1979.

7

Caminhos narrativos – entrelaçando cronotopos na construção de identidades em reuniões de trabalho[1]

Liliana Cabral Bastos

Introdução

O crescente interesse pelo estudo das ações sociais situadas na vida cotidiana coincide com o também crescente interesse pelo estudo da narrativa. Há um entendimento de que olhar para as histórias que contamos nos mais diversos momentos de nossas vidas pode nos ajudar a compreender o que acontece na vida social e a superar a busca por formulações abstratas e essencializantes. A construção da identidade, por sua vez, está no âmago dos estudos da narrativa.

Em sintonia com esse movimento, e em intenso diálogo com outras disciplinas das ciências humanas e sociais, tem crescido, na Sociolinguística e na Linguística Aplicada, o interesse pelo estudo do particular, do situado, e do modo como indivíduos se localizam e se constroem nas diferentes situações da vida social.[2] É nesse caminho que, no presente capítulo, discuto o trabalho identitário envolvido nas construções narrativas de uma profissional de saúde ao longo de uma série de reuniões de trabalho. Observo como se dão os fluxos de significação através (i) dos contextos nos quais as narrativas são contadas e (ii) da formulação dos eventos aos quais as narrativas remetem.

Para tratar da complexidade envolvida nessas práticas discursivas, recorro à tradicional noção de cronotopo, introduzida por Bakhtin[3]

---

1 Agradeço ao CNPq pelo apoio recebido através da Bolsa de Produtividade em Pesquisa (PQ-Id n. 309801/2015).

2 Moita Lopes, 2013.

3 Bakhtin, 1981.

para analisar a formulação do tempo e do espaço na narrativa literária. Considerando os entrelaçamentos dos diversos cronotopos (configurações de tempo e espaço), volto-me para a construção identitária tanto da participante que disputa e assume o protagonismo narrativo em alguns momentos quanto do agrupamento profissional no qual as interações ocorrem. As narrativas em estudo tratam do envolvimento da narradora em um processo jurídico referente ao abuso sexual sofrido por uma menina – o que traz, para a presente discussão, falas que se reportam a violência, gênero e infância, temáticas carregadas de dor e sofrimento.

Recruto, também, o arcabouço da análise de narrativa,[4] entendida como prática de análise do discurso através de uma lente narrativa.[5] Articulo estudos sociolinguísticos clássicos,[6] com perspectivas interacionais,[7] que consideram como a narração se inscreve na atividade social em curso, como se relacionam eventos narrados com eventos narrativos[8] e como se fazem as construções identitárias em tais movimentos narrativos.[9] Muitos desses estudos são influenciados pela perspectiva goffmaniana da interação, também fundamental para a presente análise. A proposta é observar como, na sequência de reuniões, as narrativas operam no fluxo dos sentidos – sobretudo na solidificação de identidades dos indivíduos e dos grupos sociais nos quais atuam.

Cronotopos

A noção de cronotopo, introduzida por Bakhtin, remete à formulação literária da inseparabilidade das relações entre espaço e tempo. O autor sugere que a narrativa é uma representação estética da temporalidade e atribui o nome cronotopo (literalmente "tempo-espaço") "à conexão intrínseca de relações temporais e espaciais que são artisticamente

4 Mishler, 1986; Bastos, 2005; Riessman, 1993.
5 Bastos & Biar, 2015; Biar; Orton & Bastos, 2021.
6 Labov, 1972.
7 Goodwin, 1984; Schiffrin, 1984.
8 Bauman, 1986.
9 Mishler, 1986; Moita Lopes, 2001; 2003.

expressas na literatura".[10] Nas novelas gregas de aventura, por exemplo, Bakhtin observa que o tempo se organiza em segmentos e conexões que contêm simultaneidades e rupturas, sem necessária relação com o tempo biológico, histórico ou biográfico.

Para Bakhtin, além de inseparáveis, tempo e espaço são sempre "coloridos por emoções e valores".[11] O cronotopo dos salões, das novelas de Stendhal e Balzac, no qual acontecem os diálogos e se desenvolvem os enredos, é repleto de intrigas e paixões. Já o cronotopo da estrada é a trilha espacial e temporal para encontros de pessoas variadas, representativas de diferentes classes sociais, religiões, nacionalidades, identidades. O cronotopo dos castelos das novelas góticas é habitado pelo passado, por tradições e direitos de herança.

Na contramão de teorizações literárias tradicionais, que tratavam tempo como simples progressão cronológica, a noção de cronotopo contempla a alternância e a simultaneidade de experiências. Trata-se de considerar como ações se desenvolvem, se transformam ou se estabilizam, a partir de um entendimento de que, "tanto na vida quanto na arte, o tempo se organiza mediante convenções"[12] culturais, sociais e históricas.

Meu entendimento da noção de cronotopo se apoia em releituras recentes feitas por analistas do discurso, sobretudo Jan Blommaert. O autor considera a noção muito produtiva para tratar de questões caras aos estudos sociolinguísticos: os complexos processos de significação na interação situada, a construção da narrativa e da identidade.[13] O construto nos permite contemplar a centralidade do tempo e do espaço na bricolagem de contextos e, assim, evitar simplificações.

Cronotopo e complexidade contextual

Tanto a narrativa literária quanto a contada na interação, em tempo real, transportam narradores/as e audiência para outros tempos e lugares, utilizando-se de diferentes recursos e criando os mais diversos

---

10 Bakhtin, 1981, p. 84.

11 *Idem*, p. 243.

12 Machado, 2010, p. 208.

13 Blommaert & De Fina, 2017; Blommaert, 2018.

efeitos, muitas vezes fundindo tempo e espaço.[14] A introdução de um novo cronotopo em uma conversa implica uma série de mudanças[15] cuja complexidade tem sido tratada por estudiosos/as da narrativa. Richard Bauman, por exemplo, examina as relações entre evento narrativo (no qual acontece a contação) e evento narrado (ao qual a contação remete).[16] Tais relações são caracterizadas por Bauman e Briggs como entextualizações,[17] isto é, como processos de extrair um determinado trecho de produção linguística de um cenário interacional, torná-lo uma unidade textual e inseri-la em outro cenário.

Também inspirados por Bakhtin, estudos como o clássico texto de Bourdieu e Passeron,[18] retomado por Blommaert e De Fina,[19] tratam de mudanças de cronotopos envolvidas em transformações culturais, considerando determinados grupos sociais e processos históricos. Bourdieu e Passeron falam dos cronotopos envolvidos na vida de estudantes parisienses, de diferentes espaços e organizações sociais (o café na Rive Gauche ou a sala de aula) orientando sua experiência de classe média ou proletária. Blommaert e De Fina falam de mudanças de cronotopos no decorrer de vivências sociais, como as que envolvem, por exemplo, grupos de colegas de trabalho que se deslocam do escritório para um *happy hour* em um bar.

Essas mudanças de cronotopo podem também ser entendidas, nos termos de Goffman,[20] como mudanças ou laminações de enquadres, ou seja, como alterações na forma como participantes de um determinado encontro social dinamicamente entendem, definem e sinalizam o que está acontecendo no curso das interações. Também sinalizamos (ou indexamos) transformações de *footings*, ou alinhamentos, entre os/as próprios/as participantes, entre participantes e o tópico de suas falas, e entre participantes e a atividade interacional em curso.[21] A tensão

---

14 Perrino, 2015.

15 Blommaert & De Fina, 2017; Dickinson & De Fina, 2019.

16 Bauman, 1986.

17 Bauman & Briggs, 1990.

18 Bourdieu & Passeron, 1964.

19 Blommaert & De Fina, 2017.

20 Goffman, 1974.

21 Ribeiro & Garcez, 2002.

interacional entre participantes inclui, em todos esses movimentos, seus lugares nas hierarquias de poder.

Especialmente relevante para o presente estudo é como narradores/as entrelaçam um cronotopo a outro em uma sequência de contextos. Estudos dessas sequências de contextos focalizaram diferentes aspectos. Bauman olhou para relações entre performances narrativas de um mesmo narrador, ao longo dos anos, para diferentes audiências e locais;[22] Norrick examinou duas histórias recontextualizadas como uma única história, por duas conversacionalistas em cooperação;[23] Tannen se utilizou da noção de reciclagem para remeter a um tópico retomado em diferentes conversas;[24] Blommaert analisou como narrativas de migrantes (em pedidos de refúgio) são seguidamente entextualizadas em transcrições e documentos oficiais;[25] Carranza e Ehrlich analisaram trajetórias de textos no cenário jurídico;[26] Georgakopoulou estudou o discurso circulando em diferentes plataformas digitais;[27] Wortham, Fabrício, bem como Wortham e Rhodes, se voltaram para trajetórias de contextos no ambiente escolar, focalizando instabilidades e transformações na construção de sentidos e identidades.[28]

Entendo assim que, na complexa dinâmica contextual, mesclam-se diferentes tipos de movimento de cronotopos: os que operam na apresentação de uma outra dimensão de tempo/espaço no relato de narrativas em conversas; os que instauram mudanças de organização (ou de produção e participação, segundo Goffman)[29] de um determinado agrupamento de indivíduos em encontros sociais em diferentes espaços e tempos (como colegas de trabalho, no escritório ou no bar); os movimentos discursivos através de contextos, gerando transformações de sentido. O estudo desses fluxos é importante para entender o trabalho interacional envolvido na contação de histórias nas mais diversas ocasiões sociais, também favorecendo a análise de

22 Bauman, 1986.

23 Norrick, 2005.

24 Tannen, 2007.

25 Blommaert, 2008.

26 Carranza, 2010; Ehrlich, 2015.

27 Georgakopoulou, 2013.

28 Wortham, 2006; Fabrício, 2014; Wortham & Rhodes, 2015.

29 Goffman, 2002.

como se estabelecem, a cada cronotopo, as relações de poder. Aqui, vamos olhar basicamente para o movimento envolvido na inserção de um novo cronotopo em uma interação, sobretudo para o trabalho de uma narradora ao contar sua história em uma sequência de reuniões de trabalho de profissionais de saúde.

Cronotopo e interação

Blommaert, repensando a noção do cronotopo,[30] argumenta que, para compreender os sentidos da ação social situada no aqui e agora, é necessário considerar: (1) uma perspectiva teórica da ação e (2) o trabalho de moralização contínua. Para lidar com um possível determinismo da visão sócio-histórica bakhtiniana, o autor considera importante entender o funcionamento situado das atividades na interação, o que desafia *a priori* a identidade, a comunidade e a própria ação. Com apoio no trabalho de interacionistas como Goodwin,[31] Blommaert lembra que a identidade não pode ser formulada apenas "em termos do que já está lá".[32] Aqui, será relevante considerar as especificidades das reuniões de trabalho de profissionais de saúde: a configuração do espaço, as relações entre participantes, o ritual de trabalho, entre outras coisas. É preciso, como diria Goffman,[33] não negligenciar a situação.

Para tratar da moralização contínua, Blommaert[34] entende que os critérios morais disponíveis e acessíveis na interação são, ao mesmo tempo, recursos interpretativos dialogicamente construídos, local e situadamente, na atividade social em curso. Tais recursos são latentes e potenciais, ao mesmo tempo que integram *scripts* de comportamentos sociais reconhecíveis, carregando relativa estabilidade em relação a julgamentos sobre adequação social. Por outro lado, há uma enorme variedade de recursos semióticos através dos quais tais critérios morais são exibidos.

---

30 Blommaert, 2018. O autor também considera a noção de "escala", que não será focalizada no presente estudo.

31 Goodwin, 1984.

32 Blommaert, 2018, §12.

33 Goffman, 2002.

34 Blommaert, 2018.

É interessante observar, no movimento de solidificação de sentidos, como conceitos morais alcançam essa relativa estabilidade e são reconhecidos como adequados em determinados grupos sociais. Para Blommaert, conceitos avaliativos são "vetores indexicais", orientadores dos processos de reconhecimento e de identificação, que estão no centro da ordem social. Retomando Garfinkel, Blommaert vê a ordem social como uma ordem moral, ou como uma economia moral da prática comunicativa.

Como já mencionado, muitos aspectos da minha compreensão de cronotopo estão associados a construtos e reflexões de Goffman sobre interação e ordem social (sobretudo enquadres e alinhamentos), que, por sua vez, também fundamentam alguns dos estudos (de base interacional) que serão apresentados a seguir. Tais entendimentos são fundamentais para compreender as tensões da interação cotidiana, frequentemente envolvidas com a construção de identidade e relações de poder entre participantes.

Cronotopo e narrativa – temporalidade, performance e identidade

Para discutir como se dá a construção identitária nos entrelaçamentos de cronotopos, recorro, também, a estudos seminais da narrativa, empreendidos por autores/as de diferentes campos das ciências humanas e sociais. Do modelo sociolinguístico canônico,[35] além da noção de avaliação, que contém a carga dramática e emocional da narrativa, farei uso de alguns elementos de natureza mais estrutural, tais como resumo (apresentação inicial), orientação (contextualização do evento narrado), ação complicadora (ações narrativas organizadas em sequência temporal) e coda (fechamento).[36]

A análise também considerará a ordenação temporal em que a narradora apresenta elementos de sua experiência. Como veremos, no cronotopo do relato de sua participação no processo jurídico de abuso sexual, são organizadas, temporalmente, sequências de ações. Na esteira de autores

---

35 Labov, 1972.

36 Ver Bastos, 2005, para uma explicação mais detalhada desse modelo.

como Bruner[37] e Polkinghorne,[38] entendo que construímos um nexo entre elementos de nossa experiência, organizando-os em sequências que poderão, inclusive, ao serem contadas e recontadas, fixar-se como nossa memória do que experienciamos. Ao entender narrativa como construção da experiência, afasto-me de uma compreensão de narrativa como simples e transparente relato da experiência passada, ou como um espelho do *self*.[39] A narrativa é aqui entendida como uma performance, isto é, como uma ação conjunta e situada do narrar que inclui sua atuação na construção discursiva de realidade, articulada à sua dimensão poética, estilística e dramatúrgica.

Para o folclorista e antropólogo Richard Bauman,[40] a noção de *performance narrativa* remete à elaboração da fala, considerando recursos estilísticos (ou etnopoéticos) em estreita relação com o contexto específico de cada narração, ou de cada evento narrativo, como já mencionado. Bauman observa como episódios são acrescentados, suprimidos ou intercalados em cada evento narrativo, com foco na repetição de estruturas sintáticas e temáticas e em como é apresentado o discurso direto (em quantos turnos, com que prosódia etc.).

O psicólogo Elliot Mishler[41] entende cada relato como uma performance de identidade, projetada e coconstruída entre participantes da interação. Retomando Bauman, Mishler declara que "nos expressamos, expomos, declaramos o que somos – e quem gostaríamos de ser – nas histórias que contamos e em como as contamos. Em resumo, nós performamos nossas identidades".[42] Entendimentos da performance narrativa como os de Mishler e Bauman podem também ser associados ao entendimento de Judith Butler,[43] que enfatiza o aspecto da construção identitária de gênero na performance como atos discursivos repetidos e reafirmados ao longo de nossas vidas – são "efeitos que produzimos por meio das coisas específicas que fazemos".[44] Aqui, discuto como a narradora "narra o que é" nas histórias que conta nas reuniões de trabalho das quais participa.

---

37 Bruner, 1990.

38 Polkinghorne, 1988.

39 Mishler, 1986; 1999.

40 Bauman, 1986.

41 Mishler, 1986; 1999; 2002.

42 *Idem*, 1999, p. 19.

43 Butler, 1990.

44 Cameron, 2010, p. 133.

Essa perspectiva interacional da narrativa dialoga, em alguns aspectos, com a pesquisa de tradição etnometodológica da Análise da Conversa.[45] O trabalho de Goodwin,[46] em particular, em muito contribui para a compreensão da complexidade de configurações do contexto, observando como se dá, na interação, o encadeamento de ações verbais e não verbais na contação de histórias, coordenadas a outras ações em andamento. Na análise que segue vamos olhar para como a narradora coordena sua narrativa à rotina das reuniões de trabalho, ou seja, vamos observar como são articulados os cronotopos da reunião de trabalho com outros tempos e espaços do evento narrado.

Também cabe destacar o trabalho de Deborah Schiffrin, que focaliza, na sequência de ações discursivas, as tensões interpessoais da interação, examinando a disputa entre participantes pelo espaço narrativo, os diferentes alinhamentos entre participantes e a maneira como a narrativa funciona na construção de uma identidade positiva do/a narrador/a.[47] Tais movimentos, como veremos na análise, estão também presentes na articulação de cronotopos.

Contexto de pesquisa e metodologia

Esta pesquisa, de natureza qualitativa, entende que metodologia não se resume a um conjunto de técnicas disponíveis para coleta e análise de dados. Teoria e metodologia estão necessária e profundamente entrelaçadas. Assim como em muitas pesquisas nas ciências humanas e sociais, aqui é fundamental compreender como os sentidos se constroem no discurso e, portanto, problematizar a questão da objetividade e da subjetividade do/a pesquisador/a.[48] Nesse quadro, entendo que a análise de narrativa pode operar na interpretação do discurso e nos entendimentos do que acontece na vida social.[49]

---

45 Ver Garcez, 2001, para uma revisão de estudos da narrativa na perspectiva da Análise da Conversa Etnometodológica.

46 Goodwin, 1984.

47 Schiffrin, 1984.

48 Velho, 1978; Denzin & Lincoln, 2006.

49 Bastos & Biar, 2015; Biar, 2015; Biar; Orton & Bastos, 2021.

As narrativas em análise foram geradas em atividades que integram e adaptam elementos da observação etnográfica[50] com algumas práticas da Análise da Conversa Etnometodológica,[51] tais como a simplificação das convenções de transcrição utilizadas (em anexo). Em um período de 16 meses, observei e registrei 11 reuniões de trabalho do grupo que chamarei de Grupo de Profissionais de Saúde (GPS), que oferece apoio a profissionais que lidam com crianças e adolescentes vítimas de violência. Nas reuniões, participei basicamente como observadora; posteriormente, desenvolvi algumas atividades com o grupo: projetos de pesquisa e ação social, assim como apresentação e publicação de trabalhos em coautoria.

O GPS é um grupo multiprofissional, que se reúne quinzenalmente, na hora do almoço, em um hospital público. As reuniões contam com cerca de dez participantes mais regulares, entre médicos/as (pediatra, ginecologista), psicólogos/as, sociólogos/as, enfermeiros/as e assistentes sociais, que apresentam casos e discutem possíveis dúvidas de conduta (médica, burocrática, política etc.) diante de violência contra crianças e adolescentes. O grupo é coordenado por Rute, uma pediatra com forte atuação em associações médicas e em entidades de promoção dos direitos da criança e do adolescente.

As reuniões quinzenais do GPS acontecem em uma pequena sala de atendimento ambulatorial de uma das médicas participantes do grupo, com estantes, mesa com computador, cadeiras para a médica e pacientes, maca para exames. Há cadeiras empilhadas em um canto da sala, que são retiradas da pilha pelos/as participantes conforme chegam e se acomodam em círculo. A fase de pré-reunião[52] é sempre orientada por essa atividade de organização espacial. As reuniões têm uma duração de aproximadamente uma hora e tratam de: (i) apresentação, discussão e encaminhamento de casos de maus-tratos a crianças e adolescentes e (ii) organização de atividades, tais como planejamento de cursos e eventos voltados para a sensibilização da comunidade médica para a questão da violência contra crianças e adolescentes.

---

50 Erickson & Shultz, 2002; Araújo & Bastos, 2018.

51 Cf. Hutchby & Wooffitt, 1998; Garcez; Bulla & Loder, 2014.

52 Ver Goffman, 2002.

As narrativas em análise

As narrativas aqui analisadas foram contadas por uma médica ginecologista, em três reuniões diferentes, que aconteceram ao longo de um período de cinco meses. São narrativas que falam de seu envolvimento em um processo jurídico em curso. A cada evento narrativo,[53] eram recuperados elementos já conhecidos do grupo, assim como apresentados novos elementos – ou novos eventos narrados.[54] Temos, dessa forma, diferentes processos de entextualização[55] no centro da dinâmica de articulações entre os diversos cronotopos das interações em análise.

As narrativas da médica, que chamaremos de Norma, giram em torno de um caso de abuso sexual especialmente dramático: com base em exame ginecológico, a médica considerou que uma menina de três anos tinha sido sexualmente abusada. A menina foi levada ao hospital pela mãe, que acusava o pai, médico, de ter cometido o abuso. Em virtude do exame e de seu parecer, Norma foi convocada a depor no processo.

As performances narrativas da médica, nas três reuniões em análise, remetem ao seu depoimento: na primeira, conta que foi chamada a depor; na segunda, dois meses depois, relata seu depoimento na Vara da Família; na terceira, três meses depois, informa que o processo havia terminado e que o acusado havia sido julgado culpado. Essa sequência sinaliza a multiplicidade de cronotopos no processo narrativo, cuja complexidade é acrescida de outros entrelaçamentos: à narrativa do depoimento, por exemplo, a narradora entrelaça o cronotopo do exame ginecológico, que, por sua vez, remete à experiência do abuso.

As reuniões são convocadas e coordenadas por Rute. Nos fragmentos a seguir, a fala é produzida basicamente por três participantes mulheres e médicas do GPS: Rute, a coordenadora do GPS; Júlia; e a narradora Norma. Há também algumas falas produzidas por mim, a pesquisadora. Todos os nomes que aparecem nas transcrições deste capítulo são fictícios, menos o meu.

---

53 Nos termos de Bauman, 1986.

54 *Idem.*

55 Bauman & Briggs, 1990; Sarangi, 1998; Park & Bucholtz, 2009.

A convocação

O seguinte fragmento foi produzido numa fase de pré-reunião.[56] Os/As participantes ainda estavam chegando, se cumprimentando, arrumando cadeiras – o espaço institucional da interação se organizando. Antes de entrar na pauta do dia, Rute comentou sobre a dificuldade de sensibilizar instâncias superiores da hierarquia hospitalar para atender as reivindicações do GPS. À época, o grupo estava planejando distribuir cartazes e folhetos com orientações sobre conduta diante de casos (ou suspeita de casos) de maus-tratos a crianças e adolescentes. A propósito dessa dificuldade, é dito:

(1)

1	Júlia	as pessoas parece que têm medo... ( )
2	Norma	têm medo mesmo, eu fui chamada pra depo:r, naquele caso daquela –
3		menina que... cujo pai... é profissional de saúde,... lembra?
4	Rute	claro!
5	Norma	o Sérgio Silva me convocou a depor. dia dois de fevereiro=
6	Rute	[cuidado aí, Joana com a porta]
7	Júlia	[aliás essa história... eu sei]
8	Norma	=às [treze horas
9	Júlia	[você sabe que eu sei a história dessa menina?]
10	Norma	heim?
11	Júlia	muito curiosa.
12	Norma	tem uma matéria [que saiu]
13	Júlia	[não, eu encontrei, eu encontrei, não, uma amiga
14		minha me falou que tava enconTRANDO a amiga na porta da escola
15		buscando uma criança pequena. o que você tá fazendo aqui?

Imediatamente após concordar com Júlia em relação às pessoas terem medo de lidar com questões de maus tratos, Norma anuncia que foi chamada a depor no caso de uma menina vítima de abuso sexual (linha 2), o que traz para o aqui e agora da interação, para o evento

[56] Goffman, 2002.

narrativo,[57] um outro espaço e tempo, ou seja, um outro cronotopo, o do processo legal. Com a informação sobre sua convocação, Norma passa a articular o cronotopo da reunião ao cronotopo do processo legal, fazendo uso (i) de um vocabulário que remete ao universo jurídico ("depor", "convocou"); (ii) de referência a uma data específica ("dia dois de fevereiro") e (iii) de referência às personagens envolvidas ("naquele caso daquela – menina", "cujo pai", "profissional de saúde", "o Sérgio Silva"). As expressões "naquele caso" e "aquela menina" sugerem, ainda, que os participantes da reunião já tinham conhecimento do caso. É possível interpretar que, com a enunciação desse cronotopo, Norma estivesse negociando espaço interacional para falar sobre seu depoimento, ou seja, negociando um turno maior e atenção da audiência para contar uma história.[58] No entanto, essa negociação não alcança sucesso, e o que se segue não é o relato de Norma, mas sim o de Júlia sobre sua relação com o caso, que envolve amigos/as em comum com a família da menina vítima de abuso.

A construção desse cronotopo, embora não funcione como prefácio de uma narrativa, é intensamente moralizada, sobretudo nos movimentos discursivos relativos ao trabalho identitário performado por Norma. É no contexto de falas sobre o medo de lidar com questões de violência contra crianças e adolescentes que a narradora informa que foi chamada a depor, o que sinaliza que ela é uma pessoa que enfrenta e lida com a violência contra crianças. Ela é corajosa, assim como os membros do GPS, e vai além: fora dos muros do hospital, está envolvida em um processo de abuso sexual, no qual vai depor. Acrescente-se que esse depoimento foi convocado por "Sérgio Silva", nome fictício de um reconhecido juiz, com intensa presença na mídia à época da reuniões, dada sua atuação, por vezes polêmica, com crianças e adolescentes. É esse juiz que convoca, pessoalmente, Norma para depor. Essa pessoalização na convocação da justiça evoca uma posição de prestígio – de Norma e, por conseguinte, de sua audiência e seu grupo profissional. A construção identitária de Norma e seu grupo se faz "sob uma luz favorável", como diria Goffman.[59]

---

57 Bauman, 1986.

58 Jefferson, 1978; Goodwin, 1984; Garcez, 2001.

59 Goffman, 1989.

A conversa prossegue em torno das relações de Júlia com pessoas envolvidas no caso, quando Norma enuncia – ver exemplo (2), a seguir –, em uma formulação típica de narrativa em andamento ("aí, um dia"), que foi procurada por duas psicólogas, reintroduzindo assim o cronotopo do processo de abuso. A esse trabalho, Liliana responde como ouvinte de narrativa, com um pedido de esclarecimento sobre o espaço narrativo ("AQUI?"):

(2)

Norma	aí, um dia, me aparecem duas <u>peritas</u>, ↓°psicólogas°, da justiça, ...
	à minha procura.
Liliana	AQUI?
Norma	dentro do hospital ah, doutora Norma, nós somos psicólogas,
	do ministério público... lá da ( ) queria saber... como é que foi
	exatamente o caso,°já tem dois anos o caso, né°, porque[o pai
Júlia	[tudo no prontuário, né?
Norma	o PAI... tinha perdi:do a guarda ↓da menina... >°tinha passado pra
	mãe.<° ↑então... é, e o ↓°>pai não tava vendo a menina<°... ou tava
	vendo com visita vigiada... um troço assim. e o pai contratou um
	advogado DE NOME... pra poder ir contra. >essa menina passou pela
	minha mão< e pela mão de CINCO psicólogas na ( ) as cinco
	>concordavam com o meu diagnóstico<.↓°de abuso.° aí... >o que que ele
	fez<... ele processou as psicólogas daqui
Rute	que é isso!

[...]

Norma	pois é, não tá com problema nenhum e então, ↑>até você tem que saber
	,↓ não vai ficar sem saber. < peguei o prontuário e disse OLHA: o que
	aconteceu foi isso. quando eu cheguei ( ) menina, na hora de eu
	examinar a menina a menina disse >ah que gracinha igual a lu-, luva
	que o papai brinca comigo<. eu disse, é? ↑>como é que ele brinca com
	você?< ela pegou e botou a mão em cima da xereca.
Júlia	é, é...

É, assim, instaurado o alinhamento da narradora com sua audiência:[60] Liliana, Júlia e Rute passam a mostrar atenção à narrativa, com pedidos de esclarecimento ("AQUI?", linha 3; "tudo no prontuário, né", linha 7) e avaliações ("que é isso!", linha 15; "é, é...", linha 33), em uma interação altamente complexa na forma como sincroniza diferentes tempos e espaços. O cronotopo do processo legal, já introduzido, agora prossegue com a apresentação da conversa da narradora com as psicólogas do ministério público, no hospital. Essa conversa é dramaticamente entextualizada,[61] em uma mescla de segmentos de esclarecimentos e de falas reportadas (ou construídas, nos termos de Tannen).[62] Norma insere o que podemos entender como um "subcronotopo", no qual narra, articulando uma sequência temporal canônica,[63] etapas anteriores do processo legal em pauta: o pai perdeu a guarda da menina, contratou um advogado de renome, a menina foi examinada pela narradora e por psicólogas do hospital, chegaram a um diagnóstico, as psicólogas foram processadas. Esse subcronotopo é inserido entre a dramatização da pergunta das psicólogas ("ah, doutora Norma, nós somos psicólogas, do ministério público... lá da ( ) queria saber... como é que foi exatamente o caso", linhas 4 a 6) e a dramatização da resposta de Norma, que ocorrerá mais adiante, nas linhas 27 a 32. O complexo trabalho de sincronização entre diferentes cronotopos, nos quais são instauradas sequências de tempo cronologicamente ordenadas, vai assim configurando a temporalidade da narração.

A narrativa de etapas do processo legal é seguida de comentários avaliativos da audiência (não reproduzidos no excerto). Após se alinhar com as avaliações ("pois é, não tá com problema nenhum"), Norma retoma o cronotopo do processo legal (linha 27), sinalizando para seus/suas ouvintes que volta a dramatizar o diálogo com as psicólogas, com uma subida de tom e fala mais rápida ("↑>até você tem que saber,↓ não vai ficar sem saber.<"). Nesse enunciado (linhas 27 a 32), dramatiza sua própria fala, endereçando-se à psicóloga de um lugar mais alto na hierarquia social, no qual se impõe e diz o que a outra tem que saber. Na sequência,

60 *Idem*, 2002.

61 Bauman & Briggs, 1990.

62 Tannen, 2007.

63 Ver Labov, 1972.

outro subcronotopo é introduzido: o do exame médico no curso do qual Norma faz o diagnóstico de que a menina foi abusada. A narrativa do exame também contém diálogos construídos que estão no centro de toda a organização cronotópica e narrativa das interações em análise. Na formulação de Norma, no exame, a menina diz ">ah que gracinha igual a lu-, luva que o papai brinca comigo<", introduzindo a identificação da luva, que provoca a pergunta da narradora, "eu disse, é? ↑>como é que ele brinca com você?<", respondida pelo gesto de colocar "a mão em cima da xereca" (linhas 30 a 32). A ordenação dessas três ações (identificação da luva, pergunta da narradora, resposta da menina) configura a narrativa central do abuso, que se constitui como evidência de que houve abuso sexual.

Habilmente sequenciando e encaixando cronotopos, a narradora também constrói a temporalidade de ações na organização de suas narrativas. Vão assim também se construindo a identidade da narradora e de sua audiência (que sustenta sua construção identitária) e a dimensão moral de sua narrativa. É a narradora médica que faz um diagnóstico, com base em um exame, documentado em prontuário. Como observa Sarangi,[64] retomando Atkinson,[65] no cenário da saúde, a credibilidade dos "fatos" médicos está fortemente ligada a quem está falando e ao *status* do/da falante na hierarquia da instituição. O que Norma conta é a verdade, tomada como inquestionável: "OLHA: o que aconteceu foi isso" (linhas 28 e 29). E é essa detentora da verdade que luta contra oponentes tais como um pai abusador (também médico, homem), um advogado de renome e psicólogas do ministério público. Nos excertos a seguir, veremos como a narrativa do envolvimento de Norma no processo de assédio vai se firmando como uma batalha entre a narradora e seus oponentes, habitantes do universo jurídico.

O depoimento

Em uma reunião ocorrida cerca de um mês depois de falar sobre a convocação para depor, também em conversa de pré-reunião, Norma conta sobre o seu depoimento na Vara da Família. Quando comecei a

64 Sarangi, 1998.

65 Atkinson, 1995.

gravação, Norma já havia iniciado o relato do embate no cronotopo do processo jurídico, mais uma vez utilizando-se da entextualização dramática de fala:

(3)

Norma	também causa... eh::, pode causar essas lesões aqui, aí de ( ) tem
	que mandar pra juíza, a pergunta pra juíza fazer pra mim <↑a juíza
	ela nem repetia.> aí eu dizia < vossa excelência... me permite?
	>aí ela ↑pois não, ↑posso falar?, ↑pode. veja bem, a vulvite
	implica em uma vermelhidão maio:r, extensa, mais global... tá?
	e a vermino:se... eh: assim como a psoríase, ( ) que poderia
	atingir o ânus por ( ). AGOra, ↑NÃO >lesões pontuais como a
	dela<, então a vulvite ↑ah, porque lesões dermatológicas podem
	causar... eu digo: não, não podem. não, ↑não, não, não, NÃO NÃO e
	↑nem pode > infecção urinária <, e ↑nem pode verminose, ↑nem
	pode vulvite °por outras causas°... NÃO PODE.
[...]	
Norma	<aí, ele me perguntou também>... se::... PORQUE EU TENHO AQUI UM
	LIVRO, °que fala sobre abuso sexual°, >quando eu fui ver, era um
	livrinho da Nestlé<... °Nestlé°. teve um ↑livro que fala que eh:: a
	vulva- a vulvite pode ser falsamente atribuí:da a um a abuso sexual.
	>eu digo< é, quando ela se estende por toda vulva. NÃO pon-pontuais.
Júlia	>NÃO é o caso presente.<

No cronotopo do processo legal, Norma fala sobre sua atuação no depoimento (um subcronotopo), sobre como defendeu seu diagnóstico com base em conhecimentos técnicos. No primeiro fragmento de (3), fala de sua luta para obter a atenção da juíza ("<↑a juíza ela nem repetia.> aí eu dizia <vossa excelência... me permite? >aí ela ↑pois não,↑posso falar?, ↑pode.", linhas 2 a 4), e de como, depois disso, explicou à juíza, empoderada pelo saber médico, aspectos das lesões dermatológicas apresentadas pela vítima. A fala desse turno adquire um contorno narrativo, temporalmente organizado, no qual podemos identificar uma abertura, com o relato da conquista do turno no depoimento. A seguir, a narradora entextualiza sua aula/explicação para a juíza, que é fechada com a defesa intensamente avaliada de sua posição, exibindo, sem mitigações, o poder que lhe é conferido pelo saber médico: "não, não podem. não, ↑não, não, não, NÃO NÃO e ↑nem pode > infecção urinária <, e ↑nem pode verminose,↑nem pode vulvite °por outras causas°... NÃO PODE" (linhas 9 a 11). Os recursos avaliativos utilizados nesse momento de coda narrativa (ou fechamento) são sobretudo marcas prosódicas de ênfase e repetições.

O segundo fragmento de (3) ocorre logo após os comentários da audiência sobre aspectos médicos das lesões dermatológicas em questão. A narradora mantém o subcronotopo do depoimento, reportando falas entre ela e o advogado do pai da vítima, acusado de abuso. Na construção desse diálogo, pode-se também perceber um contorno narrativo, que se inicia com um desafio do advogado ("PORQUE EU TENHO AQUI UM LIVRO", linhas 17 e 18), a ironização do desafio ("era um livrinho da Nestlé<... °Nestlé°.", linhas 18 e 19), e o fechamento com a reafirmação do saber médico ("eu digo< é, quando ela se estende por toda vulva. NÃO pon-pontuais.", linha 21). Os trabalhos de moralização contínua[66] e de construção de identidade da narradora são assim formulados na própria narrativização da experiência.

Nessa mesma reunião, ainda na fase preliminar, no mesmo subcronotopo do depoimento na Vara de Família, e pouco depois das falas já discutidas, Norma continua o relato de seu embate com o advogado, agora falando sobre o exame da vítima. O advogado pergunta se a mãe estava presente ao exame:

(4)

Norma AÍ ele disse a mãe estava presente? eu, não. a mãe estava no fundo da
sala <... aí:: >ele chegou assim<, ela estava presente... ↓>eu digo sem
contato visual.< aí ↓a juíza, por favor coloque que a mãe estava sem
contato visual.
Júlia pô, tu tava pronta, heim, garota! afiada!
Norma ↓tava. afinadinha.
Júlia o cara tava presente?

---

66 Blommaert, 2018.

8	Norma	↓tava. tempo integral
9	Liliana	e isso foi o advogado do cara que te perguntou?
10	Norma	( ) do lado meu, sentado do meu lado
11	Liliana	foi o advogado dele?
12	Norma	é, o advogado dele.
13	Liliana	que barra ↓heim?
14	Norma	aí perguntou esse negócio das luvas...
15	Júlia	então não tinha nem advogado dela?, era ele, isso ↓e o juiz
16	Norma	tinha o advogado dela, o advogado dele, ELA, ELE... a juíza
17		promotora, >a escrevente e eu

A estratégia de relato da narradora se mantém: falas reconstruídas sinalizando o embate bem-sucedido travado por Norma no contexto jurídico. Nesse momento, os ouvintes emitem avaliações positivas em relação à atuação de Norma no depoimento e fazem perguntas de esclarecimento que sinalizam atenção e interesse da audiência em relação ao que é contado. Interessante notar que é nesse momento que Norma introduz uma menção "ao negócio das luvas", e as perguntas sobre o depoimento continuam. As "luvas" aqui funcionam como uma referência ao cronotopo exame do diagnóstico e ao cronotopo assédio, no cronotopo depoimento. O interesse da audiência está certamente mais focalizado no relato do depoimento do que no do exame, já conhecido e relatado no grupo. Nesse delicado entrelaçamento de cronotopos, a narradora mantém o interesse da audiência, que aqui também se faz em torno da construção positiva do saber e poder médico.

O veredito

As falas do fragmento (5), a seguir, ocorreram numa reunião realizada três meses depois da reunião na qual ocorreram as falas de (3) e (4). Norma tinha tido notícias sobre o andamento do processo e pediu à coordenadora do GPS para incluir seu relato como um item na pauta da reunião. Diferentemente do que foi analisado até agora, a sua fala foi produzida na reunião propriamente dita (e não na pré-reunião), o que dá ao relato uma estruturação diferente, pois o espaço interacional para o relato está assegurado pela pauta.

(5)

Norma o que eu tinha pra passar era o seguinte, era aquele caso daquele colega nosso, né, que foi posto aqui já... há bastante tempo, que abusava da filhinha de dois anos e meses... com uma luva e etc. eu fui chamada pra depor em fevereiro nesse caso e eu ontem, anteontem, né, anteontem eu recebi a notícia, pela Fernanda, que ele tinha sido condenado pela vara de família e que estava sendo encaminhado para vara penal.

[...]

Norma Depois esse pai perdeu a guarda dessa criança, depois que, depois que eu atendi esse pai perdeu a guarda dessa criança. Aí essa criança foi pra a fundação, passou por 5 psicólogas, as 5 psicólogas concordaram com...com o laudo dado e essas psicólogas foram processadas pelo pai, em que ele perdeu o processo, tá ( ) não fez nada e aí nós fomos chamadas pra depor, eu e as psicólogas, em fevereiro, dia dois de fevereiro, e aí ontem eu recebi a notícia que ele teria sido condenado e o que eu fiquei bastante contente foi pelo fato dele ser um cara, que parece que tem bastante dinheiro, bastante influência, sumiu com muita prova, fez muitas falsas assinaturas, disse que eu não era do hospital, que eu não existia aqui dentro... que a menina não tinha sido vista por mim, quer dizer, ele conseguiu engavetar o processo durante quase um ano, né, na delegacia, então, o que eu fiquei contente foi o fato de que mal ou bem foi bem pra justiça.

Vale notar o desenho inicial da narrativa e a instauração do cronotopo do processo legal no cronotopo da reunião: a narrativa do abuso (na qual é encaixada uma referência à "luva") é apresentada como uma contextualização ("orientação", no modelo laboviano) para a "ação complicadora" (também nos termos de Labov), constituída pela narrativa da participação da narradora no processo judicial. Assim sendo, a orientação é estruturada com o verbo no imperfeito ("abusava da filhinha de dois anos e meses", linha 3), e as orações principais da ação complicadora remetem a ações que envolvem a narradora e são formuladas em primeira pessoa do singular: "eu fui chamada pra depor em fevereiro nesse caso" e "recebi a notícia, pela Fernanda, que ele tinha sido condenado" (linhas 3 a 6).

Depois de alguns comentários de outros/as participantes do grupo (aqui omitidos), a narradora retoma o turno (ver segundo fragmento) e sequencia outras etapas do processo e de seu envolvimento com ele, entre as quais podemos identificar: a narradora examinou a criança, o pai perdeu a guarda da criança, a criança passou por cinco psicólogas, as psicólogas concordaram com o laudo da narradora, as psicólogas foram processadas, o pai foi condenado. Observe-se que as relações de coerência entre ações que se seguem temporalmente são muitas vezes construídas como relações de causa e efeito. A narradora relaciona claramente o exame e o laudo por ela emitido com a perda da guarda da criança pelo pai.

Assim, temos que, no cronotopo da reunião, a narradora insere o cronotopo do processo, que por sua vez é constituído de subcronotopos. Por exemplo, a notícia da condenação é reintroduzida ("e aí ontem eu recebi a notícia que ele teria sido condenado", linhas 22 e 23), imediatamente seguida da expressão do contentamento da narradora ("eu fiquei bastante contente", linha 23), que é seguida da inserção de um novo cronotopo no qual o tempo é organizado em torno da figura do pai e de suas ações criminosas, assim justificando seu contentamento com a condenação. É uma narrativa de sucesso e de resistência aos mais poderosos, no caso o pai, que é médico, influente e rico. Com sua *expertise* médica e sua habilidade interacional (observável no manejamento de cronotopos), a narradora foi capaz de vencer o poder e a injustiça, mantendo, nas diversas instâncias cronotópicas, o trabalho de moralização na narração através da indexação de conceituações de ordem moral.

Considerações finais

Neste capítulo, recorrendo à noção bakhtiniana de cronotopo, discuti alguns movimentos narrativos operantes na construção de identidade de uma narradora e de seu grupo de trabalho ao longo de três reuniões realizadas em um período de cinco meses. Observamos entrelaçamentos (i) entre diferentes cronotopos de narração (entre reuniões) e (ii) entre cronotopos de narração e de evento narrado. Nesses últimos, destaquei a inserção de outros subcronotopos, nos quais são construídas outras temporalidades-espacialidades em sequências narrativas. Vimos como, nesses entrelaçamentos, em um trabalho de moralização contínua, solidificam-se sentidos relativos à identidade positiva da narradora e do grupo profissional (corajoso, competente, combativo).

Entre os muitos recursos discursivos utilizados na construção e sincronização de cronotopos, observamos como a narradora entextualizou diversas interações institucionais (do exame médico, da convocação para o depoimento, do depoimento no processo) e sequenciou ações dos personagens de cada cronotopo. As entextualizações das interações, as falas relatadas, foram intensamente dramatizadas (com prosódia, repetições, vocabulário técnico) e nelas foram narrados embates e oposições que funcionaram na construção identitária da narradora e do grupo: os personagens do universo jurídico, por exemplo, foram construídos como inimigos a serem vencidos, ou foram por ela desqualificados (o advogado que se embasou no livro da Nestlé; a juíza que não sabia fazer perguntas). As ações desses embates e disputas foram temporalmente sequenciadas pela narradora, que assim imprime um contorno narrativo às suas falas. É desse modo, também, que a narradora apresenta sua experiência no processo jurídico como uma história de resistência e sucesso, o que é um aspecto fundamental não apenas na construção de sua identidade, mas também na construção da coesão e identidade do grupo, que ouve e ratifica sua história.

Por fim, cabe também notar que as construções narrativas discutidas funcionam como "vetores indexicais", nos termos de Blommaert,[67] que aqui operam na manutenção e estabilização de hierarquias presentes na própria cena médica contemporânea. A tradicional hegemonia do/a médico/a diante de outros/as profissionais da área tem sido posta em xeque, entre outras coisas, por novas propostas de trabalho, em equipes multidisciplinares[68] – como, aliás, é o caso da proposta do grupo de profissionais de saúde em estudo. Curiosamente, nas performances narrativas em análise, o/a profissional médico/a é quem triunfa, graças à sua *expertise*, o que lhe garante uma posição privilegiada na hierarquia social.

---

67 *Idem.*

68 Iedema, 2003.

Referências

ARAÚJO, E. P. & BASTOS, L. C. "Militância e ocupação: dimensões autoetnográficas na pesquisa sobre movimentos sociais". *Veredas*, 22 (1): 168-188, 2018.

ATKINSON, P. *Medical talk and medical work*. London, Sage, 1995.

BAKHTIN, M. "Forms of time and of the chronotope in the novel". *In*: HOLQUIST, M. (ed.). *The dialogic imagination: four essays*. Austin, University of Texas Press, 1981.

BASTOS, L. C. "Contando estórias em contextos espontâneos e institucionais: uma introdução ao estudo da narrativa". *Calidoscópio*, 3 (2): 74-87, 2005.

BASTOS, L. C. & BIAR, L. "Análise de narrativa e práticas de entendimento da vida social". *D.E.L.T.A.*, 31 (esp.): 97-126, 2015.

BAUMAN, R. *Story, performance, and event: contextual studies of oral narrative*. Cambridge, Cambridge University Press, 1986.

BAUMAN, R. & BRIGGS, C. L. "Poetics and performance as critical perspectives on language and social life". *Annual Review of Anthropology*, 19: 59-88, 1990.

BIAR, L. "Desvio e estigma: caminhos para uma análise discursiva". *Calidoscópio*, 13 (1): 113-121, 2015.

BIAR, L.; ORTON, N. & BASTOS, L. "A pesquisa brasileira em análise de narrativa em tempos de 'pós-verdade'". *Linguagem em Discurso*, 21 (2): 231-251, 2021.

BLOMMAERT, J. "Contexto é/como crítica". *In*: SIGNORINI, I. (org.). *Situar a linguagem*. São Paulo, Parábola Editorial, 2008.

_______. "Chronotopes, synchronization and formats", 2018. Disponível em <https://alternative-democracy-research.org/2018/03/18/chronotopes-synchronization-and-formats/>. Acesso em 12/5/2019.

BLOMMAERT, J. & DE FINA, A. "Chronotopic identities: on the timespace organization of who we are". *In*: DE FINA, A.; IKIZOGLU, D. & WEGNER, J. (ed.). *Sociocultural linguistic perspectives*. Washington, Georgetown University Press, 2017.

BOURDIEU, P. & PASSERON, J. *Les Héritiers: les étudiants et la culture*. Paris, Minuit, 1964.

BRUNER, J. *Acts of meaning*. Cambridge, Harvard University Press, 1990.

BUTLER, J. *Gender trouble: feminism and the subversion of identity*. New York, Routledge, 1990.

CAMERON, D. "Desempenhando identidade de gênero: conversa entre rapazes e construção da masculinidade heterossexual". *In*: OSTERMANN, A. C. & FONTANA, B. (org.). *Linguagem, gênero, sexualidade: clássicos traduzidos*. São Paulo, Parábola Editorial, 2010 [1998].

CARRANZA, I. E. "Truth and authorship in textual trajectories". *In*: SCHRIFFRIN, D.; DE FINA, A. & NYLUND, A. (ed.). *Telling Stories: language, narratives and social life*. Washington, Georgetown University Press, 2010.

DENZIN, N. K. & LINCOLN, Y. S. (ed.). *O planejamento da pesquisa qualitativa: teorias e abordagens*. Porto Alegre, Artmed Bookman, 2006.

DICKINSON, M. E. M. & DE FINA, A. "Chronotopic identities: the south in the narratives told by members of Mapuche communities in Chile". *In*: PIAZZA, R. (ed.). *Discourses of identity in liminal places and spaces*. New York, Routledge, 2019.

EHRLICH, S. "Narrative, institutional processes, and gendered inequalities". *In*: DE FINA, A. & GEORGAKOPOULOU, A. (ed.). *The Handbook of Narrative Analysis*. Malden/Oxford/Chichester, Wiley-Blackwell, 2015.

ERICKSON, F. & SCHULTZ, J. "'O quando' de um contexto: questões e métodos na análise da competência social". *In*: RIBEIRO, B. T. & GARCEZ, P. M. (org.). *Sociolinguística interacional*. 2. ed. São Paulo, Loyola, 2002.

FABRÍCIO, B. F. "Transcontextos educacionais: gêneros e sexualidades em trajetórias de socialização na escola". *In*: SILVA, D.; FERREIRA, D. M. M. & ALENCAR, C. (org.). *Nova pragmática: modos de fazer*. São Paulo, Cortez Editora, 2014.

GARCEZ, P. "Deixa eu te contar uma coisa: o trabalho sociológico do narrar na conversa cotidiana". *In*: RIBEIRO, B. T.; LIMA, C. C. & DANTAS, M. T. L. (org.). *Narrativa, identidade e clínica*. Rio de Janeiro, Ipub, 2001.

GARCEZ, P.; BULLA, G. S. & LODER, L. L. "Práticas de pesquisa microetnográfica: geração, segmentação e transcrição de dados audiovisuais como procedimentos analíticos plenos". *D.E.L.T.A.*, 30 (2): 257-288, 2014.

GEORGAKOPOULOU, A. "Small stories and social media practices: narrative stancetaking and circulation in a Greek news story". *Sociolinguistica*, 27 (1): 19-36, 2013.

GOFFMAN, E. "The frame analysis of talk". *Frame analysis: an essay on the organization of experience*. Boston, Northeastern University Press, 1974.

______. *A representação do eu na vida cotidiana*. Petrópolis, Vozes, 1989 [1959].

______. "Footing". *In*: RIBEIRO, B. T. & GARCEZ, P. M. (org.). *Sociolinguística interacional*. 2. ed. São Paulo, Loyola, 2002 [1981].

GOODWIN, C. "Notes on story structure and the organization of participation". *In*: ATKINSON, J. M. & HERITAGE, J. (ed.). *Structures of social action: studies in conversation analysis*. Cambridge, Cambridge University Press, 1984.

HUTCHBY, I. & WOOFFITT, R. *Conversation Analysis*. Cambridge, Polity Press, 1998.

IEDEMA, R. *Discourses of post-bureaucratic organization*. Amsterdam, John Benjamins, 2003.

JEFFERSON, G. "Sequential aspects of storytelling in conversation". *In*: SCHENKEIN, J. N. (ed.). *Studies in the organization of conversational interaction*. New York, Academic Press, 1978.

LABOV, W. "The transformation of experience in narrative syntax". *Language in the inner city*. Philadelphia, University of Pennsylvania Press, 1972.

MACHADO, I. "A questão espaço-temporal em Bakhtin: cronotopia e exotopia". *In*: DE PAULA, L. & STAFUZZA, G. (org.). *Círculo de Bakhtin: teoria inclassificável*. São Paulo, Mercado de Letras, 2010.

MISHLER, E. G. *Research Interviewing: context and narrative*. Cambridge, Harvard University Press, 1986.

______. *Storylines: craftartists' narratives of identity*. Cambridge, Harvard University Press, 1999.

______. "Narrativa e identidade: a mão dupla do tempo". *In*: MOITA LOPES, L. P. & BASTOS, L. C. (ed.). *Identidades: recortes multi e interdisciplinares*. Campinas, Mercado de Letras, 2002.

MOITA LOPES, L. P. "Práticas narrativas como espaço de construção das identidades sociais: uma abordagem socioconstrucionista". *In*: RIBEIRO, B. T.; LIMA, C. C. & DANTAS, M. T. L. (org.). *Narrativa, identidade e clínica*. Rio de Janeiro, Ipub, 2001.

______. *Discurso de identidades*. Campinas, Mercado das Letras, 2003.

______. "Fotografias da linguística aplicada brasileira na modernidade recente: contextos escolares". *In*: MOITA LOPES, L. P. (org.). *Linguística aplicada na modernidade recente: festschrift para Antonieta Celani*. São Paulo, Parábola Editorial, 2013.

NORRICK, N. "Contextualizing and recontextualizing interlaced stories in conversation". *In*: THORNBORROW, J. & COATES, J. (ed.). *The sociolinguistics of narrative*. Amsterdam, John Benjamins, 2005.

PARK, J. S. Y. & BUCHOLTZ, M. "Introduction. Public transcripts: entextualization and linguistic representation in institutional contexts". *Text & Talk*, 29 (5): 485-502, 2009.

PERRINO, S. "Chronotopes: time and space in oral narrative". *In*: DE FINA, A. & GEORGAKOPOULOU, A. (ed.). *The Handbook of Narrative Analysis*. Malden/Oxford/Chichester, Wiley-Blackwell, 2015.

POLKINGHORNE, D. E. *Narrative knowing and the human sciences*. Albany, State University of New York Press, 1988.

RIBEIRO, B. T. & GARCEZ, P. M. (org.). *Sociolinguística interacional*. 2. ed. São Paulo, Loyola, 2002.

RIESSMAN, C. K. *Narrative analysis*. Newbury Park, Sage, 1993.

SARANGI, S. "Interprofessional case construction in social work: the evidential status of information and its reportability". *Text*, 18 (2): 241-270, 1998.

SCHIFFRIN, D. "How a story says what it means and does". *Text*, 4 (4): 313-346, 1984.

TANNEN, D. "Introduction to second edition". *Talking voices: repetition, dialogue and imagery in conversational discourse*. 2. ed. Cambridge, Cambridge University Press, 2007 [1989].

VELHO, G. "Observando o familiar". *In*: NUNES, E. O. (org.). *A aventura sociológica: objetividade, paixão, improviso e método na pesquisa social*. Rio de Janeiro, Zahar Editores, 1978.

WORTHAM, S. *Learning identity: the joint emergence of social identification and academic learning*. Cambridge, Cambridge University Press, 2006.

WORTHAM, S. & RHODES, C. R. "Narratives across speech events". *In*: DE FINA, A. & GEORGAKOPOULOU, A. (ed.). *The Handbook of Narrative Analysis*. Malden/Oxford/Chichester, Wiley-Blackwell, 2015.

Anexo – Convenções de transcrição

...	pausa não medida
.	entonação descendente ou final de elocução
?	entonação ascendente
,	entonação de continuidade
-	parada súbita
=	elocuções contíguas, enunciadas sem pausa entre elas
sublinhado	ênfase
MAIÚSCULA	fala em voz alta ou muita ênfase
°palavra°	fala em voz baixa

>palavra<	fala mais rápida
<palavra>	fala mais lenta
: ou ::	alongamentos
[	início de sobreposição de falas
]	final de sobreposição de falas
( )	fala não compreendida
(palavra)	fala duvidosa
(( ))	comentário do analista, descrição de atividade não verbal
↑	subida de entonação
↓	descida de entonação

Convenções adaptadas e simplificadas do modelo Jefferson da Análise da Conversa.

8

Mas que sintaxe "indisciplinada"!!!

Maria Eugênia Lammoglia Duarte

Introdução

Este capítulo discute uma das principais causas do descompasso entre a sintaxe do português brasileiro falado em todo o território nacional e o modelo normativo de escrita que a escola continua a usar. Apresento inicialmente algumas informações sobre como se deu a codificação dessa norma, em vigência nas gramáticas tradicionais desde fins do século XIX, e apresento evidências de que, já àquela época, o português brasileiro escrito que tinha se desenvolvido aqui apresentava traços sintáticos bastante diferentes da variedade europeia, que também tinha tomado rumos diversos a partir do século XVII. Falo brevemente de como fomos convencidos/as de que o português brasileiro falado era "informal" e, portanto, "não servia para a língua escrita". A seguir, com base em dados da escrita veiculada em jornais e revistas de ampla circulação, apresento alguns contextos que facilitam a implementação de formas endógenas nessa modalidade, bem como mostro o êxito relativo da escola na imposição de traços exógenos, que não fazem parte do processo de aquisição da nossa primeira gramática. Termino o texto apontando algumas consequências desse embate, que acaba por produzir formas não atestadas nem na gramática-alvo nem na gramática brasileira e aponto a necessidade urgente de reformulação dessas normas a partir da leitura do grande acervo de pesquisas sobre a sintaxe da fala e da escrita contemporâneas, que devem guiar os manuais didáticos, diminuindo o *gap* hoje atestado num modelo anacrônico que não tem mais como se sustentar.

Um pouco sobre a adoção do modelo gramatical do Brasil

É muito raro encontrar, por parte de quem ensina o português nas escolas, tanto nos níveis básicos quanto nos superiores, alguma reflexão sobre as mudanças empreendidas pelo português de Portugal – desde o final do período medieval, quando aqui chegou, passando pelo período clássico (séc. XVI-XVIII), até chegar ao português europeu moderno (séc. XIX em diante). Na verdade, é como se, apenas em território brasileiro, a língua portuguesa tivesse evoluído. Não é objetivo deste texto discutir os diferentes caminhos trilhados pelas duas variedades, resultantes de contatos diversos, com consequências na fonologia e na sintaxe, particularmente. Meu objetivo é focalizar a atitude de uma elite brasileira, quando, em fins do século XIX, se deu conta de que a norma escrita em Portugal já se afastara em muitos aspectos da que se desenvolvia no Brasil, justamente em razão dos diferentes caminhos percorridos. Foi então que ocorreu um movimento consciente de mudança de norma, em direção às praticadas em terras lusitanas.[1]

A escrita brasileira conservava traços do português medieval e clássico, entre os quais o uso predominante da próclise em contextos que viriam a ser perdidos no português europeu (PE, daqui em diante). Esses traços inovadores do PE oral foram incorporados à escrita lusitana pelos autores românticos ao longo do século XIX, justamente para poderem ser lidos pelos seus contemporâneos. Assim, a escrita lusitana se transforma a partir da incorporação das mudanças operadas na língua oral. Entre essas mudanças estão a presença obrigatória do artigo diante do possessivo (*o meu pai*, *a minha bolsa*, um uso que era opcional), o emprego de certas preposições encabeçando complementos verbais (*chegar ao Rio*, *dar o presente a você*), a substituição do gerúndio pelo infinitivo precedido da preposição "a" (*estou a fazer*), o aumento dos contextos que levavam à ênclise dos pronomes clíticos, reduzindo-se os contextos que licenciavam a próclise (*a Maria viu-me*, que até o século XVIII admitia a próclise), uma das questões mais facilmente observadas pelos nossos gramáticos, que será explorada neste capítulo.

1 Cf. Pagotto, 1998; 2011; Duarte; Gomes & Paiva, 2016.

Durante o período colonial, a questão da existência de uma norma escrita brasileira era ignorada. Só a partir da Independência, em 1822, começa a haver uma preocupação com a educação da população e uma definição de identidade. A luta contra o analfabetismo – apenas 0,5% da população era alfabetizada, segundo Houaiss[2] – e a universalização do acesso às escolas públicas se tornam imperativas. Isso, entretanto, exigia a formulação de programas que facilitassem tal acesso. Foi então que, no final do século XIX, começaram a surgir as primeiras gramáticas, adotando uma atitude claramente exonormativa e ignorando a gramática da escrita que aqui vinha se desenvolvendo.[3] Seguimos na contramão da escrita que aqui se praticava. Vejamos como se deu essa busca da "modernidade" empreendida por uma elite com força política e cultural que acabou por aprofundar a natural distância entre a escrita e a fala no Brasil.

Pagotto[4] nos traz evidências da adoção de um modelo de escrita exógeno na comparação dos dois textos constitucionais do século XIX: o da Constituição do Império, de 1824, e o da República, de 1891. Enquanto o primeiro exibia uma escrita mais brasileira, ou seja, mais conservadora em relação à que aqui se desenvolvia, com uso proclítico predominante em estruturas com um constituinte qualquer em primeira posição seguido de verbo (XP CL V = *O Estado se reserva o direito...*), no segundo temos o predomínio da ênclise em tais contextos, entre outras características inovadoras do português europeu moderno (*O Estado reserva-se o direito...*). Evidências adicionais desse gesto em direção ao PE giram em torno da polêmica que envolveu o texto do Código Civil, elaborado entre março de 1898 e março de 1902, quando é aprovado na Câmara dos Deputados. Esse Código teve na figura de Rui Barbosa um de seus mais ardorosos críticos, como nos mostra Pagotto.[5] O Parecer do Ilustre Conselheiro, enviado ao Congresso, se concentra essencialmente *na análise linguística*, com ênfase em aspectos sintáticos relativos principalmente à colocação pronominal e ao uso de preposições com complementos de verbos e nomes. Não houve um só artigo do extenso texto que ficasse sem as correções de Rui Barbosa.

---

2 Houaiss, 1985.

3 A esse respeito, cf. Duarte; Gomes & Paiva, 2016.

4 Pagotto, 1998.

5 *Idem*, 2011.

A minuciosa análise de Pagotto[6] dá uma ideia da luta que se travou na virada do século XIX e nos ajuda a entender como se deu essa "mudança de uma norma a outra", refazendo "os cânones gramaticais" e "produzindo *uma unidade linguística com Portugal*". Pagotto mostra ainda o esforço que se seguiu, na elaboração de um discurso pretensamente científico por parte de filólogos e gramáticos, ao longo do século seguinte, no sentido de convencer a população brasileira, com argumentos impressionistas, de que nossos traços conservadores bem como os que viriam a se desenvolver no português brasileiro oral deveriam se restringir à fala "informal"; na "fala cuidada" ou na escrita não se permitiriam abusos! Assim, a imposição da norma era suavizada com certa "condescendência".[7] Chegou-se mesmo a usar o argumento de que as diferenças entre as variedades daqui e d'além mar se deviam exatamente ao temperamento mais suave da população brasileira em oposição ao da europeia. Veja-se o argumento de um famoso filólogo, que pontificou por boa parte do século XX:

> O português tem um temperamento exterior, um *moi-de-surface* mais ríspido, mais rude; o brasileiro o tem mais suave, mais delicado. Pois bem: o português usa o imperativo com ênclise do pronome, forma de mando, incisiva, proparoxítona: passe-me o café!; o brasileiro usa, em tal caso, a próclise, forma antes de pedido, mais frouxa, paroxítona: me passa o café! Passe-me é ordem, me passa é pedido, já o notara João Ribeiro.[8]

Aí está a confirmação do bordão: "pra falar pode; pra escrever não"! E nós, obedientes, assim como os que nos ensinavam, nunca nos perguntamos o que tinha de feio em começar uma frase com pronome átono! Ora, se era este o uso nacional, por que mudar de norma ao escrever? Veja-se que não estamos falando da variação no uso de marcas de concordância verbal e nominal, certamente a mais notável consequência dos contatos com a língua portuguesa em território brasileiro. Veja-se também que, tal como fez Rui Barbosa ao corrigir o Código Civil, a colocação pronominal sempre foi a grande bandeira dos defensores da superioridade da gramática do PE, certamente por ser um traço facilmente observável linearmente.

---

6 *Idem*, p. 112.

7 *Idem*, 1998.

8 Melo, 1972, p. 51 *apud* Pagotto, 1998, p. 60.

Essa mudança de norma na escrita naturalmente levou a uma confusão, no Brasil, entre "informalidade" e "gramática" (Duarte e Serra[9] esclarecem, de forma divertida, essa confusão usando letras de *raps* brasileiros e portugueses).[10] Tudo o que era brasileiro e se distinguia do PE era tratado como uso "informal", que deveria ser mantido na fala, mas sem exageros!!! Uma fala mais cuidada jamais admitiria tais usos. Ou seja, esse gesto, além de contrariar a norma escrita que aqui se desenvolvia e contribuir, como já dissemos, para aumentar a distância entre um modelo de escrita mais conservador e a gramática endógena, desenvolvida no Brasil, é preconceituoso, uma vez que deixa implícita a crença de que só o indivíduo letrado é capaz de usar "o bom português", porque só ele poderia passar do discurso "informal" para o "formal", ou seja, só ele saberia mudar de gramática, monitorando sua fala e sua escrita depois de passar pelo ensino formal.

E quem sempre acreditou nesse bordão e o repetiu – e, infelizmente, ainda o repete nas salas de aula –, nunca se perguntou por que em Portugal não há diferenças nesse tipo de colocação entre fala e escrita, independentemente de frequência escolar. Tantos anos depois do início dos estudos linguísticos entre nós, das descrições da Língua 1 (L1) do brasileiro, adquirida na infância a partir dos dados a que a criança é exposta, é preocupante, se não assustador, ver uma norma gramatical importada e mal descrita na maioria dos livros didáticos repetida por professores/as que têm formação em Sociolinguística e Mudança Linguística.

Evidências de duas gramáticas em fins do século XIX

Mas voltemos aos fins do século XIX. Outras evidências da mudança de norma em relação ao PE, que só alcança os letrados, nos vêm de um conjunto de cartas pessoais localizadas no Arquivo Nacional do Rio de Janeiro por Célia Lopes. Trata-se de 41 cartas escritas entre 1878

9 Duarte & Serra, 2015.

10 Para os que se interessarem por uma discussão que distingue "informalidade" de "gramática", recomendo a leitura de Duarte e Serra *(idem)*, que comparam letras de *raps* portugueses e brasileiros, mostrando a semelhança na irreverência, com todos os traços de informalidade, que se revelam principalmente no vocabulário, e a imensa distância na gramática que permeia as letras dos *raps* de cá e de lá.

e 1889 por um casal de classe média alta, Cristiano Ottoni e Barbara Ottoni, a seus netos Cristiano e Misael, que viviam com a mãe viúva em Paris, sete anos depois de casada. O esforço dos avós para não deixar as crianças perderem o português, além de louvável, nos oferece um retrato do português brasileiro (PB, daqui em diante) e do português europeu. Enquanto o vovô Ottoni, mineiro, formado em Engenharia, tendo fixado residência no Rio de Janeiro, foi o primeiro diretor da Central do Brasil e ocupou uma cadeira do Senado por duas vezes, a vovó Barbara era natural de Valença, descendia de família influente no interior fluminense e se dedicava ao lar. Ao contrário do avô Cristiano Ottoni, que usa (quase sempre) a norma lusitana em suas cartas, a avó Barbara, certamente educada em casa, deixa "escorrer a tinta brasileira" de sua pena.

Os estudos que resultaram da edição dessas cartas[11] trazem evidências de que é a vovó que já anuncia a norma brasileira, que se deixa ver (os exemplos mantêm a grafia original):

(a) na mistura de tratamento – *tu/você* em combinação com pronomes complemento e possessivos:[12]

(1) Com muitas saudades te abraça sua dindinha do coração. (Carta 30, Barbara)

(b) na preferência pela próclise em contexto inicial, com o clítico, não raro, escrito junto do verbo (como em *melembro*) e do segundo verbo dos grupos verbais (como em *queria meajudar*), uma inovação brasileira do século XIX e um sinal claro de que, no PB, os pronomes átonos se cliticizam da esquerda para a direita:[13]

(2) a. Os abraça sua Amiga e Dindinha Barbara. (Carta 36, avó)

b. Melembro sempre de você com muitas saudades equando estou fazendo doce de caju estou sem(pre) melembrando de que você sempre queria meajudar. (Carta 30, avó)[14]

---

11 Cf. Lopes (org.), 2005.

12 Lopes & Machado, 2005.

13 Cf. Pagotto & Duarte, 2005.

14 As transcrições seguem exatamente a escrita das cartas dos Ottoni, sem qualquer tipo de edição.

Quanto ao vovô Ottoni, a forma de tratamento aos netos é o *tu* lusitano, que corresponde a 96% de ocorrências contra 43% da vovó, que prefere o *você*. Além disso, nas cartas do avô, não há mistura de tratamento, mais uma evidência da sua desenvoltura no uso da gramática do PE, que reserva o *tu* ao tratamento familiar, nas relações simétricas, e o *você* ao tratamento mais cerimonioso, nas relações assimétricas:

(3) Dizes que tens muita saudade do teu papai que morreu e de nos todos de ca: nos tambem temos muitas saudades dele, de ti, de teu irmaõ, de tua mamae [...]. (Carta 2, avô)

Da mesma forma, o avô prefere a ênclise em contexto inicial absoluto, início de oração em geral e com um SN em primeira posição, os dois últimos contextos que licenciavam a próclise no português clássico, perdida no PE moderno:

(4) a. Abraça-te e abençoa-te de coraçaõ. Teu avô e amigo T. B. Ottoni. (Carta 8, avô)

b. Da um abraço a Bebê e dise-lhe: fase de conta que é vovô quem te abraça. (Carta 5, avô)

c. A tua carta de 18 causou me o prazer de costume. (Carta 10, avô)

Finalmente, em relação aos complexos verbais, enquanto a avó exibe formas brasileiras como em (2b), com o clítico se apoiando no segundo verbo, o avô apresenta, em 21 dados, 19 usos lusitanos, com a subida do clítico (5a), a ênclise ao verbo principal (5b) e apenas 2 casos de próclise ao segundo verbo (5c, 5d), uma "desobediência" ao cânone europeu, que, como apontamos em (2b), é um uso genuinamente brasileiro, que viria a vencer as barreiras impostas pelos "guardiões do idioma":

(5) a. Dezejo que te *tenhas adiantado* muito no collegio. (Carta 4, avô)

b. Por compensação, *hão de* vocês *divertir*-se menos por faltar ahi o tio Lulu. (Carta 22, avô)

c. Deo-me ella a occasiaõ de verificar que *tens te adiantado*. (Carta 6, avô)

d. A melhor letra e mesmo a redação da tua carta mostra que *vaes* te *adiantando*. (Carta 13, avô)

Os mesmos usos do avô Ottoni são atestados nas "cartas dos ilustres" dirigidas a Rui Barbosa,[15] no mesmo período em que as cartas da família Ottoni foram escritas: fins do século XIX. Todos os autores são homens conhecidos da política e da administração pública, sendo apenas um deles amigo mais próximo e compadre de Rui Barbosa. É justamente nas suas cartas que Cavalcante, Duarte e Pagotto encontram a colocação pronominal brasileira, especialmente nos complexos verbais.[16]

Quais os frutos da imposição de uma gramática inspirada em regras exógenas?

Enquanto os livros didáticos seguem repetindo um modelo gramatical que, em boa parte, nunca foi nosso e, em parte, deixou de ser por conta de mudanças ocorridas em séculos posteriores ao descobrimento, a escrita brasileira vai, espertamente, encontrando caminhos para "burlar" essas normas, inserindo nossos usos, que, de tão familiares, mal são percebidos pelos guardiões do idioma. Esse é o caso da colocação dos pronomes clíticos, que aparecem, cada vez em maior frequência, proclíticos, sem a autorização dos famosos "atratores", num gesto de desobediência inconsciente, que segue o fluxo do pensamento sem maiores preocupações gramaticais. Os veículos que mais propiciam essa chance são as crônicas, um gênero tido como mais leve e, presumivelmente, menos "formal".[17] E, embora saibamos que gramática nada tem a ver com formalidade/informalidade (cf.

15 Callou & Barbosa, 2011.

16 Cavalcante; Duarte & Pagotto, 2011.

17 É interessante notar que análises da fala e da escrita de jornais portugueses, tomando diferentes gêneros textuais, não revelam diferenças gramaticais. No PB, além da distância entre a fala e a escrita, existem significativas diferenças a depender dos gêneros textuais. Isso significa que o autor tem a exata noção sobre até que ponto ele pode soar mais brasileiro e quando deve seguir as normas da escola. Daí a importância de levar em conta o gênero textual nas análises brasileiras (cf. Freire, 2000; 2005, para análises contrastivas da fala e da escrita portuguesa e brasileira no que diz respeito ao uso dos clíticos acusativo – o(s), a(s) –, dativo – lhe(s) – e reflexivo).

nota 1 sobre o caso da "gramática" revelada nos *raps* portugueses!), esses usos acabaram ficando rotulados erradamente como marcas de informalidade, em vez de genuínos traços da gramática do PB, que vêm, finalmente, ganhando terrenos e contribuindo para diminuir a distância entre a norma prescrita e aquela realmente utilizada. Vejamos algumas ocorrências de próclises "não autorizadas" produzidas por importantes articulistas e autores de crônicas publicados em jornais de ampla circulação, dirigidos a um público mais letrado:

(6) a. *Nos* cruzamos algumas vezes depois disso, mas a única vez que estive com o Sócrates foi na sua casa em Florença, quando ele era ídolo do Fiorentina. (Jornal - crônica)

b. Algo achata a paisagem de domingo, me libertando dos ruídos da cidade e do colorido das circunstâncias, e *me* prende ao fundo branco do papel. (Jornal - resenha)

c. Poderia *me* perdoar? (Tradução de filme - reportagem)

d. E assim o Brasil vai *se* modernizando. (Jornal - opinião)

e. Sua atitude rebelde tem *lhe* rendido boa posição nas pesquisas de opinião para a Presidência da República. (Jornal - opinião)

Em (6a), vemos um clítico em primeira posição, na abertura de uma crônica; em (6b), o clítico em primeira posição inicia uma oração subordinada e uma coordenada aditiva, uso atestado no português clássico, que se perdeu no PE moderno, mas persistiu na fala e na escrita brasileiras, apesar das "proibições" a partir da codificação da norma no Brasil em fins do século XIX. O que vemos em (6c, 6d, 6e) é uma inovação do PB, atestada ao longo do século XIX - um clítico "solto" entre dois verbos, no dizer de alguns gramáticos. Mas, como sabemos que clíticos são elementos que necessariamente se apoiam num hospedeiro à sua esquerda ou à sua direita (nunca podem ser "soltos"), temos evidências suficientes de que este se cliticiza no Brasil à direita (ter [se referido]) - uso genuinamente brasileiro, que autoriza, por exemplo, a próclise em início absoluto, ilustrada em (6a) e em (6b). Em outras palavras, se um clítico se apoia no elemento imediatamente à sua direita, não há impedimento de aparecer em primeira posição. Isso explica a impossibilidade de sua ocorrência em primeira posição no PE, em que ele se cliticiza à esquerda e precisa de um hospedeiro no qual se apoiar (e, como sabemos, no PE não é qualquer tipo de elemento que pode fazer esse "licenciamento").

Além desses três contextos, claros sinais de "desobediência", o/a brasileiro/a que pratica a escrita e tenta seguir a regra mais severa entre todas – "nunca inicie uma frase com um pronome oblíquo!" – passou espertamente a se utilizar de uma interessante estratégia: ora, se eu não posso começar uma frase com clítico e se a ênclise me soa estranha e artificial, basta colocar algum elemento em primeira posição. Como vemos em (7), um SN sujeito, um advérbio ou um SP adverbial são suficientes para burlar uma proibição: nem se desobedece a uma lei, nem se soa pedante ou artificial:

(7) a. Várias razões convergentes me levaram para lá. (Jornal – reportagem)

b. Com o passar do tempo, *me* adaptei. (Jornal – crônica)

É realmente uma satisfação ler uma crônica escrita por um importante crítico literário paulista, publicada em jornal carioca. Aí estão as colocações ilustradas, respectivamente em (7a) e (6a), que contribuem para maior leveza e naturalidade do texto:

(8) Várias razões convergentes *me* levaram para lá. Entre elas, o trabalho para o Museu Cais do Serão Luiz Gonzaga, que será inaugurado no Recife em dezembro. Será na verdade um museu sobre a cultura nordestina, sobre o sertão. *Me* cabe desenvolver uma das partes dele, sobre a expressão poética sertaneja, escrita e oral, declamada e cantada.
[...]
Se engana quem pensa em cantadores nordestinos como pertencentes a um mundo arcaico, vestidos em roupas típicas, aves raras de um mundo que já voou embora. (Jornal – crônica)

É fato que alguns autores ainda se permitem os usos nacionais, mas acabam cedendo à gramática lusitana quando evitam um clítico em primeira posição absoluta, recorrendo à ênclise. É o que vemos em (9), com cinco próclises à brasileira e uma lusitana:

(9) Agora mesmo, enquanto escrevo, sob o sol ardente de Maceió, algo *me* detém e *me* paralisa. Algo achata a paisagem de domingo, *me libertando*

dos ruídos da cidade e do colorido das circunstâncias, e *me prende* ao fundo branco do papel. *Sento*-me diante do mar, tomo notas em um caderno, mas a escrita me *leva* para uma paisagem distante, onde ninguém me vê. (Jornal - resenha)

Além dos aspectos conservadores da gramática do PB, são dignas de nota as mudanças empreendidas pelo nosso sistema pronominal. Tivemos a plena inserção de *você* e *a gente* no nosso quadro pronominal, fruto da gramaticalização de duas formas nominais - a de tratamento *Vossa Mercê* e o SN *a gente* - o que levou à neutralização entre *tu* e *você* (*tu/você* fala) e ao quase desuso de *nós* nas áreas urbanas.

Essa implementação de dois novos pronomes, que se completou no século XX no PB e ainda não se pode afirmar que esteja plenamente concluída no PE,[18] levou à redução do paradigma flexional verbal, uma vez que ambos os novos pronomes se associam às formas verbais de 3ª pessoa, não marcadas por desinência distintiva. Daí a consequente tendência à realização fonética dos pronomes sujeito. Na esteira dessa mudança, desenvolvemos pronomes pessoais inclusive com o traço [-animado], completamente ausentes no espanhol (exceto em certas variedades caribenhas), no italiano e no PE contemporâneo (sistemas que privilegiam os sujeitos pronominais não pronunciados e que não fazem uso de pronomes com esse traço semântico).[19] Hoje, a escrita brasileira já nos deixa ver pronomes expressos em contextos que a gramática normativa classificaria como usos redundantes, como (10a), além de pronomes com o traço [-animado] (10b, 10c, 10d), outra desobediência às frequentes correções pelos/as professores/as, que, desde os primeiros anos escolares, não se cansam de cortar pronomes nos textos de alunos/as. Ora, esses pronomes apenas revelam a face de uma mudança que trouxe inúmeras consequências para a sintaxe brasileira e já alcança a escrita jornalística e acadêmica (o "i" subscrito mostra que os itens têm o mesmo referente):

(10) a. *Ele*$_i$ explicou que à tarde *ele*$_i$ vai se dedicar a fazer uma avaliação de todas as alternativas de perguntas. (Jornal - reportagem)

---

18 Cf. Lopes & Brocardo, 2016.

19 No PE, embora existam pronomes com o traço [-animado], sua expressão é raríssima, tanto na fala quanto na escrita (cf. Duarte, 2007).

b. O Brasil trata [*cada caso*]$_i$ como se *ele*$_i$ fosse uma surpresa, um fato único. Assim que passa a situação emergencial, os governos se desligam do assunto como se aquilo não fosse mais se repetir. (Jornal - opinião)

c. Mais novidades: [*o festival*]$_i$ se abriu para a projeção digital, uma modernidade que *ele*$_i$ vinha relutando em aceitar. (Jornal - crônica)

d. Os Estados Unidos aprovaram pela primeira vez um teste de [*uma droga criada no Brasil*]$_i$. *Ela*$_i$ combate o câncer. (Jornal - reportagem)

O mesmo ocorre com o aparecimento de *você* e *a gente* na escrita, veiculando referência genérica, estratégias tão características da fala brasileira, em vez do uso do tradicional e exógeno clítico *se*, ainda resgatado com certo êxito pela pressão normativa:

(11) a. É muito chato assistir a um filme, quando *você* já conhece o final. (Jornal - crônica)

b. *A gente* pode não saber, mas a natureza sabe do que é capaz numa ínfima fração de minuto [...]. (Jornal - crônica)

Além da mudança no quadro de pronomes nominativos, perdemos (se é que um dia os tivemos na gramática brasileira!) os pronomes clíticos para referência à 3ª pessoa do discurso – o acusativo (*o*, *a*) e o dativo (*lhe*), além do *se* genérico, já mencionado. Os clíticos dativo e acusativo, em extinção na fala espontânea, tanto de falantes letrados quanto de não letrados,[20] já são parcialmente substituídos por suas formas variantes, os complementos (direto e indireto) nulos (representados pelo Ø), como em (12a), que exibe, depois de um clítico acusativo (*o*), dois acusativos e um dativo nulos; e em (12b, 12c) em que o dativo é representado por um SP anafórico, seja com a preposição *a*, mais lusitana, ou *para*, mais brasileira:

(12) a. (Sobre José Lewgoy) Quem já [o]$_i$ conhecia sabia que aquilo fazia parte do seu número e quem não conhecia [Ø]$_i$ admirava [Ø]$_i$ tanto que perdoava [Ø]$_i$ tudo. (Jornal - crônica)

20 Omena, 1978; Duarte, 1986; Freire, 2000; entre muitos outros.

b. Fui aluno da Conceição [...]. Isso dá *a ela* latitude para falar mal de mim. (Jornal – entrevista transcrita)

c. Eu me senti muito honrado com o convite para trabalhar na sua equipe. Disse *pra ele*: se o senhor quiser, eu ajudo onde for útil. (Jornal – entrevista transcrita)

Um outro substituto do acusativo anafórico, o temido "ele" acusativo, tão estigmatizado pela escola, justamente porque é saliente aos ouvidos dos/as zelosos/as professores/as, encontra um curioso caminho para sua implementação na escrita: os contextos em que não estamos de fato diante de um complemento verbal (*eu vi ele*), mas de um sujeito, marcado com o caso acusativo pelo verbo da oração principal, justamente por não haver um elemento capaz de atribuir ao sujeito o caso nominativo (*mandei-[o sair]* = que ele saísse, *acho-[a sensacional]* = que ela é sensacional). Veja-se que, em inglês, falantes já têm, na sua primeira gramática, como única opção, o sujeito marcado com o acusativo, o que fica claro no uso dos pronomes *him*, *her*, sujeitos da subordinada, que recebem caso acusativo dos verbos da oração precedente (*I made [him go]*, *I find [her amazing]*). Ocorre que pronomes clíticos, usados normalmente no PE, como mencionamos antes, não são adquiridos como L1 no PB. É justamente esse o ponto vulnerável, que vai facilitar e legitimar a entrada na escrita de uma forma tão criticada: ora, um *ele* na função de sujeito não vai ser percebido pelos/as vigilantes leitores/as (ou professores/as), que também usam as mesmas estruturas sem perceber. Note-se que não só os pronomes clíticos de 3ª pessoa, mas também os de 1ª e 2ª são igualmente usados como sujeitos acusativos, que nós preferimos representar com as mesmas formas do nominativo:

(13) a. A campanha tem feito [*eu* me lembrar daquela campanha argentina]. (Jornal – crônica)

b. Outra imagem encontrada é a que mostra [*ele* ao lado de Elis Regina], em 1968. (Jornal – reportagem)

c. Uma pesquisa da Universidade do Estado de Oregon, nos Estados Unidos, mostrou que a maior concentração de polifenóis – um antioxidante – n[*o chá branco*]$_i$ faz [*ele*$_i$ ser mais eficaz que o verde na inibição de mutações do DNA, fator causador de tumores]. (Jornal - reportagem)

d. Mas, como já tinha adiantado, o intuito do colunista não é criticar a medida de dona Rosângela. Deixa [*ela* inaugurar o salão popular], deixa [*ela* homenagear a Hebe], deixa [*ela* transformar em perua a mulher fluminense]. (Jornal - crônica)

e. Mais tarde viu [*ela* passar com homem retaco, coxas grossas, quase careca]. (Jornal - crônica)

Ainda olhando para nosso sistema pronominal, o que dizer dos pronomes tônicos reflexivos? Uma olhadela nas gramáticas nos revela que conservamos apenas a forma de 1ª pessoa - *comigo* e *contigo*, para os que têm *tu* no seu paradigma - mas, para a 2ª pessoa nas variedades que usam *você* e para a 3ª, já vemos o predomínio do uso nacional na fala enveredando pela escrita: o uso dos pronomes da série nominativa, seguidos ou não de "mesmo", tanto em função não regida de preposição (14a, 14b), quanto em funções oblíquas (14c, 14d, 14e), que nos permitem evitar "si" e "consigo":

(14) a. Imagine *você* muito bem acompanhada no Tahiti. (Jornal - propaganda)

b. Vi que o problema principal dos chiques falsos é que eles não veem ninguém a não ser *eles mesmos*, e como ninguém vê ninguém, era aquela solidão... (Jornal - crônica)

c. Gaste seu dinheiro *com você*, com seus gostos e caprichos. (Mensagem de WhatsApp - propaganda)

d. A Inglaterra travou uma batalha *contra ela mesma* (Jornal - crônica)

e. Mas quando você é responsável *por você mesma*, surgindo algum problema, com quem eles vão falar? (Revista - crônica)

Mas os traços da gramática brasileira que se implementam lentamente na escrita vão muito além do quadro pronominal. Um fenômeno perfeitamente encaixado no conjunto de mudanças ocorridas no PB ao longo de sua história é a substituição de *haver* por *ter*. Não se trata de uma mudança devido ao acaso. Um sistema que ganhou *você* e *a gente*, pronomes associados à forma verbal de 3ª pessoa do singular, sem desinência distintiva, passou a realizar foneticamente os pronomes pessoais, como já dissemos. E o verbo *ter*, além de ser usado no mesmo contexto de *haver* (em sentenças sem um sujeito projetado, como em (15a)), tem a possibilidade de projetar estruturas pessoais, como em (15b, 15c):[21]

(15) a. *Tem* uma candidata que mostra na TV a filha surda, *tem* um candidato que mostra a filha com Down... agora me explica, o que isso tem a ver com programa eleitoral? (Jornal - crônica)

b. Está sendo construída, há 23 dias, [uma cabine da Polícia Militar]$_i$. Não se trata de uma cabine qualquer: ela$_i$ *terá* banheiro, cozinha e poderá abrigar três policiais. (Jornal - reportagem)

c. Ora, por aquela época [a cidade do Rio de Janeiro]$_i$ não contava sequer com 1 milhão de habitantes. Hoje $Ø_i$ *tem* em torno de 6 milhões. (Jornal - opinião)

Quem passou pelos bancos escolares se lembra particularmente da insistência das gramáticas normativas no uso da preposição *a* com os complementos dos verbos de movimento, como *ir*, e do verbo transitivo *assistir*, com um sujeito experienciador. Ora, já vimos, na escrita de articulistas experientes, com alto nível de letramento, a prova de que o PB é conservador no uso da preposição *em* com os verbos de movimento (16a, 16b) e do verbo *assistir* com a preposição lusitana/normativa, mas também como transitivo direto, o que fica evidente em seu uso na voz passiva (16c):

(16) a. Alguns jogadores foram *na* sacada do segundo andar e dali dançaram ao ritmo dos pandeiros e tambores que os torcedores tocavam no primeiro andar. (Jornal - crônica)

b. Quando o elevador chega *no* andar em que estou, sempre acho que tem alguém dentro.

c. Assista *a* um filme como ele deve ser assistido. (Propaganda de DVD *player* publicada em revista de circulação nacional)

[21] Cf. Callou & Avelar, 2000; Marins, 2013; Avelar, 2006; entre muitos outros.

Da mesma forma, já não conseguimos fazer com facilidade o movimento que as orações relativas (as tradicionais adjetivas) "exigem", o que fica evidente quando o pronome relativo tem uma função regida de preposição. A estratégia "cortadora", que é predominante na fala, não raramente é atestada na escrita. Nos exemplos a seguir, vemos a omissão da preposição *de* em (17a), da preposição *com* em (17b) e de *a* em (17c). Nesse exemplo, vê-se ainda uma concordância no plural (em "nem sempre são...") com o sujeito "a lógica" no singular, um caso de processamento, quando existe um outro SN no plural em posição mais próxima (caso de "elas obedecem"):

(17) a. É o resultado da nova lei eleitoral que regula a propaganda gratuita e permite que os partidos dividam o tempo [*que* dispõem nos veículos de comunicação] de maneira mais racional e menos enfadonha. (Jornal - reportagem)

b. Extintor (de incêndio) é o tipo de coisa [*que* você só se preocupa] quando gritam fogo ou quando vai fazer vistoria do carro. (Jornal - crônica)

c. As decisões que a gente toma na vida nem sempre seguem um raciocínio lógico. Ou melhor, a lógica [*que* elas obedecem] nem sempre são de fácil compreensão. (Jornal - crônica)

Como seria de esperar, a escrita brasileira acaba por exibir um quadro bastante variável. É fato que a escola, com seu modelo anacrônico de gramática, tem êxito relativo no ensino, recuperando ou ensinando formas em extinção na fala, que não foram adquiridas como L1.[22] É o que vemos na surpreendente recuperação de sujeitos referenciais definidos nulos, na recuperação ou na aprendizagem do clítico *se* e do pronome *nós* nulo para a referência genérica:

(18) a. Durante a solenidade [o prefeito]$_i$ anunciou um pacote de obras que $Ø_i$ autorizou para a Barra e o Recreio. (Jornal - notícia)

b. [A atriz]$_i$ aparenta boa saúde. Mesmo assim, em duas ou três semanas, $Ø_i$ estará curada e deverá interromper sua "breve vacanza". (Jornal - opinião)

---

22 Freire, 2005; Duarte, 2007.

c. Em nenhum outro país *se* dá mais importância ao IDH do que no Brasil. (Jornal – reportagem)

d. Realmente não existe mais ética neste país, nenhum princípio moral, nenhum caráter, Ø vivemos numa total inversão de valores. (Jornal – opinião)

Essa recuperação, no entanto, é parcial e concorre com as formas da gramática brasileira. À medida que novas gerações vão se sucedendo, certas estruturas por demais estranhas tendem a ser menos frequentes, enquanto os traços da gramática endógena vão ganhando terreno.[23] A recuperação do clítico *se*, evidenciada em (18c), forma muito recomendada para evitar os usos de *você* e *a gente*, tem de fato bastante sucesso, mas, quando aparece em uma construção passiva, já exibe variação no uso da marca de concordância entre o verbo e seu argumento interno no plural:

(19) a. Não *se simboliza tantas coisas juntas* sem um colete à prova de balas. (Jornal – crônica)

b. Já *não se faz* mais *tradutores de títulos* (de filmes) como antigamente. (Jornal – crônica)

Quais as consequências desse descompasso entre a gramática da L1 e o modelo anacrônico da escola?

Esse embate travado entre um modelo exógeno, que não tem mais sustentação, e uma variedade endógena traz, ao lado desse aprendizado parcial de formas bastante estranhas para discentes que entram em contato com elas na escola, alguns resultados inesperados: pessoas brasileiras letradas acabam por produzir na escrita estruturas que não fazem parte nem da sua L1 nem da gramática da língua-alvo – a norma lusitana.[24] Assim, vemos confusão no uso dos clíticos acusativo e dativo, explicável em grande parte pela falta de intuição que o falante nativo do PB tem: é o que vemos em (20a, 20b), em que o clítico acusativo (*o*) é usado em vez do dativo (*lhe*), enquanto em (20c, 20d) ocorre o contrário:

---

23 Duarte; Gomes & Paiva, 2018.

24 Cf. Kato, 2005.

(20) a. [Juliana Paes]$_{i}$ está processando a loja Spiros, que *a*$_{i}$ vendeu por R$27 mil um tapete iraniano. Mas o produto foi entregue com atraso, sem acabamento e com cores diferentes e, para piorar, com manchas de tingimento. (Jornal – notícias curtas)

b. [O partido]$_{i}$ foi para o Nordeste e já fincou raízes que *o*$_{i}$ permitiram manter um naco ponderável do eleitorado. (Jornal – opinião)

c. Sua$_{i}$ participação é constante em eventos, onde *lhe*$_{i}$ celebram e entregam prêmios de cidadão superior, nem que seja na companhia de personagens de estatura moral decadente. (Revista – opinião)

d. Tenha fé e os anjos *lhe* atenderão. (Cartão de aniversário de loja de camisetas)

Um outro efeito notável dessa falta de intuição é o uso da ênclise em ambientes que não a condicionam no PE, isto é, na presença de atratores. Assim, em lugar da próclise, que é a posição normal no PB (independentemente da presença de "atratores") e que é obrigatória na gramática do PE diante desses elementos "proclisadores", vemos, particularmente na escrita jornalística e acadêmica, produzida por indivíduos com alto grau de letramento, jovens ou mais velhos, uma superprodução de ênclises que contraria as duas gramáticas. Em (21), vemos exemplos de ênclise com atratores geralmente muito bem descritos pelas gramáticas, como as palavras negativas, as conjunções subordinativas, os pronomes relativos e interrogativos:

(21) a. Ninguém *deu-se* ao trabalho de examinar o papel do Tribunal de Contas nesse ou em outros descalabros. Ninguém *lembrou-se* de juntar o caso à deplorável situação do Judiciário... (Jornal – opinião)

b. Aquele bobó de camarão que era uma das marcas do restaurante não *perdeu-se* para sempre. Migrou para uma birosca entre a favela de Rio das Pedras e o Itanhangá. (Jornal – crônica).

c. Joseane Oliveira, que acaba de perder o cetro, o manto, a coroa e todos os prêmios que havia ganho porque *descobriu-se* que ela é casada. (Jornal – crônica)

d. Inventou-se então um testa de ferro que logo *transformou-se* no candidato favorito para ganhar a eleição. (Jornal – crônica)

e. Onde *meteu-se* a Polícia Federal que ainda não deu o ar de sua graça? (Jornal - opinião)

Os exemplos em (21) podem levar à suspeita de que, como o clítico *se* genérico ilustrado em (21c) é aprendido via escolarização e aparece geralmente enclítico ao verbo nos livros didáticos (*vendem-se, compram-se*), isso teria desencadeado esse uso inesperado de ênclises, transferindo ao reflexivo *se*, que aparece nos demais exemplos. Entretanto, outros pronomes igualmente aparecem em posição enclítica, apesar dos atratores, como se vê:

(22) a. Eu odiava o canalha da novela, que *tinha-a* nas mãos quando queria. (Jornal - crônica)

b. Há tempos recebi uma carta de uma leitora de Minas que, à maneira de elogio, disse que *lia-me* com um dicionário ao lado. (Jornal - opinião)

Não há dúvida de que esse é o resultado da insistência sobre o uso da ênclise nas gramáticas tradicionais e nos manuais didáticos que ainda seguem essa norma. Pode ser que a profusão de exemplos com essa colocação, justamente com as estruturas passivas, que trazem um *se* não adquirido durante a aquisição, anteriormente mencionada, acabe por contribuir para a generalização desse uso. Estudantes aprendem ao mesmo tempo um clítico novo numa posição nova. Daí, uma colocação ensinada na escola como "exemplar", no dizer de alguns gramáticos, pode surgir como um recurso usado pelo autor para imprimir "formalidade" ao seu texto escrito.[25]

Há ainda casos de ênclises produzidas pela falta de uma descrição precisa nas gramáticas. Ora, as descrições feitas com base na presença ou na ausência de um elemento atrator são traiçoeiras. A falantes de português, não é necessário que lhes digam que aqueles "certos advérbios atratores"

[25] Não listo aqui os casos de ênclise ao particípio, uma colocação não atestada em qualquer das línguas românicas, mas encontrada eventualmente no texto acadêmico e até mesmo em mensagens enviadas por professores/as universitários/as. Não são raros os casos como "A última mensagem que ela recebeu é de 25/10. Eu tinha *avisado-a* para ficar atenta [...]". Antes de considerar essa ênclise um "erro grave", isso vem atestar um efeito colateral da adoção de um modelo estranho e anacrônico. E é possível que o PB venha a desenvolver mais uma forma de colocação pronominal.

incluem os aspectuais (*sempre*, *ainda*), os focalizadores (*só*, *até*), a conjunção coordenada alternativa (*ou*). Seu efeito atrator está na gramática adquirida naturalmente por falantes de português; não depende de instruções da escola. Mas pessoas letradas brasileiras, coitadas, sem essa intuição ou sem ser expostas a tais estruturas durante o processo de aquisição da linguagem, acabam caindo na ênclise nesses contextos "opacos", que escapam aos nossos gramáticos. É o que ocorre em (23) em três casos de ênclise, produzidos por famosos articulistas de grande jornal, com o advérbio aspectual "sempre", com os focalizadores "também" e "só" (incluídos na tradição gramatical entre as palavras "denotativas") e com a conjunção alternativa:

(23) a. Em todas as teorias sobre a origem do Universo sempre *chega-se* a um ponto em que a única explicação possível é a criação de matéria do nada. (Jornal - crônica)

b. Quando o parceiro também *jogou-se* em cima da cama, todos se desequilibraram. (Jornal - opinião)

c. Mas, nas mesas-redondas, só *ouvem-se elogios* ao treinador do 10 x 1... (Jornal - notícia)

d. Ou assume-*se* a segregação explícita, ou *promove-se* a miscigenação social. (Jornal - opinião)

Particularmente interessantes são os casos em que o elemento atrator se encontra elidido no segundo membro de estruturas subordinadas, graças à coordenação - um contexto não explicitado pelas gramáticas tradicionais, tal como os casos em (23). Os exemplos que seguem mostram que, ao mesmo tempo que a escola recupera parcialmente a passiva e o clítico genérico *se*, o autor, que passou anos e anos aprendendo a colocação pronominal, resvala na ênclise "desobediente", seja porque não consegue identificar um atrator "oculto", seja porque sua intuição não lhe diz que, mesmo oculto, ele tem efeito proclisador no PE. Assim, o autor usa a próclise na primeira subordinada porque vê o atrator e a ênclise na segunda porque este está apagado:

(24) a. Eles devem estar tendo um vidão, dada a facilidade com que *se constroem* e *vendem-se* casas e apartamentos no Brasil. (Jornal - crônica) (= e (com que) se vendem)

b. O filme se passa numa cidade onde *se fazem* fofocas e *controla-se* a vida alheia. (Jornal – crônica) (= e (onde) *se controla*)

Para concluir...

Retomo aqui as palavras iniciais, em que me refiro à pouca reflexão que se vê nos manuais escolares e nos/nas próprios/as docentes de língua portuguesa acerca dos rumos diversos que a língua portuguesa tomou (ou continuou a tomar) desde que foi trazida para o Brasil. Vimos as razões para a codificação de uma norma exógena em terras brasileiras em fins do século XIX e mostramos o *gap* provocado por essa adoção, num momento em que as variedades de cá e d'além mar já estavam bastante diferenciadas. E, se esse modelo anacrônico[26] é ainda repetido nos livros didáticos, podemos constatar, com base em evidências empíricas, trazidas da escrita jornalística contemporânea, que, aos poucos, o/a brasileiro/a vai moldando uma gramática que é "indisciplinada!" em muitos aspectos e de difícil sistematização. Até que um dia, talvez, aqueles que são ouvidos nessas questões se deem conta de que não adianta remar contra a correnteza. Ou então teremos de dar razão a Millôr Fernandes, um artista brasileiro que percebia tudo da nossa sintaxe, entre muitas outras coisas: "Contabilidade final – '*Me diz aí: a alta do custo de vida inclui caixão, coroa e enterro*?'". (Escrevi a frase anterior, e o corretor automático do computador corrigiu logo: *diz-me* aí. O academicismo linguístico é imortal.)[27]

Descrições da sintaxe, da fala e da escrita brasileiras, nas mais diferentes regiões do Brasil, estão disponíveis a quem quiser saber como elas andam! Quem se der a esse trabalho vai verificar que a sintaxe do PB *oral* é de fato muito democrática. Quem aponta um abismo entre a fala de pessoas escolarizadas e a de não escolarizadas nas áreas urbanas ignora a impressionante semelhança na distribuição dos fenômenos variáveis na nossa sintaxe em todo o território nacional:

---

26 A leitura de Faraco, 2008, é indispensável para aqueles que se preocupam com a necessidade de mudar um modelo que só tem prejudicado o ensino da escrita na escola. À medida que a frequência escolar se universaliza e novas gerações de professores/as se sucedem, é fundamental atualizar o modelo de gramática a partir de dados do português escrito hoje no Brasil.

27 Excerto recontextualizado em Batalha, 2023.

compartilhamos os mesmos índices de sujeitos pronominais nulos e expressos, bem como a ausência de clíticos de terceira pessoa; preferimos a próclise dos clíticos que adquirimos na infância; indeterminamos com *você/tu* e *a gente*; trocamos definitivamente o verbo existencial *haver* por *ter*, entre muitos outros traços. Apenas nos distinguimos *regionalmente* na preferência pelo tratamento com *você* ou *tu + você*, em diferentes índices de variação,[28] e no uso variável de reflexivos, pronunciados ou apagados,[29] e essa diferenciação é, repito, diatópica e não é sujeita a estigma. O *único fenômeno* de natureza social e sujeito a estigma é a maior ou a menor frequência no uso de marcas de concordância nominal e verbal. E, ainda assim, estão disponíveis pesquisas recentes que nos revelam o aumento do uso de marcas de concordância entre as pessoas menos escolarizadas.[30] É na escrita que encontramos diferenças que decorrem do descompasso entre a gramática da L1 e a gramática da escola, muito parecida com uma L2. Além dos fenômenos aqui ilustrados, podemos afirmar que a escrita recupera *parcialmente* quase todos os traços ausentes da nossa L1, revelando, em consequência, um quadro de variação entre formas nativas, recuperadas e "inesperadas"! Um quadro de difícil sistematização. Mas tudo indica que a "indisciplina" prossegue, rumo a uma sintaxe mais brasileira, à medida que novas gerações assumem o protagonismo na escrita.

É tentador relacionar essa sintaxe indisciplinada, apesar da pressão normativa que ignora os usos brasileiros e acaba, como dissemos no início deste capítulo, por prejudicar o ensino da língua, à perspectiva "indisciplinar" do homenageado. O que os resultados das pesquisas sociolinguísticas têm mostrado é que a indisciplina acabará por vencer, justamente porque as gerações mais jovens já não são capazes de adotar esse modelo anacrônico. Uma boa descrição dessa diversidade ou desse "descompasso" entre o que se ensina e o que as pessoas letradas produzem na escrita, que não é de fácil sistematização, nos traria a verdadeira face da sintaxe do português brasileiro, legitimando a evidente vitória dessa indisciplina!

---

28 Cf. Scherre *et al.*, 2015.

29 Cf. Duarte & Ramos, 2015.

30 Brandão, 2013; Vieira & Bazenga, 2013.

Referências

AVELAR, J. O. "Gramática, competição e padrões de variação: casos com ter/haver e de/em no português brasileiro". *Revista de Estudos da Linguagem*, 14 (2): 99--143, 2006.

BATALHA, M. "Millôr definitivo e imortal". *O Globo*, 2023. Disponível em <https://oglobo.globo.com/cultura/martha-batalha/coluna/2023/08/millor-definitivo-e-imortal.ghtml>. Acesso em 20/8/2023.

BRANDÃO, S. "Patterns of agreement within the noun phrase". *Journal of Portuguese Linguistics*, 12 (2): 51-100, 2013.

CALLOU, D. & AVELAR, J. O. "Sobre ter e haver em construções existenciais: variação e mudança no português do Brasil". *Gragoatá*, 5 (9): 85-100, 2000.

CALLOU, D. & BARBOSA, A. (org.). *A norma brasileira em construção: cartas a Rui Barbosa (1866 a 1889)*. Rio de Janeiro, Fundação Casa de Rui Barbosa, 2011.

CAVALCANTE, S.; DUARTE, M. E. L. & PAGOTTO, E. "Clíticos no século 19: uma questão de posição social?". *In*: CALLOU, D. & BARBOSA, A. (org.). *A norma brasileira em construção: cartas a Rui Barbosa (1866 a 1889)*. Rio de Janeiro, Fundação Casa de Rui Barbosa, 2011.

DUARTE, M. E. L. *Variação e sintaxe: clítico acusativo, pronome lexical e categoria vazia no português do Brasil*. São Paulo, Pontifícia Universidade Católica de São Paulo, 1986 (Dissertação de mestrado).

______. "Sujeitos de referência definida e arbitrária: aspectos conservadores e inovadores na escrita 'padrão'". *Revista Linguística*, Rio de Janeiro, esp. (1): 89-115, 2007.

DUARTE, M. E. L.; GOMES, C. A. & PAIVA, M. C. A. "Codification and standardisation in Brazilian Portuguese". *In*: MUHR, R. *et al.* (ed.). *Pluricentric languages and non-dominant varieties worldwide*, vol. II: *The pluricentricity of Portuguese and Spanish. New concepts and descriptions*. Frankfurt am Main, Peter Lang, 2016.

______. "The implementation of endogenous syntactic features in Brazilian standard writing". *In*: MUHR, R. & MEISNITZER, B. (ed.). *Pluricentric languages and non-dominant varieties worldwide: new pluricentric languages, old problems*. Berlin, Peter Lang, 2018.

DUARTE, M. E. L. & RAMOS, J. "Variação nas funções acusativa, dativa e reflexiva". *In*: MARTINS, M. A. & ABRAÇADO, J. (org.). *Mapeamento sociolinguístico do português brasileiro*. São Paulo, Contexto, 2015.

DUARTE, M. E. L. & SERRA, C. R. "Gramática(s), ensino de português e 'adequação linguística'". *Revista Matraga*, 22 (36): 31-55, 2015.

FARACO, C. A. *Norma culta brasileira: desatando alguns nós*. São Paulo, Parábola Editorial, 2008.

FREIRE, G. C. *Os clíticos de terceira pessoa e as estratégias para sua substituição na fala culta brasileira e lusitana*. Rio de Janeiro, Faculdade de Letras, Universidade Federal do Rio de Janeiro, 2000 (Dissertação de mestrado).

______. *A realização do acusativo e do dativo anafóricos de terceira pessoa na escrita brasileira e lusitana*. Rio de Janeiro, Faculdade de Letras, Universidade Federal do Rio de Janeiro, 2005 (Tese de doutorado).

HOUAISS, A. *Pequena enciclopédia da cultura brasileira*. Rio de Janeiro, Umibrade, 1985.

KATO, M. A. "A gramática do letrado: questões para a teoria gramatical". *In*: MARQUES, M. A. *et al*. (org.). *Ciências da Linguagem: 30 anos de investigação e ensino*. Braga, Cehum, 2005.

LOPES, C. (org.). *A norma brasileira em construção: fatos linguísticos em cartas pessoais do século 19*. Rio de Janeiro, In-Fólio/Faperj/UFRJ, 2005.

LOPES, C. & BROCARDO, M. T. M. "Main morphosyntactic changes and grammaticalization processes". *In*: WETZELS, L; MENUZZI, S. & COSTA, J. (ed.). *The Handbook of Portuguese Linguistics*. Maldon, John Wiley & Sons, 2016.

LOPES, C. & MACHADO, A. C. M. "Tradição e inovação: indícios do sincretismo entre a segunda e a terceira pessoas nas cartas dos avós". *In*: LOPES, C. (org.). *A norma brasileira em construção: fatos linguísticos em cartas pessoais do século 19*. Rio de Janeiro, In-Fólio/Faperj/UFRJ, 2005.

MARINS, J. *As repercussões da remarcação do parâmetro do sujeito nulo: um estudo diacrônico das sentenças existenciais com ter e haver no PB e no PE*. Rio de Janeiro, Faculdade de Letras, Universidade Federal do Rio de Janeiro, 2013 (Tese de doutorado).

MELO, G. C. *Alencar e a "língua brasileira"*. 3. ed. Rio de Janeiro, Conselho Federal de Cultura, 1972.

OMENA, N. P. *Pronome pessoal de terceira pessoa: suas formas variantes em função acusativa*. Rio de Janeiro, Departamento de Letras, Pontifícia Universidade Católica do Rio de Janeiro, 1978 (Dissertação de mestrado).

PAGOTTO, E. "Norma e condescendência: ciência e pureza". *Língua e Instrumentos Linguísticos*, 1 (2): 49-68, 1998.

PAGOTTO, E. "Rui Barbosa e a crise normativa brasileira". *In*: CALLOU, D. & BARBOSA, A. (org.). *A norma brasileira em construção: cartas a Rui Barbosa (1866 a 1889)*. Rio de Janeiro, Fundação Casa de Rui Barbosa, 2011.

PAGOTTO, E. & DUARTE, M. E. L. "Gênero e norma: avós e netos, classes e clíticos no final do século 19". *In*: LOPES, C. (org.). *A norma brasileira em construção: fatos linguísticos em cartas pessoais do século 19*. Rio de Janeiro, In-Fólio/Faperj/UFRJ, 2005.

SCHERRE, M. *et al*. "Variação dos pronomes 'tu' e 'você'". *In*: MARTINS, M. A. & ABRAÇADO, J. (org.). *Mapeamento sociolinguístico do português brasileiro*. São Paulo, Contexto, 2015.

VIEIRA, S. & BAZENGA, A. "Patterns of 3rd person verb agreement". *Journal of Portuguese Linguistics*, Lisboa, 12 (2): 7-50, 2013.

9

Construções de narrativas sobre migrantes haitianos/as em espaços eletrônicos de comunicação: reações e resistência

Marilda C. Cavalcanti
Ana Cecília Cossi Bizon

Introdução

As ondas de migração, em tempos de globalização contemporânea, acontecem com mais frequência do que no passado, e as paisagens mudam mais rapidamente do que antes. O fenômeno, potencializado pelos avanços tecnológicos, representa mudanças em fluxo, muitas vezes difíceis de apreender e de acompanhar. O caso da migração haitiana é um exemplo desse movimento de mudança em tempo real na paisagem sócio-histórica brasileira.

O país foi formado por imigrantes que para cá vieram no final do século XIX e início do século XX.[1] No entanto, essa imigração inicial foi, de alguma forma, planejada: (a) para popular a zona rural – contratação de pessoas de origem italiana, portuguesa, espanhola, japonesa para trabalhar nas plantações de café, substituindo a mão de obra escravizada e trazida ao país em diáspora forçada; e (b) para o desenvolvimento de centros urbanos – imigração espanhola e sírio-libanesa (entre outras nacionalidades).

No decorrer do século XX, entretanto, há um hiato migratório, e, somente nos anos 1970, vê-se uma migração reduzida e de baixo impacto. Os anos 1980 mostram um novo hiato temporal. Daí, nos anos 1990, registra-se uma migração latino-americana, principalmente de países como Colômbia, Bolívia e Peru. Mas é no final da primeira década do século XXI que se nota o que pode ser denominado de migração em

---

1 Cf. Lesser, 2013; 2015; Campos, 2015; Cavalcanti & Maher, 2018.

tempos de globalização contemporânea com registro do aumento nos pedidos de refúgio de pessoas de nacionalidades diversas.

Segundo dados do Comitê Nacional para Refugiados (Conare),[2] em 2014, o país tinha cerca de 5.200 pessoas refugiadas[3] (a metade vinda da Colômbia e de Angola). Esse número é certamente pequeno se considerarmos que o Brasil, naquele ano, tinha mais de 202 milhões de habitantes[4]. Deve-se anotar que os números dessa migração mais recente são sempre uma estimativa, pois a contagem oficial não tem como contemplar pessoas não documentadas, por exemplo. Além disso, contagens são realizadas de diferentes maneiras, por diferentes fontes, sejam elas governamentais ou não governamentais,[5] nacionais ou internacionais.

No quadro contemporâneo de migração, conforme Oliveira, "[a] migração haitiana é considerada o maior fenômeno migratório da década para o país".[6] O autor, com base em dados do Sistema de Tráfego Internacional da Polícia Federal,[7] faz referência à entrada de 72.406 migrantes do Haiti e à saída de 12.656 no período de 2010 a 2015, podendo-se dizer que se trata do primeiro fluxo significativo de estrangeiros/as para o Brasil desde 1930. É, portanto, compreensível que o fenômeno tenha chamado atenção da mídia e de pesquisadores/as.[8] Conforme adiantado no parágrafo inicial do capítulo, o período de 2014 a 2016 corresponde tanto ao ápice quanto ao declínio dessa migração e é marcado por instabilidade econômico-política no Brasil. O foco do capítulo está

---

2 O Conare (Acnur Brasil), registrado no Ministério da Justiça, é um órgão multiministerial e dele participam representantes do governo, da ONU e da sociedade civil.

3 "No total, 33.866 pessoas solicitaram o reconhecimento da condição de refugiado no Brasil em 2017. Os venezuelanos representam mais da metade dos pedidos realizados, com 17.865 solicitações. Na sequência estão os cubanos (2.373), os haitianos (2.362) e os angolanos (2.036). Os estados com mais pedidos de refúgio são Roraima (15.955), São Paulo (9.591) e Amazonas (2.864), segundo dados da Polícia Federal." Disponível em <http://www.acnur.org/portugues/dados-sobre-refugio/dados-sobre-refugio-no-brasil/>. Acesso em 30/4/2018.

4 Ver <www.brasil.gov.br>. Acesso em 24/10/2023.

5 É o caso, por exemplo, da Casa do Migrante, mantida pela Missão Paz, em São Paulo, e da Cáritas Brasileira, um organismo da CNBB, no Rio de Janeiro. Ambas mantêm registros dos/as migrantes atendidos/as.

6 Oliveira, 2017, p. 1.

7 Brasil, 2016.

8 Cogo & Silva, 2016; Baeninger & Peres, 2016; 2017; Oliveira, 2017; entre outros estudos mais voltados para a relação migração-trabalho.

especialmente nesse período de crise, pós-Copa do Mundo (2014-2016) e pós-Olimpíadas (2016-2018).

No cenário em tela, queremos saber como são narrados/as esses/as migrantes em manchetes/notícias publicadas em portais digitais de jornais de grande circulação nacional/regional. Interessa-nos também considerar posicionamentos de haitianos/as e de internautas brasileiros/as em relação a essas narrativas. Tal interesse se pauta em conhecer tanto as presenças quanto as lacunas nesse cenário de modo a poder levantar subsídios para discussão de políticas de inserção emancipatórias para migrantes. O capítulo está organizado em três partes, seguidas de considerações finais, a saber: um breve panorama da migração haitiana recente, o desenho metodológico e conceitual do estudo e a análise de dados também tripartida.

Migração haitiana no Brasil em tempos de globalização contemporânea

O advento do terremoto de grandes proporções que, em 2010, deixou parte do Haiti – país da América Central com difícil histórico de crises econômicas e sociopolíticas – em situação de extrema vulnerabilidade colocou o Brasil na cartografia da diáspora haitiana no mundo e também como parte do cenário da migração internacional, amplamente narrada na mídia global. Esse reposicionamento do Brasil, como país receptor de migrantes, acontece em meio à abertura de postos de trabalho para a Copa do Mundo, seguida das Olimpíadas, enquanto ocorre uma crise econômica no âmbito global.[9]

À época, o Brasil, que já se fazia presente em território haitiano comandando a Missão das Nações Unidas para Estabilização do Haiti (Minustah),[10] colocou-se como um dos protagonistas de um projeto de

9 Cf. Cogo & Silva, 2016, p. 5.

10 Segundo consta no *site* do Ministério da Defesa do Brasil (s/d), a "Missão das Nações Unidas para Estabilização do Haiti (Minustah) foi criada por Resolução do Conselho de Segurança da ONU, em fevereiro de 2004, para restabelecer a segurança e normalidade institucional do país após sucessivos episódios de turbulência política e violência, que culminaram com a partida do então presidente, Jean Bertrand Aristide, para o exílio".

ajuda humanitária que incluiu,[11] em 2012, a ação conjunta do Conselho Nacional de Imigração (CNIg), órgão vinculado ao Ministério do Trabalho, e do Departamento de Migrações do Ministério da Justiça, criando uma Resolução Normativa (CNIg n. 97/2012) que disponibilizou visto permanente a cidadãos/ãs haitianos/as por razões humanitárias.

Conforme destacam Baeninger e Peres,[12] baseadas em Clochard,[13] a migração haitiana no Brasil pode ser considerada uma "migração de crise", parte de um fenômeno socialmente condicionado e estreitamente ligado a questões econômicas, políticas, ideológicas, religiosas e humanitárias. As autoras chamam atenção para o duplo movimento que configura a crise no contexto desse tipo de migração, presente tanto no país de origem do deslocado quanto na sociedade receptora, não preparada para o fenômeno. A nosso ver, é preciso enfatizar ainda que esse duplo movimento ganha um contorno ainda mais complexo se considerarmos que, ao longo da intensificação do fluxo migratório, o Brasil atravessa instabilidade sociopolítica e econômica.

É nesse contexto de crise que preconceitos e processos de racialização são potencialmente exacerbados, lembrando que, na virada do século XX, o processo histórico da imigração estrangeira para o Brasil foi marcado pelo projeto de um Estado-nação branco formado a partir da contribuição do "civilizador" europeu – projeto esse que se esmerou em construir uma narrativa de país acolhedor.[14] Atravessamos o século XX e adentramos o século XXI convivendo com a naturalização historicamente construída de um Brasil multirracial e monolíngue[15] ao que parece sem espaço para a problematização do que Appadurai denomina "excepcionalismo nacional".[16] A fixação da ideia de que determinados povos são excepcionalmente abertos às diferenças, frequentemente, acaba criando representações que obliteram as inequívocas dificuldades em relação ao Outro diferente e/ou estrangeiro. Assim, "em tempos de

---

11 Incluiu também, entre outras ações, em 2011, a assinatura de um acordo para a vinda de estudantes de Porto Príncipe ao Brasil para terminarem suas graduações em instituições de ensino superior brasileiras – Programa Emergencial Pró-Haiti.

12 Baeninger & Peres, 2017, p. 122.

13 Clochard, 2007.

14 Cf. Campos, 2015; Baeninger & Peres, 2016.

15 Cavalcanti & Maher, 2018.

16 Appadurai, 2009.

estabilidade política e econômica, esse Outro pode não incomodar tanto ou até mesmo ser desejado enquanto elemento potencialmente produtivo, mas, em tempos mais austeros, pode se tornar objeto de rejeição e raiva".[17]

No Brasil, essa onda migratória começa a chamar atenção em 2010, pós-terremoto na ilha, com um registro ainda tímido de apenas 400 haitianos/as.[18] A partir de então, os números crescem expressivamente, atingindo 4 mil em 2011, 20 mil em 2013, 55 mil em 2014 e chegando a 65 mil ao final de 2015. Mamed destaca que, "[n]o ciclo de cinco anos (2010-2015), [...] esse grupo passou a ser a principal nacionalidade no mercado formal de trabalho interno"[19] (indústria frigorífica, construção civil e serviços gerais).

Desenho metodológico e conceitual

O estudo[20] é de base qualitativo-interpretativista e está situado na Linguística Aplicada Indisciplinar[21] em interface com os Estudos Culturais e com vertentes da sociolinguística que se preocupam com a complexidade na globalização. Para este capítulo, recortamos do nosso *corpus* um conjunto de registros híbridos,[22] proveniente de arquivos digitais, resultante de buscas das palavras-chave: migrantes, haitianos, Brasil. Os arquivos digitais se referem a espaços mercadológicos (mídia comercial) e não mercadológicos de comunicação. Dos espaços mercadológicos, selecionamos alguns excertos de notícias e dois excertos de matérias com potencial de narrativas construídas sobre haitianos/as, essas últimas com espaço para comentários de internautas. A esses excertos, acrescentamos duas webproduções de haitianos/as veiculadas em espaços não mercadológicos.

No que se refere à migração, vemos a mídia como um veículo potente de criação de narrativas. Nas palavras de Hegde, "as representações da

---

17 Bizon & Camargo, 2018, p. 713.

18 Cf. Fernandes & Faria, 2017.

19 Mamed, 2018, p. 69.

20 Projeto CNPq/PQ 311870/2015-5.

21 Moita Lopes, 2006a.

22 Wortham, 2001.

mídia sobre migrantes frequentemente fomentam controvérsias sobre a presença do Outro no imaginário social".[23] É importante destacar que a mídia tem o poder tanto de reforçar quanto de mudar representações sociais construídas ideologicamente, o que lhe confere agência[24] mais ou menos direta nos processos de (re)territorialização[25] desse Outro.

A narrativa é aqui compreendida como um fazer performativo da linguagem que indexicaliza lugares sociais, (re)posicionamentos e lutas ideológicas associadas a discursos.[26] As narrativas operam na fixação de padrões por meio da repetição inerente à linguagem e também na transgressão, podendo, iterativamente, criar resistências a esses padrões e até ressignificá-los. Nesse sentido, é preciso ressaltar que, por um lado, elas podem alimentar processos de racialização[27] e de xenofobia, produzindo subalternizações e exclusões. Por outro lado, podem fazer emergir processos de reações e resistência, construindo territórios de pertencimento.[28] Esclareça-se que "território", tendo também uma matriz performativa, diz respeito tanto ao geográfico quanto ao simbólico, sendo (re)construído discursivamente.[29]

Para a análise das narrativas propriamente ditas, nos baseamos em pistas indexicais, conforme proposto por Wortham:[30]

i) Referência e predicação: dispositivos que caracterizam o que é narrado, avaliando o referente e ajudando a posicionar o/a narrador/a em relação a esse referente na narrativa;
ii) Descritores metapragmáticos: índices linguísticos que incluem os verbos metapragmáticos de enunciação utilizados para referir, caracterizar e avaliar a maneira como alguma coisa foi dita;
iii) Citação direta/indireta: combina referência a um/a falante citado/a, ao seu enunciado e ao verbo metapragmático utilizado para caracterizar o evento de fala;

23 Hegde, 2016, p. 1.
24 Butler, 2004; Deleuze & Guattari, 2007.
25 Haesbaert, 2004.
26 Cf. Threadgold, 2005; Moita Lopes, 2006b.
27 Butler, 2004; Appadurai, 2009; Bizon & Cavalcanti, 2018.
28 Lefebvre, 1986.
29 Cf. Bizon, 2013.
30 Wortham, 2001, pp. 70-75.

iv) Indexicalizadores avaliativos: itens lexicais, construções gramaticais/linguísticas que indexicalizam o lugar social do/a narrador/a e do/a narrado/a.

Um passeio interessado por portais de notícias: narrativas de clandestinidade e ameaça ao mercado de trabalho

Antes de chegar ao período de 2014 a 2018, objeto de nossa análise, é importante registrar que, em nossa percepção inicial, o foco da mídia no Brasil, especialmente a televisiva, estava na crise migratória internacional, nos países despreparados para receber os/as migrantes e no fechamento de fronteiras. Foi na esteira de relatos sobre as chegadas dramáticas, seja em barcos frágeis apinhados de refugiados/as na Europa (costa italiana), seja a pé, em longas filas, para atravessar as fronteiras de países do sudeste europeu, que as notícias sobre a onda migratória haitiana no Brasil começaram a aparecer, de forma esparsa. Com o aumento do fluxo migratório, no entanto, nota-se o olhar mais atento da mídia, enfatizando a entrada ilegal, com a construção de uma narrativa de "clandestinidade" e de "invasão/ameaça ao mercado de trabalho" no país.

Os excertos de notícias que analisamos a seguir são representativos do período de 2014 a 2018 e estão em ordem cronológica de publicação. Nosso passeio interessado começa com um excerto de 2014, apresentado a seguir. Note-se que, no enunciado da manchete, o emprego do tempo verbal no futuro ("terá"), juntamente com uma expressão temporal ("até o fim do ano") e o uso de numeral ("50.000"), anuncia uma previsão de impacto negativo.

> Brasil terá 50.000 imigrantes haitianos até o fim do ano (2014)
> Alguns [haitianos] *entram* no país *legalmente* e outros *cruzam a fronteira*[31] entre Peru/Bolívia e Brasil *ilegalmente*[32] e *esperam* (por, pelo menos, um mês)

---

31 Geralmente, iam de avião de Porto Príncipe para o Equador e daí em uma jornada, rodoviária ou a pé, em direção ao estado do Acre. Essa jornada podia durar 15 dias.

32 Os itálicos nas molduras foram acrescentados pelas autoras. Referem-se às palavras-chave que indexicalizam a análise.

> no Estado do Acre para *serem mandados* para São Paulo onde eles legalizam seu status com o apoio do Estado de São Paulo.[33]

O impacto negativo da manchete é concretizado na notícia com escolha lexical contemplando um *continuum* – "legalmente", "ilegalmente", "legalizam" – para descrever o *status* desses/as migrantes que passa pela descrição do deslocamento a ser realizado. Para ajudar a compor essa descrição, é acionado um conjunto de verbos: "entram", "cruzam", "esperam/serem mandados". Apesar de a afirmação "entram no país legalmente" denotar um certo agenciamento por parte de migrantes, nota-se, no texto, um crescendo que marca uma perda desse agenciamento, indicializada tanto no uso do verbo "esperar" como no uso da voz passiva – "serem mandados". Observe-se também que um não agenciamento de origem já havia sido anunciado para as pessoas que "cruzam a fronteira ilegalmente".

Avançando para o primeiro semestre de 2016, nota-se, na manchete a seguir, novamente, uma insistência na questão do aumento exponencial do fluxo migratório haitiano. Nela encontra-se a utilização do verbo "aumentar" referenciando uma porcentagem alta – "160%". A informação é anunciada pelo verbo "dizer" ("diz PF"), um descritor metapragmático, que, nesse caso, visibiliza uma voz apresentada como autoridade, ou seja, a Polícia Federal.

> Em 10 anos, número de imigrantes aumenta 160% no Brasil, diz PF (2016)
> G1, em São Paulo
> Só em 2015, quase 120 mil estrangeiros deram entrada no país. Haitianos *lideram o ranking atual*, seguidos pelos bolivianos.[34]

A manchete renova um discurso apoiado em números que continua reverberando essa mesma narrativa de "ameaça" e "perigo"

---

[33] Manchete/recorte de notícia publicada em 17/5/2014. Disponível em <http://www.em.com.br/app/noticia/ptinuaolitica/2014/05/17/interna_politica,529700/brasil-tera-50-mil-imigrantes-haitianos-ate-o-fim-do-ano.shtml>. Acesso em 10/5/2015.

[34] Manchete/notícia publicada em 26/6/2016. Disponível em <http://g1.globo.com/mundo/noticia/2016/06/em-10-anos-numero-de-imigrantes-aumenta-160-no-brasil-diz-pf.html>. Acesso em 22/4/2018.

para o país – no que se refere especialmente a mercado de trabalho, como mostraremos mais adiante. No centro dessa ameaça, estão os/as haitianos/as posicionados/as hierarquicamente no topo de uma descrição que contribui para avaliá-los/as, de novo, negativamente: "lideram o *ranking* atual".

É significativo apontar que, no segundo semestre de 2016, registra-se o declínio do fluxo migratório haitiano. Na seguinte manchete, destaca-se a escolha do verbo "deixar", no tempo presente, que pode ser visto como um modalizador epistêmico. Esse modalizador, que distancia o/a narrador/a do objeto narrado, ajuda a construir um efeito de "tranquilidade" para o/a leitor/a potencial em relação ao "perigo", agora, do passado: "as grandes levas de haitianos".

> Brasil deixa de ser um dos principais destinos dos imigrantes haitianos (2016)
> Movimento, que foi de até 2 mil por mês em 2014, hoje *não chega a 30 por mês*. E *muitos* estão *indo embora* em *busca de trabalho* em outros países.[35]

Na notícia, o foco, mais uma vez, é em números impactantes. Agora, porém, o impacto vem da afirmação sobre a queda vertiginosa da entrada de haitianos/as no país. Se compararmos essa manchete com a anterior, ambas produzidas no mesmo ano, veremos que elas têm um ponto em comum: a dramaticidade na utilização de números para a construção de uma narrativa sobre o deslocamento migratório. A primeira explora o impacto do aumento expressivo (160% em dez anos); e a segunda, o impacto do declínio da migração (de 2 mil para menos de 30).

No segundo recorte de 2016, a justificativa para essa queda é a falta de empregos no país, e nela há o anúncio de que "muitos" "estão indo embora em busca de trabalho em outros países", o que soa como uma espécie de "alívio" para o Brasil. As escolhas lexicais "indo embora" e "busca de trabalho", com destaque para os verbos de movimento "ir/buscar", ajudam a representar os/as haitianos/as como um contingente-

---

35 Manchete/recorte de notícia publicada em 15/10/2016. Disponível em <http://g1.globo.com/jornal-nacional/noticia/2016/10/brasil-deixa-de-ser-um-dos-principais-destinos-dos-imigrantes-haitianos.html>. Acesso em 16/10/2016.

-problema em constante mobilidade que, notadamente em tempos de crise econômica e desemprego crescente, passa a não ser bem-vindo.

A manchete a seguir, do final de 2017, mostra a concretização do movimento de saída indicado na segunda manchete de 2016. Focaliza migrantes longe do Brasil; destacando-se sua "fuga" da recessão e da escassez de empregos.

> Crise no Brasil e linha dura nos EUA fazem haitianos vagarem pelo continente – Esquecidos, haitianos vagam pelo continente americano (2017)
>
> Em Tijuana, quase 3.000 haitianos fugidos da recessão brasileira enfrentam o dilema de escolher entre cruzar a fronteira ilegalmente para os EUA, permanecer no México ou *regressar ao Brasil.*
>
> Em Porto Príncipe, cerca de *1.100 haitianos se candidatam por mês a um visto brasileiro*, enquanto voos fretados partem diariamente para Santiago, a porta de entrada dos cerca de 90 mil haitianos que desembarcaram no Chile desde o ano passado.[36]

Observe-se que a repetição do verbo "vagar" na manchete para fazer referência ao deslocamento de haitianos/as ajuda a predicá-los/as como um problema agora em escala continental, não mais apenas local. Como "vagar" pode significar andar sem rumo, sem um local para onde voltar, pode-se pensar nos/as haitianos/as agora como um contingente-desterritorializado, no sentido de haver uma privação de direito a território ou uma territorialização que, dando-se em bases muito restritas, pode ser compreendida como precária.[37] Além disso, o uso do vocábulo "esquecidos" predica e avalia migrantes como invisíveis, ajudando a reafirmar a precariedade de suas rotas/linhas de inserção.

É significativo ainda apontar que, na narrativa, permanece a mobilização de números ("1.100 haitianos/as") como se fosse para reatualizar leitores/as a respeito da sempre iminente possibilidade de retorno ("regressar ao Brasil") desses/as migrantes.

---

36 Manchete/recorte de notícia publicada em 10/12/2017. Disponível em <http://www1.folha.uol.com.br/mundo/2017/12/1942061-esquecidos-haitianos-vagam-pelo-continente-americano.shtml>. Acesso em 28/4/2018.

37 Haesbaert, 2004.

A manchete a seguir, de 2018, a exemplo do recorte de notícia do primeiro semestre de 2016, reforça a referenciação de haitianos/as como líderes de um *ranking* que, embora, aparentemente, tenha conotação positiva, ganha contornos negativos no ambiente da crise econômica e do desemprego existentes. Como veremos mais adiante, é comum encontrar comentários em diferentes mídias que posicionam trabalhadores/as haitianos/as no Brasil como potenciais usurpadores/as de empregos de brasileiros/as. Referenciá-los/as como a "maioria" entre os/as migrantes, no quesito trabalho formal, contribui para avaliá-los/as como uma ameaça sempre presente.

Haitianos são maioria entre os imigrantes no mercado formal brasileiro (2018)

Os haitianos são os imigrantes com maior presença no mercado formal de trabalho brasileiro. O dado é da Relação Anual de Informações Sociais (Rais) de 2016, a mais recente, do Ministério do Trabalho. Dos 115.961 trabalhadores não brasileiros contratados formalmente no Brasil naquele ano, 26.127 pessoas eram originárias do Haiti, 22,53% do total. *O número já foi maior.* Em 2015, o auge dos haitianos no país, eles chegaram a somar 34.224 trabalhadores formais. O ministro do Trabalho em exercício, Helton Yomura, explica que a imigração de haitianos *foi* um fenômeno que *começou* a ocorrer no Brasil principalmente após 2010, quando um terremoto devastou a ilha. No entanto, a *crise econômica vivida pelo Brasil após 2014 encerrou essa tendência.* "Essa *diminuição no fluxo imigratório* não ocorreu apenas com os haitianos. *Outras nacionalidades* também diminuíram seu contingente após a crise brasileira", explica.[38]

Note-se que, ao longo do desenvolvimento da notícia, confirma-se a quebra de expectativa em relação a uma abordagem positiva sobre a ocupação de trabalho formal pelos/as haitianos/as. Isso acontece com a menção de que o número registrado no Ministério do Trabalho, em 2016, é menor do que o de 2015 ("O número já foi maior. Em 2015, no auge dos haitianos no país, eles chegaram a somar 34.224 trabalhadores formais"). Tal menção abre caminho para a inclusão de duas citações do Ministro do Trabalho à época – uma indireta e outra direta: a primeira

38 Manchete/recorte de notícia publicada em 2/4/2018. Disponível em <http://revistanews.com.br/2018/02/04/haitianos-sao-maioria-entre-os-imigrantes-no-mercado-formal-brasileiro/>. Acesso em 30/4/2018.

apresenta o fluxo migratório como um evento superado ("foi", "começou", "encerrou") graças à crise econômica brasileira ("a crise econômica vivida pelo Brasil após 2014 encerrou essa tendência."). Nesse sentido, a crise econômica na citação direta parece ser avaliada positivamente como fator de encerramento de uma "tendência-problema" que abarca não apenas o fluxo haitiano, mas também o de "outras nacionalidades".

As notícias analisadas evidenciam narrativas de "clandestinidade", "invasão/ameaça/perigo" e "fuga", relacionadas a aspectos socioeconômicos/ao mercado de trabalho. Essas narrativas são lacunares no que concerne ao preconceito contra migrantes, foco da próxima seção.

Ainda nos portais de notícias: foco em narrativas racializadas e xenofóbicas

Nas buscas realizadas, são esparsas, nas notícias no período de 2010 a 2013, as menções sobre preconceito contra migrantes. De acordo com Cogo e Silva,[39] mais frequentes são as notícias que apontam tanto a fragilidade de migrantes haitianos/as - aqueles/as que "fogem" do terremoto, da pobreza, das epidemias, da fome, da violência - quanto a suposta benevolência do Estado brasileiro no "acolhimento" a esses/as migrantes - especialmente com a concessão/criação do visto humanitário. Como mostrado nos excertos da seção anterior, as notícias enfatizam os números desse deslocamento.

Notícias (mais em formato de matérias, com entrevistas com migrantes) sobre preconceito e exclusão aparecem mais a partir de 2014, quando se registra o ápice da entrada dos/as haitianos/as e também uma acentuada crise/recessão econômica no país. Na manchete a seguir, por exemplo, racismo e xenofobia estão presentes.

> Migrantes haitianos sofrem racismo e xenofobia no Brasil (2014)
> [...] Muitos dos estrangeiros que ficam na Casa do Migrante [em São Paulo] vivenciam situações de preconceito, segundo a assistente social [...]. A maioria tem medo de falar [...].
> Nascido na capital Porto Príncipe, Louis [empregado na área da construção

39 Cogo & Silva, 2016, p. 9.

> no Rio Grande do Sul] diz que o racismo é algo que sempre acontece. Aqui no Brasil foram poucas vezes, conta ele que prefere esquecer as situações relacionadas com preconceito racial.
> [...] Louis conta que um amigo seu, também do Haiti, foi abordado na rua e agredido. "Bateram muito e ele teve que passar oito dias no hospital", conta. Por causa disso, ele não sai: "Tenho medo que me aconteça alguma coisa aqui, longe da minha família", diz. O medo não tem relação com o fato de ser negro ou estrangeiro, porque "a violência está em todos os lugares", complementa.[40]

O recorte anterior é um exemplo de notícia que passamos, então, a encontrar nos portais. O foco está em histórias de migrantes. No excerto, tem-se a voz do migrante Louis, que diz reconhecer ter sofrido preconceito, preferindo, no entanto, "esquecer" a experiência vivida. O verbo "esquecer", como descritor metapragmático, predica o migrante como alguém que, aceitando o peso da narrativa de precariedade e de subalternização do Outro, acaba por aceitar também condições mais restritivas para sua própria territorialização. Narrado como alguém que não sai, Louis ancora a justificativa para a aceitação dessa restrição em duas palavras: "medo" e "violência". Apesar de Louis relacionar o medo à violência, a narrativa que ele faz da agressão sofrida pelo amigo, também haitiano, sugere que a relação está, na verdade, no racismo e na xenofobia. O que parece estar por trás dessa justificativa é o receio de falar sobre o preconceito experienciado, conforme anunciado pela assistente social no início do excerto.

Essa narrativa de precariedade e subalternização é também parte integrante dos dois excertos (2015 e 2018) que fecham esta seção, ambos seguidos de comentários de internautas. Na manchete da notícia de 2015, há uma posição mais efetiva de agenciamento do/a migrante, indicializada pelo verbo "dizer": um descritor metapragmático. Nesse caso, há uma voz que enuncia uma afirmação que ajuda a posicionar os/as brasileiros/as como (potenciais) agentes (neo)colonizadores. A escolha lexical "escravos" pode ser vista como indício de denúncia potencial de racialização.

---

40 Manchete/recortes de notícia publicada em 13/5/2014. Disponível em <http://noticias.terra.com.br/brasil/imigrantes-haitianos-sofrem-racismo-e-xenofobia-no-brasil,a55e260ac95f5410VgnVCM10000098cceb0aRCRD.html>. Acesso em 20/5/2015.

Imigrante diz que muitos brasileiros consideram haitianos como escravos (2015)

Professor de matemática no Haiti só conseguiu emprego de operário. [...]

Robert tem quatro filhas. Professor de matemática no Haiti, em São Paulo, ele conseguiu emprego de operário, mas não gostou do que viu. "Encontro muitas injustiças. Muitos brasileiros ou brasileiras consideram os haitianos, nas empresas, como escravos", afirma.

A mulher dele trabalhou seis meses em uma fábrica e foi demitida sem ganhar um tostão. "Até agora, a empresa não pagou nada a ela", diz Robert. Sem falar nossa língua, ela nem sequer conseguiu reclamar com o patrão que a explorou. [...]

COMENTÁRIOS

M. A.

O Sul daqui uns 40 anos vai *mudar o nome Alemão e sua pele branca*, para o *sobrenome francês e a pele negra* kkkk

T. H.

Tem muitos nativos em piores condições, amigo. Descontente aqui? Retorne pro seu país.

N. P.

Esses imigrantes são uns espertos. Só querem Sul e Sudeste. Pq não vão pras outras regiões do Brasil? Vão acabar *estragando* Blumenau, Caxias do Sul...

J.

Estão *estragando* o Sul, a única coisa que tem de bom no Brasil. Malditos, voltem para o Haiti!!!!!!!

[...]

S. C.

Eu sou contra a entrada de Haitianos, no Brasil, sobretudo no Sul. Cada país que cuide do seu povo. O Brasil atravessando uma crise com desemprego, inflação, corrupção endêmica e ainda gastando com gente de fora. Então a prioridade são os estrangeiros? Total falta de critérios.

F. S.

Você não sabe de nada sua ignorante. Os haitianos são o povo mais trabalhador que já entrou nesse país. Nas palavras de um amigo que empregou alguns, "eles parecem uns touros trabalhando, tu fala o que precisa ser feito e eles se botam, enquanto um brasileiro fica escorado e leva meia hora pra fazer um serviço, eles vão lá e fazem em cinco minutos. A única parte ruim deles é

> que eles não entendem nosso idioma, mas eles são muito inteligentes, se você gesticular com eles vão entender o que você quer". Eles vem aqui pra fazer os trabalhos que ninguém aqui mais quer fazer.[41]

Lembramos aqui que nossa visão de racialização abrange o conjunto de subalternizações que vão além da questão racial. Incluem, por exemplo, o tópico que abre a matéria: o apagamento do nível de escolarização do migrante haitiano fixando-o no espaço do trabalho braçal ("professor de matemática no Haiti só conseguiu emprego de operário"). O "ser professor" é apagado, desterritorializado e (re) territoritorializado como "operário".

Vale esclarecer que a matéria contém entrevistas com vários/as migrantes de São Paulo e de Santa Catarina, mais especificamente, Blumenau. Uma dessas entrevistas é com Robert. O recorte da matéria propriamente dita vai além do foco em Robert para incluir sua família, sua esposa e suas filhas. Nessa inclusão, o texto continua enfatizando a força do processo de subalternização existente. Essa ênfase se materializa em uma série de expressões de teor negativo relacionadas à demissão de sua mulher após seis meses de trabalho em uma fábrica. Essas expressões – "foi demitida", "sem ganhar um tostão", "a empresa não pagou nada", "nem sequer conseguiu reclamar" – indiciam desapropriações impostas ao Outro. Note-se que tais expressões são enunciadas tanto pelo veículo de comunicação responsável pela matéria quanto nas citações diretas da fala de Robert. Contudo, é nas citações diretas que os/as brasileiros/as, incluindo os/as empregadores/as, são posicionados/as como responsáveis pela exploração dos/as migrantes.

Já na narrativa do veículo de comunicação, há encaminhamentos denotando um certo reposicionamento que transfere parte da responsabilidade dessa subalternização para os/as próprios/as migrantes. Isso fica evidente na referenciação à esposa de Robert como não falante da língua portuguesa. Mais uma vez a predicação se sustenta em negações totalizadoras ("sem falar nossa língua", "ela

41 Manchete/excerto de matéria publicada em 19/7/2015. Disponível em <http://g1.globo.com/fantastico/noticia/2015/07/imigrante-diz-que-muitos-brasileiros-consideram-haitianos-como-escravos.html>. Acesso em 28/4/2018.

nem sequer conseguiu reclamar"). Em um país que convive com o mito do monolinguismo,[42] não causa surpresa a naturalização de que os problemas se resolvem com a aprendizagem do português - de um português proficiente - pelo/a estrangeiro/a.

Em relação aos comentários de internautas destacados nesse excerto, nota-se que há radicalizações construídas a partir de perspectivas ideológicas polarizadas, muito presentes no discurso cotidiano e nas mídias sociais no momento histórico atual. Os quatro primeiros comentários, carregados de ironia e sarcasmo, enveredam para um discurso "raivoso" - denominação construída em alinhamento à "geografia da raiva"[43] - que pressupõe migrantes como interlocutores diretos, embora não tenhamos encontrado *posts* de migrantes nesse espaço. O comentário que abre a sequência sugere um futuro, para o Sul do Brasil, na contramão das políticas de "branqueamento" do passado. Dois conjuntos de escolhas lexicais se contrapõem - "alemão"/"pele branca" *vs* "sobrenome francês"/"pele negra". Os adjetivos "alemão" e "francês", embora remetam a europeus, incluem uma subalternização no caso do francês em função da predicação "pele negra". O adjetivo "francês" com a expressão "pele negra" passa a ser compreendido de maneira residual: a posição que "francês" passa a denotar não é a de colonizador europeu, mas de colonizado da América Central. A racialização presente na ideia dessa mudança narrada é fortemente marcada pelo ser negro e está sedimentada na metáfora da biologização.[44] A presença do verbo "estragar" nos comentários de N. P. ("Vão acabar *estragando* Blumenau, Caxias do Sul...") e de J. ("Estão *estragando* o Sul, a única coisa que tem de bom no Brasil"), referindo-se aos/às migrantes, reforça essa predicação de residualização.

Os três comentários seguintes de T. H. e M. P. são marcados por interrogações também raivosas que "convidam" o migrante a voltar para casa ("Descontente aqui? Retorne pro seu país"; "Pq não vão pras outras regiões do Brasil?"; "Malditos, voltem para o Haiti!!!!!!!"). Esses comentários, em que a xenofobia está indiscutivelmente presente, parecem ser construídos como resposta antecipatória ao que se percebe como uma ameaça latente.

---

[42] Cavalcanti & Maher, 2018.

[43] Appadurai, 2009.

[44] Butler, 2004; Bizon & Cavalcanti, 2018.

Os dois *posts* finais, de S. C. e F. S., estão em interlocução com os anteriores. Por um lado, o posicionamento assumido por S. C. reforça os posicionamentos presentes nos outros comentários, explicitamente contrários à presença haitiana no Brasil. O elemento novo é a lembrança de que o país está em crise econômica e política ("desemprego, inflação, corrupção endêmica"). Sua argumentação, que inclui palavras de ordem ("Cada país que cuide de seu povo."), ao mesmo tempo que sugere uma crítica à falta de política migratória do Estado brasileiro, encaixa-se também em um posicionamento xenofóbico. Por outro lado, o comentário de F. S., que a princípio parece se construir como resistência aos comentários raivosos, acaba resvalando em construções que também racializam através da hierarquização e da residualização do Outro. F. S. admite a entrada desse Outro no país, mas ao fazê-lo recorre à subalternização naturalizada na sociedade. Nesse tipo de entrada permitida, a reterritorialização possível é previamente desenhada pelo país receptor. Nesse comentário, a racialização é corporificada diretamente em descrição biologizante: "eles parecem uns touros trabalhando". Esses migrantes são essencializados como bons trabalhadores braçais. Temos ainda aqui um apagamento do repertório linguístico dos/as migrantes haitianos/as em favor do reforço do apontamento de que não sabem falar português ("A única parte ruim deles é que eles não entendem nosso idioma"). A ressalva do narrador é a de que, embora não saibam o idioma, "são muito inteligentes, se você gesticular com eles vão entender o que você quer". Nesse contexto em que o produto do trabalho braçal é o que interessa, o gesticular parece já ser suficiente, prescindindo da língua. Mais uma vez, o comentário deixa entrever ranço naturalizado de racialização.

No último excerto, em uma notícia de 2018, a manchete chama atenção para a (i)mobilidade circunscrita ao fluxo migratório haitiano. A expressão "Do terremoto à ocupação" ajuda a predicar o tipo de deslocamento que marca a trajetória de tais migrantes, caracterizada por precariedade em uma (re)territorialização possível. Os adjetivos "irregular", "contaminada" e "insalubres", ao mesmo tempo que predicam o território a eles/as conferido, contribuem para avaliá-los/as e posicioná-los/as como inferiores. A informação de que o terreno "abriga centenas de haitianos" intensifica a existência de um processo de (re)territorialização precária, que se define na transitoriedade e na falta de perspectiva de mudança no futuro próximo com dignidade e territorialização emancipatória.

> Do terremoto à ocupação, haitiana vive em área irregular e contaminada no RS
> Terreno em Porto Alegre abriga centenas de haitianos em condições insalubres (2018)
>
> COMENTÁRIOS
> Comentário 1 - 8/3/2018 18h33
> Os haitianos que conheço são mais trabalhadores e esforçados que muitos brasileiros. Sem contar que na região central de São Paulo eles inclusive já frustraram várias tentativas de furto e assaltos que são praticados por infratores brasileiros. É vergonhoso ver algumas pessoas tentando usar os haitianos como pretexto para teorias conspiratórias absurdas
>
> Comentário 2 - 8/3/2018 17h31
> Lamentável que o narcisismo e a falta de humanidade de alguém leve a desconsiderar um fator de desagregação quem vem atingindo vários países do mundo, seja rico ou pobre, por diversos fatores como fenômenos naturais; guerras; doenças, fome; ditaduras e etc.[45]

Os dois únicos comentários nesse espaço passam a impressão de posicionamentos positivos. Eles estruturam a defesa da presença haitiana a partir de um conjunto de respostas para críticas raivosas, identificações de inferiorização, em circulação nas redes sociais. Assim, no Comentário 1, para rebater as possíveis identificações de "infratores"/ incapazes, aparecem as predicações "trabalhadores" e "esforçados". Além disso, há uma tentativa de sensibilização dos/as brasileiros/as através de uma comparação que posiciona migrantes do Haiti como melhores do que a população local em trabalho e cidadania ("Os haitianos que conheço são mais trabalhadores e esforçados que muitos brasileiros"; "eles inclusive já frustraram várias tentativas de furto e assaltos que são praticados por infratores brasileiros").

No Comentário 2, essa sensibilização se repete, dessa vez chamando atenção para a trajetória histórica eivada de vicissitudes desses/as migrantes: "fenômenos naturais", "guerras", "doenças", "fome", "ditaduras e etc".

45 Manchete/comentários de internautas publicados em 8/3/2018. Disponível em <https://www1.folha.uol.com.br/cotidiano/2018/03/do-terremoto-a-ocupacao-haitiana-vive-em-area-irregular-e-contaminada-no-rs.shtml>. Acesso em 30/4/2018.

Nos espaços de comentários focalizados, como vimos, não aparece a participação de internautas haitianos/as. As vozes de migrantes são trazidas (in)diretamente nos recortes de matérias através do filtro da redação jornalística. Um agenciamento mais direto de haitianos/as somente foi encontrado quando nos distanciamos da mídia comercial e direcionamos nossa busca para espaços eletrônicos de divulgação mais restrita, como mostramos na próxima seção.

Agora em espaços não mercadológicos: locais potenciais na construção de resistência

Encontramos dois desses espaços eletrônicos não mercadológicos – ambos localizados em Santo André/SP –, em que agenciamentos de resistência parecem ser construídos diretamente pelos/as migrantes e em que seus repertórios linguístico-comunicativos ocupam lugar privilegiado. Um deles é uma *web* rádio, a J.H.P. (Jovens Haitianos Progressistas) e o outro é uma HQ (publicada digitalmente), *O Haiti é Aqui: uma outra história dos haitianos no Brasil.*[46]

A *web* rádio J.H.P., iniciada em 2013, tem sua sede na Casa do Imigrante em Santo André (SP). Trata-se de uma rádio comunitária, criada e gerida por um grupo de jovens, que é apresentada como "porta-voz da comunidade haitiana no Brasil".[47] Na sua programação, são veiculadas diferentes informações de utilidade pública para os/as migrantes, como questões relacionadas à regularização de documentos, acesso a serviços de saúde, educação e informações sobre vagas de empregos e formação profissionalizante. A *web* rádio, no ar 24 horas no *site* <www.radiojhp.com/>, também promove e divulga eventos da cultura haitiana. Com página no Facebook e vídeos no YouTube, disponibiliza um aplicativo para a plataforma Android na Google Play Store. Nos vídeos disponibilizados, ouvem-se francês, *créole* e português, e, no Facebook, os *posts* e comentários alternam o uso dessas três línguas. Conforme

---

46 Kitani & Lourenço, 2016.

47 Disponível em <https://www.facebook.com/pg/RadioJhpBrasil/about/?ref=page_interna>. Acesso em 24/10/2023.

Almeida, apoiado em Guattari,[48] "a intervenção de uma inteligência alternativa, de práticas sociais inovadoras, como é o caso das rádios *web*, comunitárias e livres, é indispensável para a vida das pessoas que vivem em condições de exclusão, de vulnerabilidade, e invisíveis na sociedade".[49]

A HQ, coassinada por um jornalista e um ilustrador brasileiros, é definida como uma reportagem sobre a comunidade haitiana de Santo André. Foi publicada em 2016 no *site* Agência Pública,[50] sendo resultado do projeto "Vivências: Haitianos" da Escola Livre de Cinema e Vídeo de Santo André (ELCV). Além da visibilização dos percalços enfrentados nos deslocamentos de migrantes, são abordadas identificações que ratificam os indícios de racialização e xenofobia apontados na análise dos comentários e das narrativas diretas e indiretas de haitianos/as nas seções anteriores. Tais identificações são desconstruídas didaticamente para um público-leitor potencialmente brasileiro. A língua que permeia a HQ é o português, com algumas inserções de francês.

Mas o que chama mesmo atenção nessa HQ é que ela narra o processo de agenciamento de um grupo de haitianos/as na produção de uma websérie ficcional, intitulada *Superação*, disponível no *site* da ELCV.[51] É essa websérie que nos interessa. Baseada em suas vivências no Brasil, com o objetivo de combater estereótipos, preconceitos e o desconhecimento sobre o Haiti e sua população, a websérie foi realizada por esse grupo de migrantes em conjunto com a ELCV e com apoio da prefeitura de Santo André. Esses/as haitianos/as também atuam na websérie e coparticiparam de todas as etapas de produção, incluindo a parte técnica. Os episódios foram feitos em três versões, a primeira em *créole*, e as outras duas legendadas, uma em português e a outra em inglês. Os títulos dos episódios aparecem em português: "A Chegada", "Opressão", "Dia a Dia", "Esperança... Aí está você?".

Tanto no caso da *web* rádio como no caso da websérie, o agenciamento para construção de resistência se dá por meio de veículos de comunicação não oficiais e não mercadológicos. Deve-se ressaltar que, nos dois casos,

48 Guattari, 1987.

49 Almeida, 2017, p. 151.

50 Disponível em <http://www.apublica.org>. Acesso em 24/10/2023.

51 Os vídeos da websérie estão disponíveis em <http://elcv.art.br/santoandre/videos_rel.php?id=119>. Acesso em 24/10/2023.

os projetos são viabilizados a partir de iniciativas de grupos de jovens migrantes, ancoradas em instituições: Casa do Migrante mantida pela Igreja Católica/Diocese de Santo André e Escola Livre de Cinema e Vídeo de Santo André, com apoio da prefeitura da cidade, respectivamente.

Nessas duas webproduções, há lugar para a construção de conteúdos que podem ser vistos como "respostas" tanto para as narrativas da mídia – haitianos/as como "fugitivos/as", "invasores/as" e "ameaças ao mercado de trabalho" – como para os comentários de internautas – xenofóbicos e racializados de um lado e subalternizantes e condescendentes, de outro lado. Os conteúdos dessas "respostas" referenciam um panorama do repertório linguístico-comunicativo dos/as haitianos/as invisibilizado pela mídia: *créole* e francês são privilegiados, seguidos de português e inglês; esses últimos, provavelmente, como um mecanismo de desconstrução de representações essencializadas e redutoras.

Algumas considerações

Duas questões são relevantes quando a descrição do fluxo migratório haitiano ao Brasil é colocada em tela. Em primeiro lugar, embora esses números apresentem um crescimento expressivo, quando confrontados com as dimensões territoriais, com o contingente populacional e com os efetivos econômicos do Brasil, esse fluxo acaba se diluindo e perdendo significância, ao contrário do que grande parte das narrativas sobre a entrada dessa população faz crer. Em segundo lugar, é um grupo que, tendo ou não formação educacional, frequentemente é direcionado a setores de produção de trabalho braçal.

Tendo tomado a mobilidade haitiana, em tempos de globalização contemporânea, com foco no período que compreende tanto o ápice quanto o declínio da entrada de migrantes haitianos/as no Brasil, como objeto de nossa observação, apresentamos narrativas construídas pela mídia e posicionamentos de internautas. Buscamos, ainda, espaços eletrônicos outros, fora da mídia comercial, para ilustrar agenciamentos de haitianos/as.

Nos dados analisados, o que vimos foi que a mídia, especificamente nas notícias publicadas digitalmente em portais de notícias ligados a jornais de grande circulação, reifica as narrativas sobre haitianos/as como "fugitivos/as" e "invasores/as", já presentes na fase inicial (2010-2013) do fluxo migratório.[52] Vale lembrar que parte do período que analisamos (2014, ápice - 2016, declínio) corresponde a um momento de expressiva instabilidade política e econômica, com uma taxa de desemprego de 12% no quarto trimestre de 2016, atingindo 12, 3 milhões de pessoas. Isso pode explicar o posicionamento dos/as haitianos/as pela mídia como potenciais usurpadores/as de empregos do povo brasileiro em uma narrativa de "perigo", "ameaça" e "invasão". E esse "perigo/ameaça/invasão" ganha contornos de realce através de narrativas de "clandestinidade" e "fuga" diaspórica.

Na reação de internautas às notícias aqui focalizadas, foram frequentes os comentários que denominamos "raivosos", parte de uma "geografia da raiva"[53] que contempla a construção de narrativas de racialização e xenofobia, indiretamente fomentadas pela mídia. Esses posicionamentos de internautas parecem refletir não somente as narrativas contemporâneas da mídia, mas também a representação historicamente construída de um país que acolheu muitos/as imigrantes - porém, "brancos/as" - em um tempo, no passado, em que havia escassez de mão de obra. Também presentes, mas menos frequentes, foram os comentários que posicionam migrantes positivamente. Contudo, é preciso anotar que, muitas vezes, esses comentários positivos caem na armadilha da condescendência e/ou subalternização, por exemplo, quando posicionam os/as haitianos/as como "bons para o trabalho braçal" ou como aqueles/as que vieram "pra fazer os trabalhos que ninguém aqui quer fazer".

Na busca por vozes de haitianos/as, distanciamo-nos dos portais de notícias e passamos a percorrer alguns espaços eletrônicos não mercadológicos. Deparamos, então, com duas webproduções que consideramos ilustrativas de agenciamento direto ou indireto desses/as migrantes. Vale recordar que a websérie tem como objetivo, justamente, "combater estereótipos, preconceitos e o desconhecimento sobre o Haiti e os haitianos", e a *web* rádio é apresentada como "porta-voz da comunidade haitiana no Brasil". Vemos esse agenciamento como pautado nas "respostas" construídas nas webproduções tanto para as narrativas subalternizantes da mídia e dos/as internautas como através da visibilização do repertório

52 Cf. Cogo & Silva, 2016.

53 Appadurai, 2009.

linguístico-comunicativo desses/as migrantes, apagado pela mídia. Como apontamos, a mídia enfatiza o fato de os/as migrantes "não saberem português", de terem necessariamente que aprender a língua do país receptor, de modo a cumprir as "expectativas" do mercado de trabalho com boa produtividade. As línguas faladas pelos/as migrantes – *créole* e francês – ou não merecem atenção ou aparecem retratadas como curiosidade.

Para fechar, é preciso acrescentar que, por um lado, se a mídia ajuda a construir uma narrativa de subalternização do Outro migrante, por outro lado, ela também tem focalizado, de modo crítico, a forma não planejada como o país recebe migrantes, dando algum reconhecimento ao trabalho voluntário feito por agências não governamentais, mas não necessariamente apontando a necessidade de estabelecimento de políticas apropriadas para o recebimento de estrangeiros/as no país.

Com base na discussão realizada, frisamos, enfim, a necessidade de um repensar coletivo sobre políticas de inserção, humanizadas e emancipatórias, para aqueles/as que, em desterritorialização, buscam (re)territorializar-se. Nessas políticas, há de se privilegiar instituições e organizações que, no acolhimento a migrantes, contemplem espaços potenciais para construção de agenciamento. Há também de se fortalecer o trabalho em parceria dessas organizações e instituições em diferentes escalas – governamentais, não governamentais, nacionais e internacionais. Nesse repensar utópico, não se pode prescindir do apoio da própria mídia, que, como potencial parceira na construção de resistência a representações sociais excludentes e a projetos precarizados de reterritorialização, ajude a efetivar reações de agenciamento mais emancipatórias.

Referências

ALMEIDA, C. D. "Notas introdutórias sobre a Rádio Jovens Haitianos Progressistas no Brasil". *Cadernos de Comunicação*, 21 (3): 151-165, 2017.

APPADURAI, A. *O medo ao pequeno número: ensaio sobre a geografia da raiva*. São Paulo, Iluminuras, 2009.

BAENINGER, R. A. & PERES, R. G. "Imigração haitiana em São Paulo: perfil e ocupação". *In*: BAENINGER, R. *et al.* (org.). *Imigração haitiana no Brasil*. Jundiaí, Paco Editorial, 2016.

BAENINGER, R. A. & PERES, R. G. "Migração de crise: a imigração haitiana para o Brasil". *Revista Brasileira de Estudos da População*, 34 (1): 119-143, 2017.

BIZON, A. C. C. *Narrando o exame Celpe-Bras e o convênio PEC-G: a construção de territorialidades em tempos de internacionalização*. Campinas, Instituto de Estudos da Linguagem, Universidade Estadual de Campinas, 2013 (Tese de doutorado).

BIZON, A. C. C. & CAMARGO, H. R. E. "Acolhimento e ensino da língua portuguesa à população oriunda de migração de crise no município de São Paulo: por uma política do atravessamento entre verticalidades e horizontalidades". *In*: BAENINGER, R. A. *et al.* (org.). *Migrações Sul-Sul*. Campinas, Nepo/Unicamp, 2018.

BIZON, A. C. C. & CAVALCANTI, M. C. "Narrating lived experiences from the margins: the voices of two undergraduate students from the Democratic Republic of Congo at a Brazilian university". *In*: CAVALCANTI, M. C. & MAHER, T. M. (ed.). *Multilingual Brazil: language resources, identities and ideologies in a globalized world*. New York, Routledge, 2018.

BRASIL. Ministério do Trabalho. *OBMigra – Observatório das Migrações Internacionais da Universidade de Brasília*, 2016 (Microdados Rais). Disponível em <http://obmigra.mte.gov.br/index-.php/component/k2/itemlist/category/42>. Acesso em 23/2/2017.

______. Ministério da Defesa. *O Brasil na Minustah (Haiti)*. Disponível em <http://www.defesa.gov.br/relacoes-internacionais/missoes-de-paz/o-brasil-na-minustah-haiti>. Acesso em 9/9/2017.

BUTLER, J. *Undoing gender*. New York, Routledge, 2004.

CAMPOS, G. B. *Dois séculos de imigração no Brasil: a construção da imagem e papel social dos estrangeiros pela imprensa entre 1808 e 2015*. Rio de Janeiro, Escola de Comunicação, Universidade Federal do Rio de Janeiro, 2015 (Tese de doutorado).

CAVALCANTI, M. C. & MAHER, T. M. "Contemporary Brazilian perspectives on multilingualism: an introduction". *In*: CAVALCANTI, M. C. & MAHER, T. M. (ed.). *Multilingual Brazil: language resources, ideologies and identities in a globalized world*. New York, Routledge, 2018.

CLOCHARD, O. "Les réfugiés dans le monde entre protection et illégalité". *EchoGéo*, 2: 1-10, 2007.

COGO, D. & SILVA, T. "Entre a fuga e a invasão: alteridade e cidadania da imigração haitiana na mídia brasileira". *Revista Famecos*, 23 (1), 2016.

DELEUZE, G. & GUATTARI, F. *Mil platôs*, vol. 1: *Capitalismo e esquizofrenia*. São Paulo, Ed. 34, 2007 [1980].

FERNANDES, D. & FARIA, A. V. "O visto humanitário como resposta ao pedido de refúgio dos haitianos". *Revista Brasileira de Estudos de População*, 34 (1): 145-161, 2017.

GUATTARI, F. *Revolução molecular: pulsões políticas do desejo*. São Paulo, Brasiliense, 1987.

HAESBAERT, R. *O mito da desterritorialização: do "fim dos territórios" à multiterritorialidade*. Rio de Janeiro, Bertrand Brasil, 2004.

HEGDE, R. S. *Mediating migration*. Cambridge, Polity Press, 2016.

KITANI, A. & LOURENÇO, E. *HQ: O Haiti é aqui*, 2016. Disponível em <https://apublica.org/hq/2016/06/hq-o-haiti-e-aqui/>. Acesso em 6/5/2018.

LEFEBVRE, H. *La production de l'espace*. 3. ed. Paris, Anthropos, 1986 [1974].

LESSER, J. *Immigration, ethnicity and national identity in Brazil: 1808 to the present*. New York, Cambridge University Press, 2013.

______. *A invenção da brasilidade: identidade nacional, etnicidade e políticas de imigração*. São Paulo, Unesp, 2015.

MAMED, L. H. "Haitianos no Brasil: a experiência da etnografia multissituada para investigação de itinerários migratórios e laborais Sul-Sul". *In*: BAENINGER, R. *et al.* (org.). *Migrações Sul-Sul*. Campinas, Nepo/Unicamp, 2018.

MOITA LOPES, L. P. (org.). *Por uma linguística aplicada indisciplinar*. São Paulo, Parábola Editorial, 2006a.

______. "On being white, heterosexual and male". *In*: DE FINA, A.; SCHIFFRIN, D. & BAMBERG, M. *Discourse and identity*. Cambridge, Cambridge University Press, 2006b.

OLIVEIRA, W. "Haitianos no Brasil: hipóteses sobre a distribuição espacial dos imigrantes pelo território brasileiro". FGV-Dapp, 2017. Disponível em <http://dapp.fgv.br/haitianos-no-brasil-hipoteses-sobre-distribuicao-espacial-dos-imigrantes-pelo-territorio-brasileiro/>. Acesso em 30/4/2018.

THREADGOLD, T. "Performing theories of narrative: theorising narrative performance". *In*: THORNBORROW, J. & COATES, J. (ed.). *The sociolinguistics of narrative*. Amsterdam/Philadelphia, John Benjamins, 2005.

WORTHAM, S. *Narratives in action: a strategy for research and analysis*. New York/London, Teachers College Press, 2001.

10

Multissemiose dos textos contemporâneos: a imagem estática em uma abordagem de base bakhtiniana[1]

Roxane Rojo

> Para construir conhecimento que seja responsivo à vida social, é necessário que se compreenda a LA não como disciplina, mas como área de estudos, na verdade, como áreas tais como estudos feministas, estudos *queer*, estudos sobre negros, estudos afro-asiáticos etc. Pesquisadores originários de diferentes disciplinas (sociologia, história, antropologias etc.) convergem para essas áreas e passam a focalizar tópicos comuns, atuando no que chamei um processo transdisciplinar de produção de conhecimento. [...] O outro ponto que me parece crucial para que a LA seja responsiva à vida social se prende à necessidade de entendê-la como área híbrida/mestiça ou área da Indisciplina.
>
> Moita Lopes[2]

> Em uma LA que quer falar à vida contemporânea é essencial, não a teorização elegantemente abstrata que ignora a prática, mas uma teorização em que teoria e prática sejam conjuntamente consideradas em uma formulação do conhecimento na qual a teorização pode ser muito mais um trabalho de *bricolagem*, tendo em vista a multiplicidade dos contextos sociais e daqueles que os vivem.
>
> Moita Lopes[3]

Uma das alegrias que tive durante minha vida acadêmica foi a de conhecer Luiz Paulo nos anos 1990 e de tê-lo próximo de várias maneiras (afetiva, epistemológica, cotidiana, militante) na vida acadêmica. Essa

---

1 Agradeço ao CNPq o suporte a essa pesquisa, na forma de Bolsa Produtividade em Pesquisa 1C para o Projeto *Escol@ conectad@: Protótipos para novos multiletramentos na escol@*, Quadriênio 2018-2022.

2 Moita Lopes, 2006a, p. 97.

3 *Idem*, p. 101.

parceria que muito prezo e a que, neste texto, busco fazer jus muito me alegrou nesses anos, assim como me ensinou e comigo dialogou. Tivemos muitas parcerias nesse tempo: a participação conjunta em políticas públicas, quando da discussão e da avaliação dos PCNEM e PCN+ no MEC, que acabou por resultar nas OCNEM,[4] embora não tenhamos escrito os textos finais;[5] e minha participação em algumas das publicações que organizou, como a do *Festschrift* para Antonieta Celani, em 2013, e, a que mais me orgulha, a da coletânea *Por uma linguística aplicada indisciplinar*, em 2006, em que ele literalmente esculpe uma nova visão de nossa área que denominou LA INdisciplinar,[6] de onde retiro as citações em epígrafe a este texto, as quais, nele, buscarei exemplificar.

Agora, é minha vez de estar em um livro de homenagem ou celebração aos bons ventos de termos um pesquisador como Luiz Paulo no Brasil (homenagem) e de eu ter (celebração), particularmente, uma pessoa como ele como um amigo muito querido. Então, mãos à obra.

Uma abordagem INdisciplinar da multissemiose

Prefiro não tratar as questões relativas à multissemiose dos textos e gêneros que circulam na *web*, em especial em relação a imagens (estáticas, em movimento, digitais), como faz a maior parte dos textos acadêmicos dedicados a esse tema, a partir da sociossemiótica de Kress baseada na Gramática Sistêmico-Funcional de Halliday. Isso por duas razões: primeiramente, porque não creio que possamos projetar achados e construtos teóricos feitos para uma materialidade semiótica como a língua e os textos verbais – como é o caso da Gramática Sistêmico-Funcional de Halliday – em outras semioses de funcionamento diverso (imagem estática, imagem em movimento, música) sem perdas e distorções; em segundo lugar, porque o movimento aplicacionista envolvido nessa projeção pode nos tornar cegos/as para as propriedades intrínsecas ao objeto que estamos analisando. Assim, diferentemente da maioria dos trabalhos que se volta a gêneros construídos por meio de imagens

4 Brasil, 2006.

5 Desse trabalho conjunto resultou um texto conjunto: Moita Lopes & Rojo, 2004.

6 Moita Lopes, 2006b.

estáticas, não estaremos aqui utilizando a teoria e as categorias de análise propostas por Kress e Van Leuween.[7]

Para tanto, é claro, precisaremos de outros aportes teóricos, que buscamos no Círculo de Bakhtin e em seus/suas comentadores/as[8] e em outros aportes semióticos, como os de Santaella[9] e de Lemke.[10]

Arquitetônicas e sistemas semióticos tipológicos e topológicos

De maneira a não projetarmos "gramáticas" sistêmicas (funcionais ou não), elaboradas para a língua e o verbo, em outros sistemas semióticos de organização radicalmente diversa, como é o caso da imagem (estática e em movimento) e da música, preferimos adotar uma perspectiva mais englobante enunciativa-discursiva, baseada nos textos do Círculo de Bakhtin, para dar conta do acabamento estético e das refrações de sentido das obras imagéticas, e nos conceitos e nas discussões teóricas de base peirceana sobre as propriedades semióticas dessas obras imagéticas, presentes em trabalhos de Santaella.[11]

Bakhtin afirma, em seu artigo "The problem of the content, the material, and the form",[12] que a forma arquitetônica – a forma do conteúdo – é determinante da forma composicional e que é também a partir dela que se fará a apropriação do material que serve de aparato técnico para concretizar o todo da forma artística – a linguagem verbal, no caso da literatura.

> Em *The problem*, Bakhtin (1990, p. 269) exemplifica a correlação forma arquitetônica/forma composicional, dizendo que o autor-criador poderá ordenar o conteúdo por diversas perspectivas: por um olhar trágico, cômico, lírico, satírico, heroicizante etc. E buscará a forma composicional (romance, conto, poema narrativo, drama etc.) mais adequada à respectiva forma arquitetônica.[13]

---

7 Kress & Van Leeuwen, 2006.

8 Bakhtin, 2002; 2003; 2008; Medviédev, 2012; Volóchinov, 1926; 2008; Faraco, 2011.

9 Santaella & Nöth, 2014; Santaella, 2001; 2003a; 2003b; 2007; 2013.

10 Lemke, 2010; 2012.

11 Santaella & Nöth, 2014; Santaella, 2001; 2003a; 2003b; 2007; 2013.

12 Bakhtin, 1990, p. 270.

13 Faraco, 2011, p. 22.

Faraco, em seu texto extremamente bem articulado *Aspectos do pensamento estético de Bakhtin e seus pares*,[14] vai recobrir o pensamento do Círculo de Bakhtin sobre os princípios estéticos da obra de arte e sobre os princípios éticos e morais, de maneira muito clara na cronologia da obra bakhtiniana. Iniciando pelo seminal *O autor e a personagem na atividade estética*, de meados da década de 20 do século passado, em que Bakhtin explora as relações dialógicas entre o *autor-pessoa*, o *autor-criador* e o *herói* (personagem/personagens) como determinantes do trabalho acabado da obra de arte literária, Faraco mostrará o percurso dos conceitos, passando pelos trabalhos de Medviédev, de 1928; pelos textos *O problema do conteúdo, do material e da forma na criação literária*, de 1924; *Por uma Filosofia do ato responsável*, escrito entre 1919-1921; *Problemas da poética de Dostoiévski*, de 1929; e, finalmente, chegando aos anos 1930 com *O discurso no Romance*, de 1934-1935.

Na leitura crítica dessa cronologia da obra em busca de conceitos--chave, Faraco[15] deixa bastante claros dois pontos: primeiro, o que é iluminador, que a discussão em *Por uma Filosofia do Ato* é de uma ética/moral bakhtiniana, enquanto os outros textos estão voltados para uma estética bakhtiniana, distinção que quase nunca se faz quando se trata do conceito de *arquitetônica*; e, segundo, que os conceitos-chave mais importantes para a construção dessa estética vão se modificando e consolidando ao longo dos dez anos de produção dessa discussão.

As relações entre o autor-pessoa, o autor-criador e o herói, buscando a "compreensão estético-formal do princípio criativo fundamental da relação do autor com o herói",[16] são o foco principal no início dos anos 1920. Segundo Faraco, o autor-criador é

> [...] a função estético-formal engendradora da obra, um constituinte do objeto estético, um elemento imanente do todo artístico [...] o constituinte que dá forma ao objeto estético, o pivô que sustenta a unidade arquitetônica e composicional do todo esteticamente consumado. O autor-criador é entendido basicamente como uma posição estético-formal cuja característica central está em materializar uma certa relação axiológica com o herói e seu mundo. E essa relação axiológica é uma possível entre as muitas avaliações

---

14 *Idem*.

15 *Idem*.

16 *Idem*, p. 22.

> sociais que circulam numa determinada época e numa determinada cultura. É por meio do autor-criador (do posicionamento axiológico desse pivô estético-formal) que o social, o histórico, o cultural se tornam elementos intrínsecos do objeto estético.[17]
>
> É também a partir desse pivô axiológico-estético que se dará forma composicional ao conteúdo assim enformado (Bakhtin afirma, em seu artigo *The problem of the content, the material, and the form* (1990, p. 270), que a *forma arquitetônica* – *a forma do conteúdo* – é determinante da forma composicional); e é também a partir dele que se fará a apropriação do material que serve de aparato técnico para concretizar o todo da forma artística – a linguagem verbal, no caso da literatura.[18]

Essa posição não difere muito das considerações a esse respeito que podemos encontrar em Medviédev.[19] No entanto, ambos os autores estão focados na esfera literária e tecendo um confronto com o posicionamento dos formalistas russos. Muitos conceitos teriam de ser repensados, e é o que buscaremos fazer, quando, na arte, se trata de outras semioses, outras materialidades, que não o verbo e a língua.

Faraco ainda mostra muito bem que, nos textos do Círculo da década de 1930, como em *O discurso no Romance*, novos conceitos e "contornos" serão acrescentados, como os de vozes, plurilinguismo/heteroglossia, polifonia, língua/linguagens sociais, ou seja, "no ato artístico passa a haver também um complexo jogo de deslocamentos",[20] envolvendo um "concerto" (ou "desconcerto") de vozes sociais. Nesse momento, segundo Faraco, há uma concentração na reflexão sobre o objeto estético, distinguindo "o artefato (a obra de arte em sua factualidade) e o objeto estético (as múltiplas redes de relações axiológico-culturais expressas na atividade estética) – (cf., por exemplo, Bakhtin, 1990, p. 266)".[21]

> Enquanto o artefato é uma coisa, um ente factual, um dado, o objeto estético não o é. Mas não é também uma essência metafísica. Ao contrário, trata-se efetivamente de um conjunto de relações axiológicas (o objeto estético é, portanto, uma realidade relacional) que se concretiza no artefato.

---

17 *Ibidem.*

18 *Ibidem*, grifos nossos.

19 Medviédev, 2012.

20 Faraco, 2011, p. 23.

21 *Ibidem.*

Ou, em outras palavras, trata-se de uma *arquitetônica*, de *um conteúdo axiologicamente enformado pelo autor-criador numa certa composição concretizada num certo material.*[22]

Esse conceito, portanto, de *arquitetônica*, assim enfocado, será para nós de muita valia na análise que se seguirá de obras criadas com imagens estáticas (e dinâmicas). Mas será que diferentes "materiais", ou seja, diferentes sistemas semióticos (o verbo, a música, imagens estáticas e em movimento), terão percursos e impactos diversos na arquitetônica e na composição acabadas das obras? Viabilizarão diferentemente a refração de valores axiológicos? Onde se encontram as diferenças em relação ao debate bakhtiniano?

Alguns/mas autores/as, como Santaella[23] e Lemke,[24] dirão que sim, pois apontarão para sistemas semióticos *tipológicos*, como é o caso da língua e, segundo Santaella,[25] da música, cuja forma de composição inclui uma sintaxe e sistemas semióticos *topológicos*. Ou seja, haveria diversas formas de acabamento na composição arquitetônica em diferentes linguagens. Isso, é claro, descarta de saída a projeção do funcionamento de um sistema semiótico (a língua) sobre outros sistemas diversos (o som, a imagem), como fazem muitas semióticas propostas como arcabouço de análise. Em 1998, Lemke afirmava:

> Estou começando a acreditar que construímos significados fundamentalmente de duas formas complementares: (1) classificando as coisas em categorias mutuamente exclusivas e (2) distinguindo variações de graus (ao invés de variação de tipo) ao longo de vários contínuos de diferença. A língua opera principalmente no primeiro, que chamo de tipológico. A percepção visual e a gesticulação espacial (desenhar, dançar) operam mais no segundo, a forma topológica. Como já argumentei, a construção real do significado geralmente envolve combinações de diferentes modalidades semióticas e também combinações bastante gerais destes dois modos. A semântica das palavras na língua é principalmente categorial ou tipológica em seus princípios, mas as distinções visuais significantes na escrita manuscrita (por exemplo, letras mais escuras ou um pouco mais grossas) ou na caligrafia, ou os efeitos acústicos da fala, um pouco mais alto ou forte, fazem sentido em um espectro contínuo de possibilidades, "topologicamente".[26]

---

22 *Idem, ibidem*, grifos nossos.

23 Santaella, 2001.

24 Lemke, 2010; 2012.

25 Santaella, 2001.

26 Lemke, 2010 [1998], p. 464.

Não há, é claro, impedimento de que os diversos sistemas semióticos possam combinar-se de maneira complementar em obras multissemióticas (que, hoje, são maioria, devido às possibilidades digitais). Texto e música, compondo as canções; imagem e escrita, compondo um infográfico ou uma fotolegenda (note que a própria escrita é ela também, além de representação gráfica do verbo, imagem, como comenta Lemke); imagem em movimento, música, fala e legenda compondo um filme ou vídeo etc. Conceber tal impedimento seria respaldar uma certa ideologia de linguagem que associa, prioritariamente, o nível semântico ao código linguístico.

Basta ver uma obra de Basquiat ou de Os Gêmeos para constatar:

Imagem 5. *Notary*

Fonte: Basquiat, 1983. Acrílico, óleo e colagem em papel na tela, montado em suporte de madeira.

Mas, ao apreciarmos o próprio grafite de Basquiat, notamos que exploramos semanticamente as semioses de maneira muito diversa. O verbal funciona quase como "etiquetagem" interpretativa do visual. Somos treinados socioculturalmente, desde cedo, a participar do jogo referencial objeto-designação, o que contribui para a naturalização da ideia de língua como sistema de classificação de coisas, objetos e pessoas. Lemke[27] explica essa tradição. Para ele, o que distinguia um

27 *Idem.*

sistema tipológico, como a língua, de outro topológico, como a imagem e o ritmo ou a dança, é que o primeiro funciona, convencionalmente, com a organização de classes (paradigmas, conjuntos) numa linha de tempo (sintagmas) – ou seja, admite sintaxe –, e o segundo se organiza por variações de grau "ao longo de vários contínuos de diferença" – tamanho, intensidade, altura, ritmo, cor, localização no espaço bidimensional ou tridimensional.

Ao lermos essas explicações e definições, decididamente identificamos, como o próprio Lemke o faz na citação anterior, a imagem (estática) como topológica (mesmo a da escrita) e o verbo, a língua, como tipológicos. Resta a dúvida: e a imagem dinâmica? E a música? Têm sintaxe? São tipológicas?

Obviamente, o cinema e a imagem em movimento combinam elementos (fotogramas) em sintagmas (montagem), constituindo uma sintaxe da imagem. A música já não me parece uma questão tão óbvia: claro que as notas se combinam em escalas e melodias harmônicas (ou não). O tonal e o serial acabam sendo tipológicos. Mas e o ritmo e o andamento (o modal)? Esses são, parece, topológicos (mais rápido, mais lento).

Santaella vai afirmar que a música tem sintaxe, ou seja, é tipológica:

> As analogias entre a sintaxe verbal e a sintaxe da música foram muito enfatizadas. De fato, para explicitar suas estruturas, a música fez uso de uma terminologia emprestada da gramática da língua. Na música, as notas, como elementos discretos, são, via de regra, consideradas as unidades mínimas. Quando os padrões melódicos e rítmicos formados pela combinação das notas se plasmam numa ideia musical completa, são chamados de motivos ou frases. Frases unidas formam um período de cuja combinação resultam as secções da música até suas estruturas maiores compondo as formas musicais: cantochão, moteto, madrigal, fuga, sonata, sinfonia etc.[28]

Mas note-se que ela está se referindo a gêneros musicais pertencentes ao que Wisnik[29] chama de música tonal (a partir de meados da Idade Média ao início do século XX), caracterizada pelo fim do ruído (ritmo)

---

28 Santaella, 2001, p. 2.

29 Wisnik, 2007.

e pelo predomínio da melodia e da harmonia. A autora, entretanto, inclui o ritmo/andamento na sintaxe da música:

> Sob vários outros ângulos, *não necessariamente colados ao modelo das línguas naturais*, os aspectos sintáticos da música se sobressaem. Uma escala musical, qualquer escala, como padrão de divisão dos intervalos de uma oitava, já estabelece uma sintaxe, pois cada escala determina um certo tipo de ordem a partir do qual as combinações de notas se estruturam. Do mesmo modo, o ritmo, como ordenamento dos sons em padrões de duração através de acentos e solturas, criando a regularidade ou irregularidade do pulso, *tem uma sintaxe que lhe é própria*. A melodia, como grupo de notas, soando umas após as outras para criar uma entidade significativa composta de unidades menores, os motivos e frases, também se constitui com bastante evidência em uma sintaxe.[30]

Nenhuma discordância no que cabe às escalas, à melodia e à harmonia, mas, quanto ao ritmo, esse me parece muito mais diferença de grau (de rapidez, intensidade, duração) que de tipo – topológico, portanto. Tanto é que, a certa altura, ritmo e pulso se tornam timbre e melodia. Nesse sentido, concordamos com Lemke, do modo como ele pensava em 1998:

> Algumas destas distinções categoriais também permitem diferenças de grau, tanto que há agora a possibilidade de casos intermediários que são em algum sentido mensuráveis ou quantitativos "entre" outros: mais alto e mais baixo, mais perto e mais longe, mais rápido e mais devagar, mais laranja avermelhado. Mas não há nada entre movimento e estagnação, vida e morte; nenhuma mistura das letras x e y. A língua reconhece de fato a diferença de grau, mas tem muito poucos ou limitados recursos para descrever tais diferenças. Outras formas de ação humana significativa, no entanto, são maravilhosas para apontar indícios de graus intermediários: o levantar de uma sobrancelha, a tensão na voz, a largura de um gesto, a profundidade de um arco. Espaço e tempo; movimento, posição e ritmo definem para nós a possibilidade de significados que são mais topológicos, ligados ao grau, ou quase a mesma coisa e só um pouquinho mais ou menos, do que é parecido porque está próximo ou é quase igual a, mais do que parecido por possuir ou não possuir certas propriedades de critérios para enquadrar-se em uma categoria, por ser de algum tipo. Os significados tipológico e topológico são complementares de modos que são fundamentais.[31]

30 Santaella, 2001, p. 2, grifos nossos.

31 Lemke, 2010 [1998], p. 465.

Mais ainda quando ele "aterriza" a discussão na vida concreta e cotidiana das pessoas:

> As culturas, os posicionamentos e as características das pessoas reais nunca couberam nas categorias estreitas de nossas tipologias e estereótipos. Muitas das pessoas reais têm reclamações, até certo ponto e de certo modo, para adequar-se aos dois lados dessas dicotomias, para serem membros de muitas categorias cujos nomes e definições os façam parecer mutuamente exclusivos. Nossas realidades vividas não podem ser representadas fielmente de maneira tipológica; muitas pessoas não têm voz onde não há outras formas de fazer sentido. O potencial topológico do letramento multimidiático pode ajudar a dar voz, dignidade e poder para pessoas híbridas reais. Pode minar um sistema ideológico que limita identidades pessoais a algumas caixinhas disponíveis e socialmente aprovadas, permitindo-nos ver e mostrar uns aos outros o universo de possibilidades humanas reais muito mais amplo e multidimensional.[32]

Posta essa discussão, cabe indagar: o que faz a imagem estática tão diversa dos outros sistemas semióticos?

Os três paradigmas da imagem estática: pré-fotográfico, fotográfico, pós-fotográfico

Santaella e Nöth[33] definem os três paradigmas e modos de funcionamento da imagem estática como pré-fotográfico, fotográfico e pós-fotográfico, modos esses muito determinados pelas tecnologias utilizadas e pelos procederes que geram.

Em sua discussão, Santaella e Nöth vão analisar a pintura, a fotografia e as imagens digitais tanto do ponto de vista da semiótica peirceana – a partir dos conceitos de primeiridade, secundidade e terceiridade (ícone, índice e símbolo) –, como do ponto de vista da situação material de produção das imagens estáticas, levando em conta nessa análise: a) os meios de produção e armazenamento da imagem; b) o papel de agentes produtores; c) a natureza das imagens; d) a relação das imagens com o mundo representado; e) os meios de transmissão; e f) o papel

32 *Idem*, p. 467.

33 Santaella & Nöth, 2014.

do/a receptor/a, todos elementos da situação material de produção da imagem, determinada, como diria Bakhtin, por uma arquitetônica: "um conteúdo axiologicamente enformado pelo autor-criador numa certa composição concretizada num certo material".[34] Em nossa síntese das ideias de Santaella e Nöth, estaremos justamente buscando por essa "forma arquitetônica".

Os autores começam ressaltando que, quando se trata das imagens "estáticas", podemos distinguir esses três "paradigmas" da imagem, baseados no conceito de paradigma científico de Kuhn,[35] conceituando *paradigma*, no sentido amplo, como um "conjunto de compromissos relativos a generalizações simbólicas, crenças, valores e soluções modelares que são compartilhados por uma comunidade"[36] – que pode ser equacionado à posição axiológica assumida pelo autor-criador no momento da criação da forma arquitetônica – e, no sentido específico, como "os compromissos relativos às soluções modelares, aos exemplares como soluções concretas de problemas".[37] Dito de modo mais simples, o termo *paradigma*, para os autores, pode "caracterizar quaisquer realizações científicas ou não científicas reconhecidas que, definindo os problemas e métodos que uma dada comunidade considera legítimos, fornecem subsídios para a prática científica, artística, acadêmica ou institucional dessa comunidade".[38]

Assumindo esse "reducionismo deliberado" em relação ao conceito de *paradigma*, os autores vão buscar

> [...] demarcar os traços mais absolutamente gerais caracterizadores do processo evolutivo nos modos como a imagem é produzida, quer dizer, caracterizadores das transformações, ou melhor, rupturas fundamentais que foram se operando, através dos séculos, nos recursos, técnicas ou tipos de instrumentação para a produção de imagens. Parece evidente que tais rupturas produzem consequências das mais variadas ordens, desde perceptivas, psicológicas, psíquicas, cognitivas, sociais, epistemológicas, pois toda mudança no modo de produzir imagens provoca inevitavelmente mudanças no modo como percebemos o mundo e, mais ainda, na imagem

34 Faraco, 2011, p. 23.

35 Kuhn, 1970.

36 Santaella & Nöth, 2014, p. 158.

37 *Idem*, pp. 158-159.

38 *Idem*, p. 158.

> que temos do mundo. No entanto, todas essas consequências advêm de uma base material de recursos, técnicas e instrumentos, sem a qual não poderiam existir quaisquer outras mudanças de ordem mais mental e mesmo social.[39]

Essa condição, em outros termos, deixa clara a relação entre forma arquitetônica e forma composicional, em todos os seus elementos, da axiologia aos materiais e modos selecionados na criação artística da imagem. Com isso, então, os autores vão demarcar três paradigmas da imagem "estática": a) o *pré-fotográfico*, das imagens produzidas artesanalmente; b) o *fotográfico*, das imagens produzidas por meio de máquinas; e c) o *pós-fotográfico*, das imagens calculadas por computação.

Como os processos históricos de superação de um paradigma por outro e de hegemonia de um conjunto de práticas culturais sobre outro não são lineares, teleológicos ou mecânicos, mas, ao contrário, são saltos qualitativos nos processos de produção e de circulação da significação, essas discussões se farão acompanhar, ao final do capítulo de Santaella e Nöth, por uma belíssima mini-história da arte pictórica comentada.

Do pré-fotográfico à fotografia: a imagem *ex machina*

Como vimos, o *paradigma pré-fotográfico* da imagem "estática" se caracteriza por ser um processo de criação artesanal da imagem, em que o/a pintor/a usa as "habilidades da mão e do corpo" para dar "expressão à visão". Para discuti-lo e defini-lo, os autores utilizarão, como dizem, um "critério materialista":

> [...] trata-se, antes de tudo, de determinar o modo como as imagens são materialmente produzidas, com que materiais, instrumentos, técnicas, meios e mídias. É nos seus modos de produção que estão também pressupostos os papéis desempenhados pelos agentes da produção, trazendo, ademais, consequências para os modos como as imagens são armazenadas e transmitidas. Uma vez que nenhum processo de signo pode dispensar a existência de meios de produção, armazenamento e transmissão, pois são esses meios que tornam possível a existência mesma dos signos, o exame desses meios parece ser um ponto de partida imprescindível para a compreensão das implicações mais propriamente semióticas das imagens,

39 *Idem*, p. 159.

quer dizer, das características que elas têm em si mesmas, na sua natureza interna, dos tipos de relações que elas estabelecem com o mundo, ou objetos nelas representados, e dos tipos de recepção que estão aptas a produzir.[40]

Assim, as imagens "estáticas" pré-fotográficas (desenho, pintura, gravura, escultura) – dos desenhos de caverna ao abstracionismo em pintura – são definidas como a expressão da visão do artista – e discutiremos a variabilidade que, ao longo da história da pintura, assumiu essa visão –, por meio de instrumentos (pincéis, espátulas, tintas) que são extensões da mão do/a pintor/a, ela mesma um instrumento, sobre um suporte material (parede, tela, painéis). Tais imagens têm por característica serem únicas e irrepetíveis (a tela original, autêntica) e perecíveis (um dos principais problemas encontrados na obra de arte pictórica é sua conservação e preservação; uma vez perdida, roubada – como se viu na Segunda Guerra Mundial – ou danificada, é uma obra irrecuperável e irreponível).

Como obra única e perecível, a imagem tem de ser armazenada em lugares seguros, de acesso controlado e para poucos/as, por exigirem, quase sempre, deslocamentos do apreciador e pagamentos de acesso, como museus, galerias, templos. Sua reprodução é proibida por um longo período histórico, por questões de direitos de autoria.

Do ponto de vista do/a artista-pintor/a, do/a autor/a-criador/a – ou, como dizem os autores, do papel do/a agente produtor/a –, este deixa "a marca de seu gesto" no suporte, gesto esse que é qualificado como "idílico" e que é resultado do que os autores chamam de "a visão ou o olhar do autor: o pintor pousou seu olhar sobre o mundo, dando forma a esse olhar num gesto irrepetível".[41] Isso é que torna a obra rara, autêntica, autoral, irrepetível, "monádica", dotada de "aura", como diria Benjamin.[42] E é o que faz do autor-criador um demiurgo, para Platão, "o artesão divino ou o princípio organizador do universo que, sem criar de fato a realidade, modela e organiza a matéria caótica pré-existente através da imitação de modelos eternos e perfeitos",[43] visão que ecoa no conceito de "aura" de Benjamin. E essa visão idílica, demiurga, aural

40 *Idem*, p. 162.

41 *Idem*, p. 164.

42 Benjamin, 1969.

43 Houaiss & Villar, 2001, p. 935.

da obra é que exige de quem a aprecia contemplação, uma certa visão distanciada, nostálgica.

Ainda segundo os autores, a obra em si ou a "natureza da imagem" nesse caso é a de uma "imagem-espelho", que copia uma aparência imaginarizada, mimética, que figura por imitação seja do visível ou do invisível.

Mas é claro que uma visão tão sumarizada e a traços largos do que seja a pintura é logo em seguida desconstruída e relativizada pela discussão que os autores fazem da história da pintura. E neste momento é que os conceitos bakhtinianos de *forma arquitetônica* e de *forma composicional* poderão iluminar a análise, já que o exposto até aqui é apenas uma das arquitetônicas possíveis, talvez a predominante no período clássico da pintura figurativa, subsidiada por reis e burgueses, que determinava certas formas de composição, exposição e consumo; mas não é a única.

Ao tratarem da história da pintura e das "gradações das mudanças"[44] de um paradigma a outro, os autores vão aprofundar e relativizar as descrições esquemáticas de cada um deles.

Segundo os autores:

> Do século XV ao século XIX, pinturas, gravuras e esculturas, de um modo geral, "representavam o mundo, real ou imaginário, como consistindo em figuras distintas, bem definidas e reconhecíveis em um espaço tridimensional ampliado". Entretanto, já no início do século XX, no mesmo momento em que a física moderna estava abalando os alicerces do modelo newtoniano, as artes também já haviam abandonado as estruturas de espaço e tempo, de movimento e ordem dos modelos visuais legados pela tradição. [...] Tal ruptura foi fruto daquilo que veio a ser chamado de "opção analítica na arte moderna" (Menna, 1977), desde que Cézanne começou a procurar as estruturas espaciais essenciais que estavam subjacentes às impressões visuais sempre mutáveis. Partindo da diversidade existente entre a bidimensionalidade da superfície pictórica e a tridimensionalidade do real, sem renunciar à representação, Cézanne buscou a autonomia estrutural da linguagem pictórica. Assim, o quadro passou a apresentar uma coerência interna, independente da reprodução das coisas. Estas começaram a ser representadas com cores e figuras que adquiriram uma verdade puramente pictórica (*ibid.*: 24-25).[45]

44 Santaella & Nöth, 2014, p. 175.

45 *Idem*, p. 180.

E do divisionismo de Seurat ao abstracionismo de Kandinsky, passando por cubismo – "primeira ruptura total com as tradições da Renascença na pintura ocidental"[46] –, surrealismo, dadaísmo, construtivismo, *De Stijl*, expressionismo abstrato, *pop art*, podemos verificar "a tendência analítica da arte moderna rumo à abolição do figurativo e à ruptura com a denotação referencialista [que] foi um processo gradativo mas crescente, de que não se isolou nem mesmo o hiper-realismo".[47] No entanto, para os autores, "é com *De Stijl* [Mondrian], entretanto, que a opção analítica assumiu suas proporções mais radicais, quando a obra de arte se estrutura a partir da redução da infinita variedade do universo visível a um número finito de elementos invariantes".[48]

Das pinturas de caverna à paleta de Narmer (3000 a.C.), do século XV ao XVIII, o figurativismo reina absoluto nas "imagens estáticas"[49] pictográficas pré-fotográficas. E não por quaisquer razões. A axiologia subjacente às formas arquitetônicas valorizadas ao longo de todos esses séculos diz respeito à emanação da VALORAÇÃO positiva do poder dominante: dos faraós à Igreja Católica, dos reis aos doges de Veneza, as apreciações de valor éticas e estéticas foram, durante longos séculos, ditadas pelos poderes religiosos e laicos.

No quadro, podemos apreciar três momentos em que a forma arquitetônica ditada por esses poderes se materializa em imagem pictórica, nos séculos XVI, XVII e XVIII. Essa forma arquitetônica abrange não somente a valorização do figurativismo, mas também o posicionamento inferior tanto do/a pintor/a como do/a apreciador/a em relação às poderosas figuras representadas: poderes divinos, no caso do teto da Capela Sistina, pintado por Michelangelo no século XVI – na imagem, o fragmento *A Criação de Adão* –, e poderes laicos dos reis e governantes – como os doges de Veneza, ou o rei Felipe IV de Espanha –, ambos representados nas pinturas de Velázquez e Tiepolo, respectivamente dos séculos XVII e XVIII.

A forma de composição da figura, tanto no afresco de Michelangelo quanto na pintura de Tiepolo, reflete a subalternidade e a submissão

46 *Ibidem.*

47 *Idem*, p. 182.

48 *Ibidem.*

49 Utilizo "imagens estáticas" entre aspas por filiar-me a uma compreensão de que imagens constroem sempre movimentos figurados.

Imagens 6, 7 e 8. Pinturas dos séculos XVI, XVII e XVIII

Fonte: Wikipédia.

ao poder (religioso ou laico), adotando, por exemplo, um ângulo de figuração semelhante ao que chamamos hoje de *contra-plongée* nas tomadas cinematográficas, ângulo esse que coloca tanto o/a artista como o/a apreciador/a em plano subalterno ao da figura representada na imagem, que se torna, então, superior. Não é de estranhar a posição subalterna dos artistas, já que sempre foram esses poderes imperiais – religiosos e laicos – que mantiveram esses artistas, contratando seus serviços. São as vozes da arquitetônica das obras que se materializam em sua forma de composição.

Velázquez, entretanto, transgride a relação de subalternidade, de várias maneiras, em *Las meninas*. E o faz porque a sua situação de produção das pinturas era efetivamente menos subalterna: não só sua família era pertencente à pequena fidalguia da cidade de Sevilha, como, em 1623, foi nomeado pintor oficial da corte, dessa maneira passando a integrá-la; em 1643, Velázquez assumiu um cargo administrativo na corte; em 1651, foi encarregado da decoração de todos os palácios reais; e, em 1659, adquiriu o título de Cavaleiro da Ordem de Santiago. Pintou *Las meninas* em 1656, e o quadro reflete, em várias escolhas da forma de composição, a intimidade que tinha com a corte: a escolha de representar a infanta e não o rei e a rainha; o ângulo frontal, colocando todos em quase igualdade de posição; o pintor se autorretrata e se inclui no quadro em posição quase central (2º plano); se alguma figura é minimizada na imagem são justamente o rei Felipe e a rainha, apenas pequenas figuras refletidas no espelho no plano de fundo. Segundo a Wikipédia:

> A pintura mostra um grande aposento no *Real Alcázar* de Madrid durante o reinado do rei Filipe IV da Espanha, mostrando várias figuras da corte espanhola contemporânea representadas, de acordo com alguns analistas, em um momento específico, como se em uma fotografia. Algumas olham para fora do quadro em direção ao observador, enquanto outras interagem entre si. A jovem infanta Margarida Teresa está cercada por um séquito de damas de companhia, *chaperone*, guarda-costa, dois anões e um cachorro. Pouco atrás deles está o próprio Velázquez, que se representa trabalhando em uma grande tela. O artista olha para longe, além do espaço pictórico, onde o observador da pintura estaria. Ao fundo está um espelho que reflete o rei Filipe e a rainha Maria Ana. Eles parecem estar colocados fora do espaço da pintura, em uma posição similar à do observador.[50]

O figurativismo, embora ainda em voga, já começa a se afastar, em alguma medida, da fidelidade ao objeto estético. Ao imprimir movimento em imagens "estáticas", não se compromete com as regras de perspectiva clássica. Observemos o dinamismo construído pelo jogo de olhares em *Las meninas* e pelo movimento de corpos e roupas das outras duas telas. Com Velázquez, vemos linhas que se cruzam, dirigindo a atenção

---

50 Wikipédia, "As Meninas (Velázquez)".

do/a observador/a para diversos pontos do ambiente, encaminhando o olhar para múltiplas direções. Já em Michelangelo e Tiepolo, os eixos sinuosos que compõem o corpo de Adão, o manto e as roupas do Senhor (retorcidas ao vento), e as ondulações no panejamento do doge constituem uma pluralidade axial sugerida pelo ritmo das partes corporais, simultaneamente morosas e inquietas. Apesar dessas transgressões, o figurativismo somente começa a perder força em meados do século XIX, com a arte considerada contemporânea e os movimentos impressionista, expressionista e, depois, já no início do século XX, com o cubismo. Mudam as arquitetônicas e, decorrentemente, as formas de composição.

No impressionismo, escola que deriva seu nome do quadro *Impressão, nascer do Sol* (1872), de Claude Monet, o foco se desloca do realismo para a luz e o movimento. Nesse período, já está em andamento a crise da representação e da tradição mimético-figurativa. O sujeito observador e suas impressões passam a ser centrais na produção artística.

Diz a Wikipédia[51] que os princípios que caracterizam uma pintura impressionista são:

- a pintura deve mostrar os pontos que os objetos adquirem ao refletir a luz do corpo num determinado momento, pois as cores da natureza mudam todo dia, dependendo da incidência da luz do Sol;
- é também, com isso, uma pintura instantânea (captação do momento), recorrendo, inclusivamente, à fotografia;
- as figuras não devem ter contornos nítidos, pois o desenho deixa de ser o principal meio estrutural do quadro, passando a ser a mancha/cor;
- as sombras devem ser luminosas e coloridas, tal como é a impressão visual que nos causam; o preto jamais é usado em uma obra impressionista plena;
- os contrastes de luz e sombra devem ser obtidos de acordo com a lei das cores complementares; assim, um amarelo próximo a um violeta produz um efeito mais real do que um claro-escuro, muito utilizado pelos academicistas no passado; essa orientação viria a dar mais tarde origem ao pontilhismo;

---

51 *Idem*, "Impressionismo".

- as cores e as tonalidades não devem ser obtidas pela mistura de pigmentos; pelo contrário, devem ser puras e dissociadas no quadro em pequenas pinceladas; é o observador que, ao admirar a pintura, combina as várias cores, obtendo o resultado final; a mistura deixa, portanto, de ser técnica para se tornar óptica;
- preferência dos pintores em representar uma natureza morta a um objeto;
- valorização de decomposição das cores.

O que se nota no elenco de propriedades anterior são aspectos da forma de composição dos quadros, que se devem a apreciações de valor e vozes presentes na forma arquitetônica. Ainda segundo a Wikipédia,[52] os pintores impressionistas:

- rompem completamente com o passado;
- iniciam pesquisas sobre a óptica e os efeitos (ilusões) ópticos;
- são contra a cultura tradicional;
- pertencem a um grupo individualizado;
- falam de arte, sociedade etc.: não concordam com as mesmas coisas, porém discordam do mesmo;
- vão pintar para o exterior, algo mais conveniente com a evolução da indústria, nomeadamente, telas com mais formatos, tubos com as tintas, entre outras coisas.

Esses são elementos axiológicos que integram a visão de mundo impressionista.

Já o expressionismo, movimento posterior surgido na Alemanha no início do século XX, vai defender a "expressão" contra a "impressão". Já não se pinta mais o que se vê na impressão dos sentidos, mas exprime-se uma visão interior própria, uma apreciação de valor. Diz Kasimir Edschmid, no Manifesto Expressionista:

> Assim o universo total do artista expressionista torna-se visão. Ele não vê, mas percebe. Ele não descreve, acumula vivências. Ele não reproduz, ele estrutura. Ele não colhe, ele procura. Agora não existe mais a cadeia de fatos:

52 *Idem.*

> fábricas, casas, doenças, prostitutas, gritaria e fome. Agora existe a visão disso. O fato tem significado somente até o ponto em que a mão do artista o atravessa para agarrar o que se encontra além deles. Esse tipo de expressão não é alemão nem francês. Ele é supranacional. Ele não é somente assunto da arte. É exigência do espírito. Não é um programa de estilo. É uma exigência da alma. Uma coisa da humanidade.[53]

Modifica-se, pois, o sistema de valores éticos e estéticos (forma arquitetônica) que regem a produção da obra, o que, é claro, terá impacto nas formas de composição das telas. Podemos verificar esses impactos nas seguintes imagens, das obras de Van Gogh, Münch, Klimt e Modigliani.

Já o cubismo, também no início do século XX, liderado por Picasso e Braque, retira-se de vez da figuração do real – seja impressionista ou expressionista –, introduzindo a análise geométrica nas pinturas:

> O cubismo tratava as formas da natureza por meio de figuras geométricas, representando as partes de um objeto no mesmo plano. A representação do mundo passava a não ter nenhum compromisso com a aparência real das coisas. [...] O pintor cubista tenta representar os objetos em três dimensões, numa superfície plana, sob formas geométricas, com o predomínio de linhas retas. Não representa, mas sugere a estrutura dos corpos ou objetos. Representa-os como se se movimentasse em torno deles, vendo-os sob todos os ângulos visuais, por cima e por baixo, percebendo todos os planos e volumes.[54]

Tratava-se de quebrar a imagem real em formas geométricas (especialmente cubos e triângulos) para representar, de uma nova maneira, a existência de numerosos pontos de vista para uma mesma realidade. Essa é uma forma arquitetônica que parte da polifonia e do dialogismo, ao considerar que uma imagem é sempre observada desde diferentes pontos de vista (excedente de visão), por ser tridimensional.

Contemporâneo do cubismo, mas em outro contexto cultural e com outros princípios éticos e estéticos, quase opostos, também o abstracionismo de Kandinsky é testemunha desse processo histórico de viragem da imagem estática pictórica, correspondendo a posicionamentos axiológicos e formas arquitetônicas bastante diversos entre si, acarretando,

---

53 Edschmid, 2010 [1918] *apud* Teles, 1986, p. 111.

54 Wikipédia, "Cubismo".

Imagens 9-16. Pinturas do impressionismo, expressionismo e cubismo

Cézanne e Monet

Van Gogh, Munch, Klimt e Modigliani

Picasso e Braque

Fonte: Wikipédia.

portanto, novas formas de composição na pintura. Em 1908, o russo Kandinsky começa, em Munique, uma transformação: troca o elemento figurativo pela abstração pura.

Sua primeira "sinfonia visual" foi mais pela busca do geométrico do que por uma linha figurativa. A sua procura pelo elemento não figurativo iniciou quando não reconheceu sua própria obra – figurativa – que estava de cabeça para baixo, vendo nela uma bela obra. Sua busca foi solidária e dialogou profundamente com aquela de Schönberg expressa no dodecafonismo e na reestruturação da música no início do século XX.

Kandinsky, como os cubistas, também buscou a tradução geométrica da figura, como se pode ver em sua obra de teorização de 1926 *Ponto e linha sobre plano.* Nela está expressa essa refração de sentido pelo geométrico, absolutamente distante da figuração, a que chamamos abstracionismo, e deriva, por exemplo, da seguinte apreciação de valor (forma arquitetônica): "Belo é o que brota da necessidade anímica anterior, belo é o que é interiormente belo".[55]

Nesse caminho da mimesis à abstração, podemos perceber artistas não mais atraídos/as pelo espelhamento estético de uma realidade sensível. A imitação, como valor, cede lugar à livre imaginação de formas e cores, desvinculada de um compromisso com um "real". Podemos constatar também que todas essas mudanças nas formas arquitetônicas e, por decorrência, nas composições e nos efeitos de sentido dos quadros têm também a ver com o surgimento da *fotografia* e das inovações técnicas que introduz.

A fotografia, nascida em 1826, impacta imediatamente a pintura, pois, se um processo físico-químico qualquer passa a poder criar imagens realistas, por que continuar a pintar figurativamente? Segundo Santos,

> [...] o crítico de cinema André Bazin foi atrás do mesmo fenômeno ao discutir em "Ontologie de l'image photographique" (2002, p. 9) aquilo que é próprio dela e o que a diferencia da pintura. O ensaio, escrito originalmente em 1945 e publicado em *Problèmes de la peinture*, coloca a fotografia como o "acontecimento mais importante da história das artes plásticas" ao liberar a pintura de uma necessidade fundamental da psicologia humana de vencer o tempo e a morte através da duplicação do ser com a imagem. O argumento de Bazin é conhecido: a perspectiva é que foi o pecado original

55 Kandinsky, 2012, p. 104.

Imagem 17. *Punto, línea y plano*

Fonte: Disponível em <https://www.youtube.com/watch?v=H7WDD5Vh7pc>. Acesso em 24/2/2019.

da pintura que, desde o Renascimento, era corroída por uma necessidade de ilusão que nem estética era e sim, psicológica. Os redentores desse pecado original, segundo Bazin, foram Niépce e Lumière na medida em que a fotografia e o cinema satisfazem plenamente essa "obsessão pela semelhança", liberando a pintura para trabalhar com um "objeto puro", com sua "própria" bidimensionalidade.[56]

Segundo Santaella e Nöth, o paradigma fotográfico da imagem "inaugurou a automatização na produção de imagens por meio de máquinas, ou melhor, de próteses óticas" e é, pois, caracterizado pelos "processos automáticos de captação da imagem".[57] A máquina (mecânica), uma ferramenta, imiscui-se entre o autor-criador e a obra, modificando a situação de produção.

Por meio de processos automáticos de captação da imagem, a máquina que aqui se integra, por um lado, é extensão da visão do/a autor/a e, por outro, a limita: como sua ferramenta material tem o caráter de "prótese ótica", limita e delimita as "técnicas óticas de formação da imagem", criando um processo diádico de interação autor/máquina (e suas

56 Santos, 2008.

57 Santaella & Nöth, 2014, p. 167.

propiciações), que, ao mesmo tempo, limita/determina as possibilidades da imagem, mas cria outras potencialidades de sua captura.

> Enquanto o criador das imagens artesanais deve ter como habilidade fundamental a imaginação para a figuração, [...] o agente no paradigma fotográfico necessita de capacidade perceptiva e prontidão para reagir. [...] Enquanto as imagens artesanais resultam de um gesto idílico, fruto de uma simpatia ou de seu oposto, a agressividade, em relação ao mundo, as imagens fotográficas decorrem de uma espécie de rapto, captura, roubo do real. [...] O que se plasma na pintura é o olhar de um sujeito. O que a foto registra, por seu lado, é a complementaridade ou conflito entre o olho da câmera e o ponto de vista de um sujeito. [...] Se o pintor é uma espécie de demiurgo, sujeito criador e centralizado, o fotógrafo é um *voyeur*, sujeito pulsional, caçador e seletor, deslocado e movente. [...] O pintor dá corpo ao pensamento figurado; o fotógrafo, ao pensamento performático, decisório, enquanto o programador representa o pensamento lógico e experimental.[58]

Por outro lado, por meio de seus instrumentos mecânicos e de sua fixação química em papel na revelação, a fotografia não se insere na ordem da unicidade, como a pintura, mas sim, como diria Benjamin, na ordem da "reprodutibilidade técnica", perdendo com isso sua "aura", segundo o autor. Típica da era da comunicação de massas, é índice: um duplo, uma emanação, uma metonímia.

No entanto, isso não quer dizer que ela seja sempre realista e documental e que não possa se erigir em arte, como testemunha, no Brasil, a obra de Sebastião Salgado. Ela pode ser tanto documental como artística: nos dois casos é preciso a acuidade do olhar do/a fotógrafo/a via máquina/lentes, seja – no universo jornalístico – para captar com maestria o instante fugaz de que se faz depoimento, seja para ecoar sentidos e apreciações de valor estético, no campo da arte.

A maior parte da história da fotografia disponível discute os aprimoramentos técnicos da fotografia. Poucos são os trabalhos que a discutem como signo, como linguagem, e mais ínfimo ainda é o número de trabalhos que a discute como arte. No início do século XX, Marcel Duchamp estabelece em sua obra um forte diálogo com a fotografia, com seus *ready-made*, como *La mariée mise à nu par ses célibataires, même*

---

58 *Idem*, p. 175.

Imagem 18. *La mariée mise à nu par ses célibataires, même*

Fonte: Duchamp, 1915-1923.

(1915-1923) ou *O grande vidro*: duas lâminas de vidro, uma sobre a outra, onde se vê uma figura abstrata na parte de cima, que seria a noiva, e na parte de baixo uma porção de outras figuras (feitas de cabides, tecido e outros materiais), dispostas em círculo, ao lado de uma engrenagem (retirada de um moinho de café).

Krauss afirma: "poderíamos dizer que Duchamp repudiou o cubismo para desposar a fotografia".[59] Se o mundo já está estruturado pela dominação das formas visuais, particularmente pela fotografia, por que não incorporar em seu trabalho a linguagem fotográfica?

E esse diálogo explode na segunda metade do século XX, nos anos 1960, com a *pop art*. Fabris nota que:

---

[59] Krauss, 2002, p. 15.

Imagem 19. *Colecionador de arte da Califórnia*

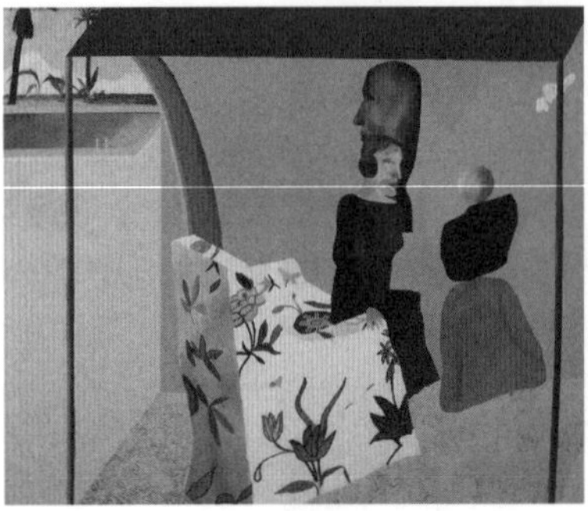

Fonte: Hockney, 1964.

Na primeira viagem à Califórnia, realizada em fins de 1963, Hockney começa a configurar um novo léxico pictórico. Em *Colecionador de arte da Califórnia* (1964), a figura é representada numa varanda, um espaço definido por duas superfícies planas nas cores rosa e azul, que empurram a cena para a margem inferior do quadro. Esse espaço totalmente ilusório abriga um tema que não se baseia em nenhuma observação da realidade. O único elemento real é a piscina, derivada de um anúncio publicitário publicado no *Los Angeles Times*.[60]

Já Hockney ele mesmo declara a respeito de *A bigger splash* (*O grande esguicho*), cuja imagem central é derivada parcialmente de uma fotografia, enquanto a estrutura do fundo se baseia em desenhos de observação:

> Levei duas semanas para pintar um acontecimento que dura dois segundos. [...] Todo mundo sabe que um jato de água não pode ser parado no tempo, não existe; por isso, quando é visto na pintura é ainda mais impressionante do que na fotografia [...]. Na realidade, se o jato de água é bem discernível, é claro que foi tomado num sexagésimo de segundo, um tempo inferior àquele em que o jato existiu de fato.[61]

Do fotográfico ao pós-fotográfico: do tratamento digital das imagens

Reza a *Wikipédia*:

> Uma imagem digital é a representação de uma imagem bidimensional usando números binários codificados de modo a permitir seu armazenamento, transferência, impressão ou reprodução, e seu processamento por meios eletrônicos. Há dois tipos fundamentais de imagem digital. Uma é do tipo rastreio (*raster*) e outra do tipo vetorial. Uma imagem digital do tipo *raster*, ou *bitmap*, ou ainda matricial, é aquela que em algum momento apresenta

60 Fabris, 2009, p. 100.

61 *Idem*, p. 101 *apud* Panicelli, 1983.

Imagem 20. *A bigger splash*

Fonte: Hockney, 1967.

uma correspondência bit-a-bit entre os pontos da imagem *raster* e os pontos da imagem reproduzida na tela de um monitor. A imagem vetorial não é reproduzida necessariamente por aproximação de pontos, antes era destinada a ser reproduzida por *plotters* de traçagem que reproduziam a imagem por deslocamento de canetas-tinteiro. Tipicamente, as imagens *raster* são imagens fotográficas e as imagens vetoriais são desenhos técnicos de engenharia. Os quadrinhos ilustrados se assemelham em qualidade a imagens *raster*, mas são impressos em *plotters* que passaram a imprimir à maneira das impressoras comuns por jato de tinta.[62]

Pois, a um dado momento, foi possível digitalizar as imagens e analisá-las em *pixels*, para transformá-las em códigos capazes de reproduzi-las. E isso foi, sem dúvida, uma revolução.

Para Santaella e Nöth,[63] diferentemente do pré-fotográfico e do fotográfico, já não é mais o olhar e o gesto do/a artista sobre um suporte e nem o rapto da imagem por um obturador mecânico acionado pelo olho-gesto do/a fotógrafo/a que criam e definem a imagem no pós-fotográfico. É uma matriz numérica gerada por programas de computador que se valem de processos lógico-matemáticos para criar a imagem em *pixels* na tela do dispositivo digital (computador, celular, *tablet*). Não mais uma tecnologia perecível, nem reprodutível, mas uma tecnologia do *disponível*. Cabe ao/à programador/a visualizar o modelizável e simular o modelo por variações de parâmetro, num processo virtual de simulação.

Segundo os autores:[64]

> Antes de ser uma imagem visualizável, a imagem infográfica é uma realidade numérica que só pode aparecer sob forma visual na tela de vídeo porque

62 Wikipédia, "Imagem digital".

63 Santaella & Nöth, 2014.

64 *Idem*, p. 171.

> esta é composta de pequenos fragmentos discretos ou pontos elementares chamados *pixels*, cada um deles correspondendo a valores numéricos que permitem ao computador dar a eles uma posição precisa no espaço bidimensional da tela no interior de um sistema de coordenadas geralmente cartesianas. A essas coordenadas se juntam coordenadas cromáticas. Os valores numéricos fazem de cada fragmento um elemento inteiramente descontínuo e quantificado, distinto dos outros elementos, sobre o qual se exerce um controle total. Partindo de uma matriz de números contida dentro da memória de um computador, a imagem pode ser integralmente sintetizada, programando o computador e fazendo-o calcular a matriz de valores que define cada *pixel*. O *pixel* é localizável, controlável e modificável por estar ligado à matriz de valores numéricos. Essa matriz é totalmente penetrável e disponível, podendo ser retrabalhada, do que decorre que a imagem numérica é uma imagem em perpétua metamorfose, oscilando entre a imagem que se atualiza no vídeo e a imagem virtual ou conjunto infinito de imagens potenciais calculáveis pelo computador.

Ainda segundo os autores, o cubismo e o abstracionismo preparam caminho "para uma arte conceitual em lugar de uma arte visual".[65]

> Ora, as premissas matemáticas e a busca de formalização, cada vez mais rigorosas, que conduziram os trabalhos desses artistas, longe de terem sido fruto de arbitrárias fantasias da criação, ao contrário, funcionam hoje como verdadeiras antevisões do modo como a linguagem visual passou a ser produzida nos processos de síntese do computador, até o ponto de se poder afirmar que aqueles artistas estiveram preparando o terreno e a sensibilidade dos receptores para o advento da infografia, das imagens de síntese.[66]

Mas os autores estão escrevendo no final da década de 1990, e podemos acrescentar hoje outras maneiras de produzir imagens estáticas digitais, além de programas e algoritmos.

O Museu de Arte Digital[67] divide seu acervo em três fases – os pioneiros, a era *paintbox* e a era multimídia –, que são apresentadas da seguinte maneira:

- Fase 1: 1956-1986 – Os Pioneiros

Inclui os pioneiros da arte digital, alguns dos quais não eram principalmente artistas, mas cujas explorações visuais foram cruciais

65 *Idem*, p. 187.

66 *Idem*, p. 188.

67 Digital Art Museum, s/d.

para o *medium* emergente. A escrita de programas de computador foi central para a maioria dos trabalhos durante esse período.

- Fase 2: 1986-1996 – A Era *Paintbox*

Nesse período, tornam-se disponíveis os *softwares* de arte (lentamente no início), atraindo artistas que podiam criar obras sem programar. O principal *software* que emergiu nesse período foi o programa Paint, suportado por computadores e dispositivos acessíveis tais como o escâner e os gravadores de filme.

- Fase 3: 1996-2006 – A Era Multimídia

Com o crescimento da disponibilidade de tecnologias de interatividade e de acesso à internet, podemos ver tanto a democratização do *medium* como novas formas de arte interativa e *online*.

Nessa divisão histórica, a discussão feita por Santaella e Nöth[68] refere-se somente à Fase 1, a dos pioneiros.

Em um passeio pelo Museu de Arte Digital, o que podemos constatar é que *pixels*, fotos e efeitos gráficos cada vez menos se distinguem nas obras e que passamos de uma fase *hardware* (Fase 1 do Museu) – em que programadores/as de computador geram imagens por meio de linguagens computacionais, tal como descrito por Santaella e Nöth – para um momento *software* (fases 2 e 3) – em que diferentes *softwares* de computação gráfica (como Paintbrush, Photoshop etc.) e, mais recentemente, *apps* para tecnologia móvel (como Draw free ou Sketch lover) permitem desenhar a mão livre de forma combinada com a apropriação de imagens digitais preexistentes, sua edição e a aplicação de diversos tipos de filtros.

O que Andy Warhol fazia com dificuldade, nos anos 1980, em um computador Amiga, podemos hoje fazer em segundos, no celular, seja para produzir imagem com estilo em um *app* como Prisma ou Style, que oferecem diversos estilos de pintura (impressionista, modernista, pontilhista), seja para modificar fotos através de filtros:

68 Santaella & Nöth, 2014.

Imagem 21. Filtros do Prisma/Style

Fonte: autoria própria.

Ou de brincadeira com os/as amigos/as em uma ferramenta de bate--papo, ou por realidade aumentada em fotos como as do Snapchat:

Imagem 22. Filtro do Snapchat

Fonte: autoria própria.

E tudo isso com *softwares* de edição de imagens que não exigem do/a usuário/a nenhum conhecimento metamídia (programação), apenas um conhecimento multimídia ou hipermídia. O aparato técnico-digital, tal como um *deus ex machina*, participa da criação da forma composicional.

Segundo Manovich,[69] atualmente, a fotografia pode ser entendida, de certa forma, como "matéria-prima": elemento gráfico facilmente

---

69 Manovich, 2006.

recortável, manipulável, recombinável e distribuível nas redes sociais. Tais práticas digitais de produção e disseminação desvinculam a produção estética da representação e da ideia de um único autor-criador, que passa a partilhar a ação artística com programas computacionais e aplicativos para celulares. Além disso, privilegiam um outro regime de visualidade, que encontra na (re)articulação de múltiplos recursos semióticos e nas possibilidades de rápida circulação sua aposta criativa. De acordo com uma abordagem bakhtiniana, processos dessa natureza são inseparáveis de uma dimensão axiológica. Assim, o que nos cabe investigar são os valores éticos-estéticos que regem essa forma arquitetônica contemporânea.

Referências

BAKHTIN, M. M. "The problem of the content, the material, and the form". Trad. Kenneth Brostrom. *In*: HOLQUIST, M. & LIAPUNOV, V. (ed.). *Art and answerability: early philosophical essays by M. M. Bakhtin*. Trad. Vadim Liapunov. Texas, University of Texas Press, 1990.

______. "O discurso no romance". *Questões de literatura e de estética. A teoria do romance*. São Paulo, Editora Unesp/Hucitec, 2002 [1988].

______. "O autor e a personagem na atividade estética". *Estética da criação verbal*. São Paulo, Martins Fontes, 2003 [1979].

______. *Problemas da poética de Dostoiévski*. Rio de Janeiro, Forense-Universitária, 2008 [1981].

______. *Para uma filosofia do ato responsável*. Trad. Valdemir Miotello e Carlos Alberto Faraco. São Carlos, Pedro & João Editores, 2010 [1986].

BASQUIAT, J.-M. *Notary*. Schorr Family Collection; on long-term loan to the Princeton University Art Museum, 1983. Disponível em <http://obviousmag.org/archives/2010/04/jean-michel_basquiat.html>. Acesso em 21/2/2017.

BENJAMIN, W. "The work of art in the age of mechanical reproduction". Trad. Harry Zohn. *In*: ARENDT, H. *Illuminations*. New York, Schocken Books, 1969.

BRASIL. *Orientações curriculares para o ensino médio*, vol. 1: *Linguagens, códigos e suas tecnologias*. Brasília, Secretaria de Educação Básica/Ministério da Educação, 2006.

DIGITAL ART MUSEUM. Disponível em <http://digitalartmuseum.org/intro.html>. Acesso em 24/2/2019.

DUCHAMP, M. *La mariée mise à nu par ses célibataires, même*. Philadelphia Museum of Art, Collection Louise et Walter Arensberg, 1915-1923. Disponível em <http://www.educacaopublica.rj.gov.br/cultura/artes/0026.html>. Acesso em 24/3/2017.

EDSCHMID, K. *Über den Expressionismus in der Literatur und die neue Dichtung*. Germany, The Project Gutenberg Ebook, 2010 [1918].

FABRIS, A. "Diálogos entre imagens: fotografia e pintura na pop art britânica (III)". *Revista Porto Arte*, 16 (27): 99-118, 2009.

FARACO, C. A. "Aspectos do pensamento estético de Bakhtin e seus pares". *Letras de Hoje*, Porto Alegre, 46 (1): 21-26, 2011.

HOCKNEY, D. *Colecionador de arte da Califórnia*. New York, Private collection, 1964. Disponível em <https://br.pinterest.com/pin/91268329925202777/>. Acesso em 23/3/2017.

______. *A bigger splash*. Tate, 1967. Disponível em <http://www.tate.org.uk/art/artworks/hockney-a-bigger-splash-t03254>. Acesso em 24/3/2017.

HOUAISS, A. & VILLAR, M. S. *Dicionário Houaiss da língua portuguesa*. Rio de Janeiro, Objetiva, 2001.

KANDINSKY, W. *Ponto e linha sobre plano*. 2. ed. São Paulo, Martins Fontes, 2012 [1926].

KRAUSS, R. *O fotográfico*. São Paulo, Gustavo Gili, 2002 [1990].

KRESS, G. & VAN LEEUWEN, T. *Reading images: the grammar of visual design*. 2. ed. London/New York, Routledge, 2006 [1996].

KUHN, T. S. *The structure of scientific revolutions*. Chicago, Chicago University Press, 1970 [1962].

LEMKE, J. "Letramento metamidiático: transformando significados e mídias". *Trabalhos em Linguística Aplicada*, 49 (2): 455-479, 2010 [1998].

______. "Tipologia, topologia, topografia: a semântica dos gêneros". Trad. Hans Peter Wieser. *Revista de Letras*, 1/2 (31): 138-152, 2012.

MANOVICH, L. "Import/Export: design workflow and contemporary aesthetics", 2006. Disponível em <http://manovich.net/index.php/projects/import-export>. Acesso em 5/12/2018.

MEDVIÉDEV, P. V. *O método formal nos estudos literários: introdução crítica a uma poética sociológica*. Trad. Ekaterina Vólkova Américo e Sheila Camargo Grillo. São Paulo, Contexto, 2012 [1928].

MOITA LOPES, L. P. "Linguística aplicada e vida contemporânea: problematização dos construtos que têm orientado a pesquisa". *In*: MOITA LOPES, L. P. (org.). *Por uma linguística aplicada indisciplinar*. São Paulo, Parábola Editorial, 2006.

MOITA LOPES, L. P. (org.). *Por uma linguística aplicada indisciplinar.* São Paulo, Parábola Editorial, 2006.

MOITA LOPES, L. P. & ROJO, R. H. R. "Linguagens, códigos e suas tecnologias". *In*: BRASIL. *Orientações curriculares de ensino médio.* Brasília, Ministério da Educação/Secretaria de Educação Básica, 2004. Disponível em <http://portal.mec.gov.br/seb/arquivos/pdf/02Linguagens.pdf>. Acesso em 24/2/2019.

PANICELLI, I. *David Hockney fotografo.* Firenzi, Alinari, 1983.

SANTAELLA, L. "A sintaxe como eixo da matriz sonora". *Matrizes da linguagem e pensamento: sonora, visual, verbal.* São Paulo, Iluminuras, 2001.

______. *Culturas e artes do pós-humano: da cultura das mídias à cibercultura.* São Paulo, Paulus, 2003a.

______. "Da cultura das mídias à cibercultura: o advento do pós-humano". *Revista Famecos*, 10 (22): 23-32, 2003b.

______. *Linguagens líquidas na era da mobilidade.* São Paulo, Paulus, 2007.

______. *Comunicação ubíqua: repercussões na cultura e na educação.* São Paulo, Paulus, 2013.

SANTAELLA, L. & NÖTH, W. *Imagem: cognição, semiótica e mídia.* São Paulo, Iluminuras, 2014 [1997].

SANTOS, A. C. "Fotografia e pintura, a questão do realismo no século XIX". *Crítica Cultural*, 3 (2), 2008.

TELES, G. M. *Vanguarda europeia e modernismo brasileiro.* Petrópolis, Vozes, 1986.

VOLÓCHINOV, V. N. *Discurso na vida e discurso na arte (sobre poética sociológica).* Trad. Carlos Alberto Faraco e Cristóvão Tezza [para fins didáticos]. Versão da língua inglesa de I. R. Titunik a partir do original russo, 1926.

______. *Marxismo e filosofia da linguagem: problemas fundamentais do método sociológico na ciência da linguagem.* São Paulo, Hucitec, 2008 [1929].

WIKIPÉDIA. "As Meninas (Velázquez)". Disponível em <https://pt.wikipedia.org/wiki/As_Meninas_(Velázquez)>. Acesso em 24/2/2019.

______. "Impressionismo". Disponível em <https://pt.wikipedia.org/wiki/Impressionismo>. Acesso em 24/2/2019.

______. "Cubismo". Disponível em <https://pt.wikipedia.org/wiki/Cubismo>. Acesso em 24/2/2019.

______. "Imagem digital". Disponível em <https://pt.wikipedia.org/wiki/Imagem_digital>. Acesso em 24/2/2019.

WISNIK, J. M. *O som e o sentido: uma outra história das músicas.* 3. ed. São Paulo, Companhia das Letras, 2007 [1989].

Posfácio para Luiz Paulo

Pós

Antes era mais fácil – sim, porque era
mais difícil, havia mais em jogo,
e o tempo todo se jogava à vera.
Precisamente: mais difícil, logo

mais fácil. Porque sempre se sabia
de que lado se estava – havia lados,
então. E a certeza de que algum dia
tudo teria um significado.

E nós seríamos os responsáveis
por dar nomes aos bois. Havia bois
a nomear, então. Coisas palpáveis.
Tudo teria solução depois.

Chegou o tempo de depois? Digamos
que sim. E no entanto os nomes dados
não foram, nem um só, os que sonhamos.
Talvez porque sonhássemos errado,

talvez porque, enquanto alguns se davam
ao luxo de sonhar, outros, insones,
imunes, implacáveis, se entregavam
à tarefa prosaica de dar nomes

sem antes os sonhar. E, dia feito,
agora tudo é fácil. E por isso
difícil. Não, a coisa não tem jeito.
Nem nunca teve, aliás. Desde o início.

Paulo Henriques Britto, *Formas do nada*, poemas

Algo no poema de Paulo Henriques Britto alude a Luiz Paulo, tal como o percebo: sua seriedade, sua brincadeira, sua curiosidade, seu ceticismo e sua crítica. Trabalhamos e convivemos em um tempo antigo em "que sempre se sabia de que lado se estava" ou tínhamos "a certeza de que algum dia tudo teria um significado". Um tempo em que jogávamos "à vera".

Mas a filosofia e história implodiram logo essa unicidade de sentido. E mais ainda em Luiz Paulo, enquanto intelectual, portador de uma presença instigante, investida em um jogo de contrários e paradoxos, em um movimento constante de indagações sérias ou mais leves. Não se tratava de um jogo simples ou fútil. Não poderia ser assim com Luiz Paulo. Nesse jogo, combate-se o nomear de "coisas palpáveis". Nomeia-se a partir de postulados críticos, valorizando a importância de refletirmos sempre. Abrem-se perspectivas pluralistas. Questionam-se verdades essencialistas.

Luiz Paulo articulou um trabalho claro, sólido e consecutivo, e sempre sonhou caminhos. Um trabalho que imprime, sobretudo, transformações, que o complexo jogo de uma vida pública lhe trouxe, porque levou a sério. Ficou-me sempre gravada na memória a sua real paixão pela universidade pública e o seu eixo bem plantado (e irrigado) na Universidade Federal do Rio de Janeiro. Ganhamos todes!

Preciso, no entanto, discordar em alto e bom som do poeta no que tange à sua conclusão. Aqui não há espaço para pessimismo: na nossa disciplina, de uma Linguística Aplicada Indisciplinar, o nome sonhado por Luiz Paulo tornou claro o caminho, imprimindo roteiros abertos e participativos. E, mesmo que seja de uma maneira tortuosa ou paradoxal, ninguém sai impune dessa (in)disciplina!

Branca Telles Ribeiro,
agosto 2022

Sobre os/as autores/as

Ana Cecília Cossi Bizon, doutora em Linguística Aplicada pela Universidade Estadual de Campinas (Unicamp), atua no Departamento de Linguística Aplicada da mesma instituição como professora associada desde 2015. Seus interesses de pesquisa voltam-se especialmente à área de português-língua adicional em contextos de minorias, enfocando temas como formação de professores, internacionalização, territorializações e políticas de línguas e de inserção.

Alastair Pennycook é professor emérito de Língua, Sociedade e Educação na University of Technology em Sydney, Austrália. Atua como pesquisador no Center for Multilingualism and Society da Universidade de Oslo e é membro da Academia Australiana de Humanidades. Seu trabalho é internacionalmente reconhecido por suas contribuições à Linguística Aplicada crítica. Seu livro mais recente (em coautoria com Sinfree Makoni) é *Innovations and Challenges in Applied Linguistics from the Global South* (2019).

Ben Rampton é professor de Linguística Aplicada e Sociolinguística na King's College, em Londres, e desenvolve abordagens etnográficas para a análise interacional do discurso, mantendo diálogos interdisciplinares com a Antropologia, a Sociologia e os Estudos Culturais. Suas publicações versam sobre temas tão variados quanto multilinguismo urbano, juventude, cultura popular, etnia, classe, (in)securitização, entre outros. Seu livro mais recente é *Linguistic Practice in Changing Conditions* (2022).

Beth Brait é ensaísta, linguista e crítica literária, conhecida especialmente por seus estudos do discurso na perspectiva bakhtiniana. É doutora e livre-docente em Linguística pela Universidade de São Paulo (USP) e pós-doutora pela École des Hautes Études en Sciences Sociales. É autora de várias obras, entre elas *A personagem*, *Ironia em perspectiva polifônica*,

Literatura e outras linguagens, além de artigos e capítulos de livros, e organizadora de várias coletâneas sobre Bakhtin e o Círculo.

Branca Falabella Fabrício é professora associada da Universidade Federal do Rio de Janeiro (UFRJ), onde atua no Programa Interdisciplinar de Pós-Graduação em Linguística Aplicada (PIPGLA/UFRJ). Foi professora visitante na King's College, em Londres. Sua pesquisa mais recente focaliza trajetórias textuais e circulação de discursos em contextos *online--offline*. Suas publicações incluem a coletânea *Sociolinguística Interacional: perspectivas inspiradoras e desdobramentos contemporâneos* (2020).

Branca Telles Ribeiro é doutora em Linguística (Georgetown), com pós-doutorado no departamento de Psiquiatria (Harvard), professora adjunta aposentada (UFRJ) e *retired distinguished professor* (Lesley University, Boston). Coordenou o Projeto Integrado *Contexto e Coerência no Discurso Psicótico* (Ipub/UFRJ, 1995-2005). Investiga principalmente a comunicação médico/paciente, o discurso institucional e narrativas de gênero e identidade. É autora da obra *Coherence in Psychotic Discourse* (1994).

Célia M. Magalhães é professora titular em Estudos Linguísticos da Universidade Federal de Minas Gerais (UFMG). Seus interesses de pesquisa são a análise do discurso multimodal, a tradução intermodal e a tradução de textos literários, estudadas de uma perspectiva sociossemiótica. É autora de *Os Monstros e a questão racial na narrativa brasileira* (2003) e coautora de *Traduzir com autonomia: estratégias para o tradutor em formação* (2000).

Fabiana Biondo é professora da Universidade Federal de Mato Grosso do Sul (UFMS), onde atua no Programa de Pós-Graduação em Estudos de Linguagens (PPGEL), e doutora em Linguística Aplicada pela Universidade Estadual de Campinas (Unicamp), com estágio pós--doutoral na Universidade de São Paulo (USP). Coordena o grupo de pesquisa Linguagens e Feminismos: gênero, letramentos e identidades (Gelf). Seus estudos têm discutido letramentos hipermidiáticos/críticos; redes sociais; linguagens e identidade/subjetividades.

Inês Signorini é professora titular do Departamento de Linguística Aplicada do Instituto de Estudos da Linguagem da Universidade Estadual de Campinas (Unicamp). Tem trabalhos publicados em livros e artigos na área de Linguística Aplicada, principalmente sobre os seguintes temas: letramento, formação de professores, linguagem e identidade, linguagens e tecnologias, Linguística Aplicada e transdisciplinaridade. Seu livro mais recente é a coletânea *Language Practices of Cyberhate in Unfolding Global and Local Realities* (2023).

José Luiz Fiorin tem mestrado e doutorado em Linguística pela Universidade de São Paulo (USP). Fez pós-doutorado na École des Hautes Études en Sciences Sociales (Paris) e na Universidade de Bucareste. Fez livre-docência em Teoria e Análise do Texto na USP e atualmente é professor associado do Departamento de Linguística da FFLCH, na mesma universidade. Além de muitos artigos em revistas especializadas e capítulos de livros, publicou diversos livros, entre os quais *As astúcias da enunciação*; *Linguagem e ideologia*; *Em busca do sentido: estudos discursivos*; *Introdução ao pensamento de Bakhtin*; *O regime de 1964: discurso e ideologia*; *Lições de texto: leitura e redação*; *Figuras de retórica*; *Argumentação.*

Kanavillil Rajagopalan é professor aposentado-colaborador da Universidade Estadual de Campinas (Unicamp). Atua na pós-graduação da Universidade Estadual do Sudoeste da Bahia (Uesb) e da Universidade Federal do Tocantins (UFT). É pesquisador 1-A do CNPq e suas diversas publicações nas áreas da pragmática e dos estudos críticos da linguagem incluem *Políticas em Linguagem. Perspectivas identitárias* (2006); *Nova Pragmática. Fases e feições de um fazer* (2010); e *Interstícios entre linguagem e cultura* (2022), em coautoria com Dina Ferreira e Claudiana Alencar.

Liliana Cabral Bastos é professora da Pontifícia Universidade Católica do Rio de Janeiro (PUC-Rio), com atuação no Programa de Pós-Graduação em Estudos da Linguagem (PPGEL) e no GRPESq/CNPq Narrativa e Interação Social (Navis). Atua nas áreas de Linguística Aplicada, Sociolinguística e Análise do Discurso, com pesquisa em análise da narrativa e da interação social. É autora de várias publicações em parceria com linguistas aplicados/as, como *Estudos de identidade: entre saberes e práticas* (2011) e *Entrevista na pesquisa qualitativa* (2013), entre outras.

Maria Eugênia Lammoglia Duarte é professora titular da Faculdade de Letras da Universidade Federal do Rio de Janeiro (UFRJ). Participa dos projetos Programa de Estudos sobre o Uso da Língua (PEUL) - Fala Popular; Norma Urbana Culta (Nurc-RJ); Para a História do Português Brasileiro (PHPB); e Romània Nova. O suporte teórico utilizado vem da conjugação da Teoria da Variação e Mudança (Weinreich, Labov e Herzog, 1968) com a Teoria de Princípios e Parâmetros (Chomsky, 1981 e desenvolvimentos subsequentes).

Marilda C. Cavalcanti é Ph.D. pela University of Lancaster, professora titular na Universidade Estadual de Campinas (Unicamp) e pesquisadora CNPq, tem publicações no país e no exterior sobre temas relacionados a multilinguismo e diversidades em cenários de minorias, foco da coletânea *Multilingual Brazil*, organizada em coautoria com T. Maher. Seu projeto de pesquisa atual sobre a migração recente no país destaca o fluxo migratório haitiano.

Pedro de Moraes Garcez é professor titular do Departamento de Linguística, Filologia e Teoria Literária do Instituto de Letras da Universidade Federal do Rio Grande do Sul (UFRS), onde atua nas áreas de Linguística Aplicada e Sociolinguística. Doutorou-se em Educação, Cultura e Sociedade pela Universidade da Pensilvânia, Estados Unidos, e realizou estágio de pós-doutorado no Instituto Ontariano de Estudos Pedagógicos da Universidade de Toronto, Canadá. É editor associado do *Journal of Sociolinguistics*.

Rodrigo Borba é professor do Programa Interdisciplinar de Pós-Graduação em Linguística Aplicada da Universidade Federal do Rio de Janeiro (UFRJ). Foi pesquisador visitante da King's College Londres e da Universidade de Oxford. Suas pesquisas investigam as relações entre linguagem, gênero e sexualidade, e tem dezenas de publicações nacionais, destacando-se os livros *O (Des)aprendizado de si: transexualidades, interação e cuidado em saúde* (2016) e *Discursos transviados: por uma linguística queer* (2020).

Roxane Helena Rodrigues Rojo é livre docente do Departamento de Linguística Aplicada do Instituto de Estudos da Linguagem, da Universidade Estadual de Campinas (Unicamp). Doutora em Linguística Aplicada ao Ensino de Línguas pela Pontifícia Universidade Católica de São Paulo (PUC-SP), com pós-doutorado em Didática de Língua Materna na Faculté de Psychologie et Sciences de l'Éducation da Université de Genève. Suas diversas publicações incluem *Hipermodernidade, multiletramentos e gêneros discursivos* (2015).

Título	Oficina de Linguística Aplicada Indisciplinar: homenagem a Luiz Paulo da Moita Lopes
Organização	Branca Falabella Fabrício Rodrigo Borba
Coordenação Editorial	Ricardo Lima
Secretário gráfico	Ednilson Tristão
Preparação dos originais	Vinícius Emanuel Russi Vieira
Revisão	Laís Souza Toledo Pereira
Editoração eletrônica	Aline Martins | Sem Serifa
Design de capa	Estúdio Bogari
Formato	16 x 23 cm
Papel	Avena 80 g/m² - miolo Cartão supremo 250 g/m² - capa
Tipologia	Minion Pro
Número de páginas	336

ESTA OBRA FOI IMPRESSA NA GRÁFICA CS
PARA A EDITORA DA UNICAMP EM DEZEMBRO DE 2023.

MISTO
Papel produzido a partir de fontes responsáveis
FSC® C122682
www.fsc.org